W0057849

Warren Bennis

Führen lernen

Führungskräfte werden gemacht, nicht geboren

Aus dem Amerikanischen
von Thorsten Schmidt

WILHELM HEYNE VERLAG
MÜNCHEN

HEYNE BUSINESS
Nr. 22/2016

Titel der amerikanischen Originalausgabe:
ON BECOMING A LEADER
Erschienen 1989 bei Addison-Wesley Publishing Company, Inc.

Umwelthinweis;
Dieses Buch wurde auf chlor- und säurefreiem Papier gedruckt.

Ungekürzte Taschenbuchausgabe im Wilhelm Heyne Verlag GmbH
& Co. KG, München
Copyright © 1989 by Warren Bennis Inc.
Copyright © der deutschsprachigen Ausgabe 1990
by Campus Verlag GmbH, Frankfurt/Main
Printed in Germany 1996
Umschlaggestaltung: Atelier Adolf Bachmann, Reischach
Herstellung: M. Spinola
Satz: Schaber Satz- und Datentechnik, Wels
Druck und Verarbeitung: Presse-Druck, Augsburg

ISBN 3-453-09168-X

Inhalt

Für Tom Peters:
Freund, Kollege und Quelle der Inspiration

Vorwort

Die Kluft zwischen Theorie und Praxis, zwischen dem, was man denkt und lehrt, und dem, was man tatsächlich tut, hat mich immer beschäftigt. Ich war der Meinung, es müsse einen besseren Weg geben als den Prosperos, der sein Buch beiseite warf, als er die Insel verlassen und in der Gesellschaft seinen Platz als Anführer einnehmen mußte.

Vor über zwanzig Jahren, als ich Dekan der sozial- und wirtschaftswissenschaftlichen Fakultät der State University of New York in Buffalo wurde, versuchte ich zum ersten Mal, die Verbindung zwischen beiden Bereichen systematisch zu erfassen. Ich führte ein zweispaltiges Buch, in dem ich die Theorie auf die eine und meine tatsächlichen Handlungen auf die andere Seite schrieb. Dadurch hoffte ich herauszufinden, wodurch die theoretischen Annahmen, an die ich auf meiner Insel, dem Vorlesungssaal, so fest geglaubt hatte, untergraben wurden, bevor ich sie anschließend im Bereich der Universitätsverwaltung testete. Zwei Jahre später gab ich auf. Ich wußte jetzt zumindest, daß T.S. Eliot recht hatte: »Zwischen Gedanke und Tat fällt der Schatten.«

Zweifellos wurde mein Interesse an Kunst und Wissenschaft der Menschenführung durch meine Jahre in Buffalo und meine anschließende Funktion als Rektor der Universität von Cincinnati geweckt, wo ich einsah, daß Probieren über Studieren geht. Diese Erfahrungen aus erster Hand überzeugten mich davon, daß umzulernen sinnvoll und nötig war.

Man könnte sogar sagen, daß ich dieses Buch an dem Tag in Angriff nahm, als ich in den »Kessel von Aktion, Macht und Druck« sprang, und praktizieren mußte, statt bloß zu predigen.

In diesem Sinne wünsche ich Ihnen viel Glück, wenn Sie sich auf diese Reise einlassen, die die aufregendste und lohnendste Ihres Lebens werden dürfte.

W. B.
Santa Monica, Kalifornien

Einleitung

In den letzten 15 Jahren habe ich mich die meiste Zeit mit Strategien erfolgreichen Führens befaßt. Ein wesentlicher Bestandteil meiner Studien war die wissenschaftliche Beobachtung und Befragung einiger der führenden Männer und Frauen dieses Landes. Mein erstes Buch über dieses Thema, das ich gemeinsam mit Burt Nanus verfaßte, erschien 1985 unter dem Titel *Führungskräfte.* Mit einem Mal galt ich als Autorität. Wenn irgendwo jemand eine Frage zur Menschenführung hatte, landete er zwangsläufig vor meiner Tür. Ich sage dies mit ebensoviel Verdruß wie Stolz, denn ich hatte keineswegs immer eine Antwort parat.

Das Studium der Theorie und Praxis des Führens ist bei weitem nicht so exakt wie etwa das Studium der Chemie. Erstens ist die soziale Welt nicht annähernd so fest strukturiert wie die physische, zudem läßt sie sich nur schwer durch Regeln erfassen. Zweitens sind Menschen im Gegensatz zu festen, flüssigen oder gasförmigen Stoffen alles andere als konstant und vorhersagbar. Nachdem ich mein ganzes Leben lang geforscht und gelehrt habe, bin ich sehr darauf bedacht, keine voreiligen Schlüsse zu ziehen und nur wirklich hieb- und stichfestes Beweismaterial vorzulegen. So sah ich mich immer wieder gezwungen, meine Antworten zu modifizieren. Man wollte »die Wahrheit« hören – ich bot bloße Meinungen an. In gewisser Weise verhält es sich mit Führung wie mit Schönheit: Sie ist schwer zu definieren, aber wenn man etwas Schönes sieht, weiß man, was schön ist.

Ich habe immer noch nicht alle Antworten parat, aber in den Jahren, die seit der Veröffentlichung meines Buches *Führungskräfte* vergangen sind, habe ich vieles über Menschenführung dazugelernt. Hier lege ich jetzt meinen zweiten Erfahrungsbericht vor. *Führungskräfte* beschäftigt sich mit dem *Was*. Dieses Buch geht auf das *Wie* ein: *Wie* man zu einer Führungskraft wird, *wie* man führt und *wie* Unternehmen potentielle Führungskräfte fördern bzw. hemmen.

Aber da Führung per definitionem nicht im luftleeren Raum stattfinden kann, begann ich mit der gegenwärtigen Lage, in der sich zahllose Kräfte gegen Möchtegern-Führungskräfte verschwören. Alle beklagen den angeblichen Mangel an Führung im heutigen Amerika, und getadelt werden meist jene, die keinen Erfolg gehabt haben. Machtgier, Ängstlichkeit und das Fehlen echter Visionen greifen unter dem Gros der gegenwärtigen Pseudo-Führungskräfte mehr und mehr um sich. Unabhängig davon, wie viele echte Führungspersönlichkeiten es hier gibt – und ich weiß, daß es deren viele gibt, weil ich ihnen begegnet bin und mit ihnen gesprochen habe – könnten wir besonders auf nationaler Ebene auf jeden Fall mehr von ihnen gebrauchen. Aber unsere individuellen Unzulänglichkeiten sind symptomatisch für ein weitaus größeres Problem.

Wenn man schon sagen kann, daß unsere Entscheidungsträger allzuoft unfähig zu sein scheinen, ihre jeweiligen Bereiche unter Kontrolle zu halten, dann kann man um so treffender hinzufügen, daß die Welt selbst außer Kontrolle geraten ist. Der gesellschaftliche Wandel ist in der letzten Generation so radikal gewesen, daß es selbst in der Wirtschaft so aussieht, als spiele die ganze Welt Fußball, während allein Amerika noch immer Football spielt. Es gibt nicht nur andere Regeln, sondern ein neues Spiel.

Deshalb muß jeder, der sich Führungskompetenz aneignen will, zuvor etwas über diese ›schöne neue Welt‹ lernen. Tatsächlich wird jeder, der diesen schnellen Wandel nicht beherrscht, seinerseits von ihm beherrscht. Viele haben sich behauptet, einschließlich der Führungskräfte, die Ihnen in diesem Buch begegnen werden. Auch wenn ihre Vorgeschichten, Erfahrungen und Beschäftigungen stark voneinander abweichen, so zeichnen sie sich doch alle durch den leidenschaftlichen Willen aus, die Möglichkeiten des Lebens auszuschöpfen, und durch die Fähigkeit, ihre Persönlichkeit voll und frei zu entfalten. Wie Sie noch sehen werden, ist der volle, freie Ausdruck der eigenen Persönlichkeit der Kern der Führungsqualität. Wie Ralph Waldo Emerson sagte: »Der Mensch ist nur zur Hälfte er selbst, die andere Hälfte ist seine Ausdruckskraft.«

Dieses Buch geht von der Annahme aus, daß Führungskräfte Menschen sind, die ihr Potential voll ausschöpfen können. Damit meine ich, daß sie wissen, wer sie sind, wo ihre Stärken und Schwächen liegen, wie sie ihre Stärken voll aktivieren und ihre Schwächen kompensieren können. Sie wissen auch, was sie wollen, warum sie es wollen und wie sie es anderen vermitteln müssen, um deren Kooperation und Unterstützung zu gewinnen. Schließlich wissen sie genau, wie sie ihre Ziele erreichen können. Der Schlüssel zu einer vollständigen Selbstentfaltung liegt im Verständnis des eigenen Selbst und der Welt, und der Schlüssel zu diesem Verständnis liegt im Lernen aus den eigenen Lebenserfahrungen.

Es ist schwer, eine gute Führungskraft zu werden, genauso schwer, wie Arzt oder Dichter zu werden, und jeder, der etwas anderes behauptet, macht sich selbst etwas vor. Aber es ist viel einfacher, gutes Führen zu lernen, als die meisten von uns glauben, weil jeder von uns das Zeug dazu mitbringt. Tatsächlich hat fast jeder Mensch irgendeine Führungserfahrung vorzuweisen. Vielleicht handelt es sich dabei nicht gleich um die Leitung eines Unternehmens oder die Herrschaft über ein Land, aber wie Harlan Cleveland schrieb: »Die Aristokratie der Leitung ist zahlreich und überall vertreten... Mag es sich um Führungskräfte in Politik, Wirtschaft, Landwirtschaft, in den Gewerkschaften, im Rechtswesen, im Erziehungswesen, im Journalismus, in der Kirche, in karitativen Verbänden, in der Obdachlosenbetreuung oder in öffentlichen Institutionen vom Armenhaus bis zum städtischen

Zoo handeln … Ihr Verantwortungsbereich mag kommunale Angelegenheiten, nationale oder internationale Fragen, einen multinationalen Konzern oder einen ganzen Berufsstand umfassen oder sich auf einen kleineren, aber tieferen Ausschnitt des Lebens bzw. der Arbeit beziehen, z.B. eine einzige Firma, eine Kommunalbehörde oder einfach ein Stadtviertel.« (Cleveland 1985) Er hätte dieser Liste noch das Klassenzimmer hinzufügen können. Wie Ihre Führungserfahrung auch aussehen mag, sie ist ein guter Ausgangspunkt.

Eine gute Führungskraft zu werden ist fast dasselbe, wie ein ganzer Mensch zu werden, denn der Führungskraft geht es wie jedem vollständigen Menschen letztlich um ein erfülltes Leben. Diesen Prozeß unter dem Gesichtspunkt »Führungskraft« zu erörtern, ist lediglich ein möglicher Weg, ihn zu konkretisieren.

Der Maler Georges Braque sagte einmal, worauf es in der Kunst allein ankomme, gerade das könne man nicht erklären. Das gleiche könnte man von der Führungskunst behaupten. Sie läßt sich jedoch, wie die Kunst auch, darstellen. Ich bin heute noch immer genauso fasziniert, wenn ich einige der hervorragenden Führungspersönlichkeiten dieses Landes beobachte und ihnen zuhöre, wie vor über zehn Jahren, als ich meine Studien begann. Diese außergewöhnlichen Frauen und Männer wurden wie alle anderen auch durch die Summe ihrer Lebenserfahrungen geprägt. Doch im Unterschied zu den meisten Menschen stellen sie mehr als diese Summe dar, weil sie aus ihren Erfahrungen mehr gemacht haben. Sie sind Originale, keine Kopien.

Ich stelle hier Führungskräfte und keine Theorien über Führungskräfte vor, und zwar Führungskräfte, wie sie in der Praxis arbeiten und nicht in einer konstruierten Situation. Ich habe bewußt solche Personen ausgewählt, die nicht nur erfolgreich, sondern auch vielseitig begabt sind: einen Schriftsteller, der jetzt ein Unternehmen führt, einen Naturwissenschaftler, der heute eine Stiftung leitet, einen Anwalt, der am Kabinettstisch saß, einen 37jährigen

Mann, der seine dritte Karriere macht. Das alles sind Personen, deren Leben sehr ungewöhnlich verlief; sie sind kritisch, nachdenklich und redegewandt.

Weil ich davon ausgehe, daß unsere Kultur gegenwärtig von der Wirtschaft beherrscht und geformt wird, kommt fast ein Drittel der Befragten aus der Geschäftswelt. (Lesern, die meinen, daß die Kultur von den Medien geformt wird, würde ich entgegenhalten, was schon der Fernsehproduzent Norman Lear gesagt hat, nämlich, daß selbst das Fernsehen wirtschaftlichen Zwängen unterliegt.) Einige von ihnen stehen an der Spitze führender Unternehmen, andere betreiben ihre eigene Firma. Außerdem sind sieben Führungskräfte aus dem Bereich der Medien und der Kunst vertreten, vier Personen, die ihre privatwirtschaftliche Tätigkeit gegen gemeinnützige Arbeit eintauschten, ein bekannter Sportler, ein Hochschullehrer, ein Schriftsteller und Psychoanalytiker, ein stellvertretender Staatsanwalt, der obenerwähnte Naturwissenschaftler und Anwalt, und Betty Friedan, die Hausfrau, die eine Revolution ausgelöst hat. Wie Sie vielleicht bemerkt haben, sind Politiker hier nicht aufgenommen, weil freimütige Politiker Mangelware sind und weil ich mehr an Ideen als an Ideologien interessiert war.

Diese Führungspersönlichkeiten sind in jeder Hinsicht ungewöhnliche Menschen. Sie stehen an der vordersten Front, dort, wo die Zukunft Gestalt annimmt, und sie fungieren als Leitfiguren, die uns erklären, wie die Lage ist und wie sie sich verändern wird. So unterschiedlich ihre Vorgeschichte, ihr Alter, ihre Tätigkeiten und ihre Leistungen auch sind, so haben sie doch zwei grundlegende Gemeinsamkeiten.

Erstens stimmen sie alle darin überein, daß Führungskompetenz nicht angeboren ist, sondern erworben wird, und zwar mehr aus eigenem Antrieb als durch äußere Einflüsse. Zweitens sind sie sich alle darin einig, daß man nicht konkret darauf hinarbeitet, eine Führungskraft zu werden, sondern vielmehr, sich frei und voll zu entfalten.

Dieser Unterschied ist entscheidend: getrieben zu werden wie die meisten Menschen heutzutage oder zu führen, wie es nur wenige tun.

Außerdem zeichnen sie sich alle dadurch aus, daß sie in ihrem ganzen Leben nie stehengeblieben sind und sich allzeit weiterentwickelt haben. Das ist Führung im besten, traditionellen Sinne – Persönlichkeiten wie George Bernard Shaw, Charles Darwin, Katharine Hepburn, Martin Luther, Mahatma Gandhi und Jean Piaget sind einige Beispiele, die einem dabei sofort einfallen. Von Winston Churchill heißt es, daß er noch mit 66 Jahren bei Rot über die Straße ging.

Eines der Themen, mit denen sich dieses Buch beschäftigt, ist deshalb das Lernen im Erwachsenenalter. Viele Psychologen wissen nur recht wenig über Lernerfahrungen und Entwicklungsmöglichkeiten des Erwachsenen. Aus welchen Gründen auch immer neigen wir dazu, kreatives Verhalten und Lernen mit Jugendlichen in Verbindung zu bringen. Ich glaube, es liegt an unserer Sozialisation, daß wir die Lernfähigkeit der Älteren (ungefähr ab 45) unterschätzen. Wenn wir uns die nicht gerade wenigen Beispiele von Lernen im Erwachsenenalter anschauen, von Churchill über Picasso bis hin zu Beethoven oder auch Freud, müssen wir unsere Annahmen überprüfen.

Solange wir die Grundannahmen in Frage stellen, gibt es keine Theorien. Unsere zuverlässigsten Informationen lassen jedoch den Schluß zu, daß Erwachsene dann am besten lernen, wenn sie die Sache selbst in die Hand nehmen. Sich selbst etwas beizubringen heißt, sein Leben eigenverantwortlich zu gestalten, was unerläßlich ist, um zu einer voll entwickelten Person zu werden.

Die wichtigste Eigenschaft der Personen, die in diesem Buch versammelt sind, ist ihr Bemühen um ein sinnvolles Ziel, eine übergreifende Vision. Sie sind mehr als nur zielorientiert. Wie Karl Wallenda sagte: »Über ein Hochseil zu gehen ist Leben, alles andere ist Warten.« Genauso wichtig wie die Vision und das leitende Ziel ist die Metapher, die diese Vision verkörpert und konkretisiert. Für Darwin war die fruchtbringende Metapher ein verzweigter Baum der Evolution, mit dem er das Entstehen und Vergehen verschiedener Arten verfolgen konnte. Für William James glichen die geistigen Prozesse einem Strom, einem Fluß. John Locke bevorzugte einen Falkner, der einen Vogel freiläßt, weil er darin seine »eigene nach und nach hervortretende Sicht des Schaffensprozesses«, eben des menschlichen Strebens nach Erkenntnis symbolisiert sah. Keine der Metaphern der hier befragten Personen mag so tiefgründig sein, aber sie dienen dem gleichen Zweck.

Thomas Carlyle sagte einmal: »Das Ideal liegt in dir; das Hindernis auch.« (Carlyle 1837) Wie Platon und Sokrates uns gelehrt haben, können solche Hindernisse durch eingehende Untersuchung und die richtigen Fragen zur richtigen Zeit beseitigt werden. Jede der hier vorgestellten Führungskräfte scheint die in ihr liegenden Hindernisse, gleichgültig, um welche es sich handelte, überwunden zu haben, und in meinen Gesprächen mit ihnen (keine Interviews im gewöhnlichen Sinn) suchten wir nicht nach Patentantworten auf Standardfragen, sondern nach wirklichen Erkenntnissen über Führung. In gewisser Weise taten wir gemeinsam das, was jeder von ihnen schon einzeln getan hatte, als er seinen Weg zur vollen Selbstentfaltung fand.

Platon behauptete, Lernen sei im wesentlichen Wiederentdecken und Erinnern und wir wüßten ebenso wie Bären und Löwen instinktiv alles, was wir zum Leben bräuchten, und müßten es einfach nur in die Tat umsetzen. Aber bei uns wird das wirklich Wissenswerte durch das überlagert, was uns als wissenswert eingetrichtert wird. Lernen ist also bloß eine Art des Sich-Besinnens auf das Wichtige. Wie C.G. Jung einmal gesagt hat, ist die Psychoanalyse weniger eine Heil- als eine Lernmethode.

Jeder von uns weiß also bereits, was er wissen muß, aber jeder muß dieses grundlegende Wissen wiederentdecken, und das beginnt zwangsläufig damit, daß man

Fragen stellt. Ich hatte einige Fragen im Kopf, als ich die Gespräche führte:

- Was zeichnet Ihrer Meinung nach Führung aus?
- Welche Erfahrungen waren für Ihre Entwicklung ausschlaggebend?
- Was waren die Wendepunkte in Ihrem Leben?
- Was für eine Rolle spielten Mißerfolge in Ihrem Leben?
- Wie haben Sie gelernt?
- Gibt es Menschen in Ihrem Leben, oder auch allgemein, die Sie besonders bewundern?
- Was können Organisationen tun, um Führungskräfte zu fördern oder zu hemmen?

Auf diese elementaren Fragen erhielt ich entsprechend weitläufige, unspezifische Antworten, die mir halfen, meine zentralen Fragen zu untersuchen: Wie lernen Leute, wie lernen sie führen, und wie fördern oder hemmen Organisationen diesen Vorgang – kurzum: Wie wird man zu einer Führungskraft?

Wir neigen zu der Annahme, daß jemand, der das Zeug dazu hat, wie von selbst an die Spitze kommt, so wie Rahm an die Oberfläche der Milch kommt – als es noch Milchflaschen gab und ehe wir den Rahm absonderten. Aber das ist ein Irrtum. Stella Adler, die früher eine bekannte Schauspielerin war und sich jetzt als Schauspiellehrerin einen Namen gemacht hat, möchte nicht über ihre ehemaligen Schüler sprechen, die zu Stars geworden sind, weil sie meint, sie habe sehr viele genauso begabte Schüler gehabt, die aus diesem oder jenem Grund keine Stars geworden seien, ob es nun Mangel an Motivation war oder einfach Pech, und sie wolle nicht riskieren, sie durch ihre Kommentare zu verletzen. Ebenso wie schauspielerische Begabung nicht garantiert, daß man zu einem Star wird, garantiert die Führungsfähigkeit allein noch nicht, daß man an die Spitze eines Unternehmens oder Staates rückt. In unserer Zeit des »Sieg oder Stirb« haben in der Tat sehr vielversprechende Personen größere

Schwierigkeiten, die in sie gesetzten Erwartungen zu erfüllen, als angepaßtere Zeitgenossen, weil echte Leistung unter Umständen weniger geschätzt wird als einfacher Erfolg. Zudem sind jene, die das Zeug zu einer Führungsposition haben, nicht notwendigerweise auch zur Führung bereit, wenn sie oben angekommen sind.

Obwohl ich gesagt habe, daß jeder das Zeug zur Führungskraft hat, glaube ich nicht, daß jeder tatsächlich auch an die Spitze kommt, besonders in unserer verwirrenden und von widerstreitenden Kräften beherrschten Zeit. Zu viele Menschen sind nur das Produkt ihrer Umwelt; es fehlt ihnen der Wille, sich zu verändern und ihr Potential auszuschöpfen. Ich glaube aber auch, daß jeder, in jedem Alter und in allen Lebenslagen, sich verändern kann, wenn er nur will. Es liegt ganz in Ihrer Hand, das aus sich herauszuholen, was eine Führungskraft ausmacht, und wenn Sie den Willen dazu haben, dann erfahren Sie hier den Weg.

Da der Wandel ein stetiger Prozeß ist, ist dieses Buch eher die Geschichte dieses Prozesses als eine Serie einzelner Lektionen. Als moderne Geschichte hat es keinen Anfang, keine Mitte und kein Ende. Aber es enthält viele wiederkehrende Themen wie etwa die Notwendigkeit, sich formell wie auch privat weiterzubilden; alte Ansichten aufzugeben, um Neues lernen zu können (oder wie Satchel Paige gesagt haben soll: »Was einem schadet, ist nicht das, was man nicht weiß, sondern das, was man weiß – das aber nicht stimmt.«); über das Gelernte nachzudenken, um den Sinn einer Lektion zu verstehen; die Notwendigkeit, Risiken einzugehen und Fehler zu machen sowie sich Fachkompetenz anzueignen, um die anstehende Aufgabe zu bewältigen.

Ich weiß – dieses Buch hat mehr Leitmotive als eine Wagnersche Oper. Aber ich habe Sie davor gewarnt, daß es sich um einen komplexen Sachverhalt handelt. Und die Themen wiederholen sich nicht nur, sondern überschneiden sich auch. So illustriert beispielsweise die Darstellung im Kapitel 5 (»Sich auf seinen Instinkt verlassen«), die

Sydney Pollack von der Regiearbeit mit Barbra Streisand gibt, auch Risikobereitschaft und Reflexionsvermögen. Nachdem Sie das Buch ein erstes Mal gelesen haben, werden Sie es vielleicht noch einmal durchgehen wollen – das hoffe ich zumindest.

Im Endeffekt ist führen lernen nichts anderes als eine Form der Selbstfindung. Es ist genauso einfach und genauso schwer. In diesem Sinne: an die Arbeit!

Kapitel 1

Die Gegebenheiten meistern

> Führungskräfte spielen in der Bewußtseinsbildung
> einer Gesellschaft eine wichtige Rolle. Sie können als
> Symbolfiguren des moralischen Konsenses fungieren
> und jene Werte verkörpern, die die Gesellschaft zu-
> sammenhalten. Am wichtigsten jedoch ist, daß sie Ziel-
> vorstellungen entwerfen und vermitteln können, die
> den Horizont vieler Menschen erweitern, sie über die
> Konflikte stellen, die die Gesellschaft spalten, und sie
> zusammenschmieden in der Verfolgung von Zielen, die
> es wert sind, daß jeder sein Bestes gibt.
>
> JOHN W. GARDNER, *No easy victories*

Am 9. November 1987 fragte *Time* in einer Titelstory:
»Wer ist am Ruder?« und antwortete: »Die Nation sucht
Führung, aber niemand meldet sich.«

Wo sind sie nur alle geblieben? Sie sind, wie die Blu-
men in dem unvergeßlichen Folksong, »vor langer Zeit
verschieden«. Alle Führungspersönlichkeiten, die wir einmal verehrten, sind tot. Franklin D. Roosevelt, der eine
ganze Nation dazu brachte, nicht in Angst zu verharren,
ist nicht mehr unter uns; ebenso Winston Churchill, der
Blut, Schweiß und Tränen forderte und bekam; auch Albert Schweitzer, der der Menschheit aus dem Dschungel
von Lambarene die Ehrfurcht vor dem Leben wiedergab,
und Albert Einstein, der uns das Gefühl der Einheit in der
Unendlichkeit, von kosmischer Harmonie vermittelte.
Gandhi, die Kennedys, Martin Luther King – sie alle wurden ermordet, wie um das tödliche Risiko zu bezeugen,
das sie auf sich nahmen, als sie uns sagten, daß wir
größer und besser sein könnten, als wir sind.

Wo man hinschaut, sieht man gefallene Führungsgestalten. Die weiße Weste des »Teflon-Präsidenten«, der als erster seit Eisenhower zwei volle Amtsperioden regierte, wurde schließlich befleckt durch die ständigen Skandale seiner Regierung, vor allem die Iran-Contra-Affäre – und während ich diese Zeilen niederschrieb, war immer noch nicht geklärt, was für eine Rolle der gewählte Nachfolger George Bush dabei wirklich gespielt hat. Im Präsidentschaftswahlkampf von 1988 bestachen weniger die angetretenen Kandidaten durch ihr Format als jene, die nicht antraten.

Wo stecken die großen Kapitäne? Übriggeblieben sind die Konzernführer, die sich abstrampeln, die Universitätsrektoren, die Großstadt-Bürgermeister, die Gouverneure. Echte Führungspersönlichkeiten scheinen heute eine vom Aussterben bedrohte Art zu sein, die in dem Strudel nicht rational kontrollierbarer Ereignisse und Verhältnisse untergeht.

Vor einigen Jahren benannte ein Wissenschaftler der Universität Michigan die zehn größten Gefahren, die seiner Meinung nach die Menschheit bedrohen. Die erste und wichtigste ist ein Atomkrieg oder -unfall, der die menschliche Rasse auslöschen würde. Die zweite Gefahr ist eine weltweite Seuche, Krankheit, Hungersnot bzw. Wirtschaftskrise. Das dritte Problem, das die Gesellschaft vernichten könne, ist die Qualität des Managements und der Führung unserer Institutionen.

Er hat wohl recht. Aber warum? Wie kommt es, daß wir starke Führungspersonen brauchen? Warum kann nicht jeder von uns seinen eigenen Weg zum Glück gehen, ganz gleich, wo er hinführt? Die Antwort ist einfach: Weil 240 Millionen Menschen nicht lange ohne Führung zusammenleben können; 240 Mio. Menschen können auf unseren Straßen und Autobahnen nicht fahren, ohne sich an gewisse Regeln zu halten, eine Fußballmannschaft kann nicht ohne Torwart spielen, und vier Personen können nur dann von X nach Y wandern, wenn zumindest einer von ihnen weiß, wo Y ist.

Ein einzelner kann auf einer einsamen Insel ohne

Führung leben. Zwei Personen, die sehr gut zusammenpassen, können vermutlich miteinander auskommen und sich sogar weiterentwickeln. Sind es aber drei oder mehr, muß einer die Führung übernehmen. Andernfalls bricht ein Chaos aus.

Wir haben versucht, einige Jahrzehnte ohne echte Führungspersönlichkeiten zurechtzukommen. Das hat nicht sehr gut funktioniert. Darum sollten wir zugeben: Wir kommen ohne Führung nicht aus. Unsere Lebensqualität hängt von der Fähigkeit unserer Entscheidungsträger ab. Und da sich niemand sonst freiwillig zu melden scheint, können Sie die Chance ergreifen. Wenn Sie je davon geträumt haben, eine Führungskraft zu werden, dann ist jetzt der richtige Augenblick, dies der richtige Ort, und Sie sind die richtige Person. Sie werden gebraucht.

Es gibt drei zentrale Gründe, warum Führungskräfte wichtig sind: Erstens sind sie für die Leistungsfähigkeit von Organisationen verantwortlich. Erfolg oder Mißerfolg aller Organisationen, ob Fußballmannschaften, Filmgesellschaften oder Autohersteller, hängt von der Kompetenz ab, die man der Führung zutraut. Sogar Aktienkurse steigen und fallen, je nachdem, was für einen Eindruck die Öffentlichkeit von dem Mann an der Spitze hat.

Zweitens haben Wandel und Umbruch der vergangenen Jahre uns jede Zufluchtsmöglichkeit genommen. Wir brauchen einen Anhaltspunkt in unserem Leben, eine Art Richtschnur, ein sinnvolles Ziel. Führungskräfte erfüllen diesen Wunsch.

Drittens ist man im ganzen Land sehr besorgt um die Integrität unserer Institutionen. Wall Street war noch vor nicht allzu langer Zeit ein Ort, wo man sich auf das Wort eines Mannes verlassen konnte. Ermittlungen, Enthüllungen und Anklagen haben die Branche dazu gezwungen, die Art und Weise, in der sie 150 Jahre lang Geschäfte abwickelte, zu ändern. Das Ausmaß der Skandale im Verteidigungsministerium blieb lange ungeklärt.

Wir alle wissen das, aber was tun wir dagegen? Wenn

man sich die Universitäten anschaut, die die Elite der zukünftigen Wirtschaftsführer ausbilden, kann man nur sagen: nicht sehr viel. In einem im November 1988 in *Business Week* erschienenen Artikel über die wirtschaftswissenschaftlichen Studiengänge an den Universitäten hieß es: »Die schärfste Kritik, die aus den Führungsetagen kommt, bezieht sich wohl darauf, daß die wirtschaftswissenschaftlichen Fakultäten Führungsfähigkeiten nicht wirkungsvoll fördern.«

Das Problem ist also bekannt. Aber solange wir in das gewohnte Umfeld eingebunden sind – den unbeständigen, turbulenten und unklaren Führungsbedingungen unterliegen, die uns die Luft abdrehen, wenn wir es zulassen –, können wir es nicht lösen. Und unsere eigene Umwelt zu betrachten ist für uns so schwer wie für die Fische, das Wasser zu sehen.

Alles ist in Bewegung. Fusionen und Firmenübernahmen, Deregulierung, Informationstechnologien und internationaler Wettbewerb verändern die Struktur und Dynamik der amerikanischen Wirtschaft. Demographische Veränderungen, höhere Ansprüche der Konsumenten und neue Bedürfnisse gestalten den Markt um. Veränderte Unternehmensstrukturen, neue strategische Bündnisse, neue Technologien und Methoden sowie heftige Kursschwankungen auf den Aktienmärkten modifizieren die Art und Weise unseres unternehmerischen Handelns. Erhöhter Wettbewerbsdruck, das Zusammenschrumpfen der Welt zu einem einzigen riesigen Dorf, das Bemühen um freie Märkte in den ehemaligen kommunistischen Staaten und die Einführung des europäischen Binnenmarktes bewirkten, daß wir mit der Welt und die Welt mit uns in eine veränderte Beziehung getreten sind.

Kleine fortschrittliche Firmen schaffen mehr neue Arbeitsplätze als große, traditionsreiche Unternehmen. Durch Fusionen und Firmenübernahmen entstehen Großkonzerne, die für die übernehmenden Multis schnelles Geld und für die Arbeiter Entlassungen bedeuten. Alle drei großen amerikanischen Fernsehgesellschaften befinden sich nun im Besitz und/oder unter Kontrolle von Großkonzernen, und alle drei waren von Entlassungen und Krisen betroffen. Die Deregulierung des Luftverkehrs ließ neue Fluggesellschaften entstehen, aber das führte im Gegenzug zu Tarifkriegen und Konkursen. Die Überalterung unserer Bevölkerung macht eine Umorientierung des Marktes nötig. Die amerikanischen Unternehmen beherrschten einmal nicht nur den amerikanischen, sondern auch einen Großteil des europäischen Marktes. Heute hingegen beherrschen ausländische Konkurrenten einen beträchtlichen Teil des amerikanischen Marktes, und seit 1992 die innereuropäischen Handelsschranken fielen, versuchen unsere Freunde dort verstärkt Waren und Dienstleistungen voneinander zu beziehen. War Wall Street früher der einzige Spieler am Schachbrett, so gleicht es heute immer mehr einer Bauernfigur, die sich von ausländischen Investoren, Computerprogrammen und kriminellen Händlern hin- und herschieben läßt.

Die neue Ordnung ist so verrückt, daß man sie nur schwer parodieren kann, aber ein Marktexperte von Salomon Brothers beschrieb die Lage so: »Ich weiß aus zuverlässiger Quelle, daß Delta Eastern kauft und Eastern Pan Am übernimmt. Pan Am ist eifrig hinter United her, weil es jetzt das gesamte Bargeld von United in der Tasche hat, und Bob Crandall von American, der die ganze Zeit über eisern geschwiegen hatte, bereitet sich darauf vor, der ganzen Branche ein verlockendes Angebot zu machen, sobald er sich mit seinen Piloten geeinigt hat. Außerdem sprach ich heute morgen mit Frank Lorenzo, und er versicherte mir, daß seine nächsten Ziele Peru und Bolivien seien, die er zum ersten Billigreiseziel zusammenfassen wolle.« (Zit. nach Bridges 1988)

Japan – eine Inselgruppe ohne wichtige Rohstoffe, tausende Kilometer vom Schuß, im Zweiten Weltkrieg ruiniert und einst bekannt für seine Ramschprodukte – hat das viel gerühmte amerikanische Know-how vom Sockel gestoßen. Es gibt Tage, an denen wir das Gefühl haben, daß die Japaner alles besser machen als wir, und sie über-

treffen uns auf jeden Fall bei der Herstellung und Ver-
marktung von Produkten, die wir einmal für unsere
Domäne hielten: Autos, Fernsehgeräte und sogar Stahl.
Wir erfanden die Videorecorder – ein sehr begehrter Kon-
sumartikel –, und wir kaufen 50 Prozent des Weltange-
bots, aber produziert und vermarktet werden sie von
Japan und Korea. Jeder hat sich ein Stück von unserem
Kuchen genommen. Die Deutschen, ja sogar die Australier
besiegen uns in unserem eigenen Spiel.

Als sich vor zweihundert Jahren die Gründungsväter in
Philadelphia versammelten, um die Verfassung niederzu-
schreiben, hatte Amerika nur drei Millionen Einwohner,
aber zu den Autoren des außergewöhnlichen Dokuments
gehörten sechs Führungspersönlichkeiten von internatio-
nalem Format. Washington, Jefferson, Hamilton, Madison,
Adams und Franklin schufen Amerika. Heute gibt es 240
Millionen Amerikaner, und wir haben Oliver North, den
Rambo der Intellektuellen.

Was ist geschehen?

War das Amerika des 18. Jahrhunderts wegen seiner
großen Führergestalten berühmt, so waren es im 19. Jahrhundert seine Abenteurer, Unternehmer, Erfinder, Naturwissenschaftler und Schriftsteller, die Titanen, die die in-
dustrielle Revolution auslösten, die Pioniere, die den Westen erschlossen, die Schriftsteller, die uns das Gefühl
gaben, ein Volk und eine Nation zu sein. Thomas Edison,
Eli Whitney, Alexander Graham Bell, Lewis und Clark,
Hawthorne, Melville, Whitman und Twain. Diese Männer,
deren visionäre Kraft ihrer Kühnheit um nichts nach-
stand, bauten Amerika auf.

Das Amerika des 20. Jahrhunderts begann so vielver-
sprechend, wie das des 19. endete, aber irgend etwas ging
völlig schief. Seit dem Zweiten Weltkrieg wird Amerika
hauptsächlich von Bürokraten und Managern geprägt, von
Bürohengsten und Geschäftemachern, die die Institutionen und Organisationen im öffentlichen wie im privaten
Sektor umgestaltet und in einigen Fällen auch zerstört
haben.

Die Unruhen der sechziger Jahre, das anschließende Jahrzehnt des Ich-Kultes, die Yuppies von heute – das alles resultiert nicht zuletzt aus den Fehlern und Auswüchsen der Angestelltenkultur. Da viele Bürger weder Amerikas Kopf noch Herz finden konnten, scheinen sie sich von ihrem Land und voneinander losgesagt zu haben.

Zwar gab es in den 60er Jahren bedeutende Beiträge zur Kultur unseres Landes, wie die Bürgerrechts- und die Frauenbewegung; viele sogenannte Durchbrüche enthüllten sich jedoch als Zusammenbrüche. Wir sprachen von Freiheit und Demokratie und praktizierter Zügellosigkeit und Anarchie. Die Menschen waren weniger an neuen Ideen interessiert als an Patentrezepten und Schlagworten. Die Gurus Abraham Maslow und Carl Rogers erklärten uns, wir könnten unsere eigene Wirklichkeit aufbauen, und das taten wir auch, wobei jeder seinen eigenen Weg gehen wollte.

Der Amerikaner befand sich immer im Zwiespalt zwischen seinen Rechten als Individuum und dem Allgemeinwohl. Zwar haben wir John Wayne geliebt und bewundert, der seine eigenen Wege ging, nur mit Pferd und Gewehr gerüstet, aber wir haben auch gewußt, daß der Wagentroß nach Westen es nur schaffen konnte, wenn wir alle zusammenhielten. Dieser Zwiespalt war jedoch nie so groß wie heute. Da der dynamische Aufsteigertyp den Staatsbürger abgelöst hat, haben wir in der Tat immer weniger Gemeinsamkeiten, immer weniger positive Werte.

Unsere Gründungsväter haben die Verfassung auf der Voraussetzung aufgebaut, es gebe so etwas wie einen Gemeinsinn. James Madison schrieb: »Das Gemeinwohl... das wahre Gedeihen der ganzen großen Bürgerschaft... ist das höchste Ziel, das es zu verfolgen gilt.« (Madison 1787)

Als aber Calvin Coolidge in den frühen 20er Jahren sagte: »Amerikas Ziel ist es, Geschäfte zu machen«, gab es fast niemanden, der widersprach. Die Idee des Gemeinwohls wurde von Einzelinteressen abgelöst, an deren Stelle wiederum heute individuelle Anliegen getreten sind. Amerika hat sich, wie Robert Bellah und seine Mitautoren in ihrem Buch *Habits of the Heart* schreiben, in »eine permissive, therapeutische Kultur verwandelt... die alles daran setzt, unseren individuellen Lebensausschnitt zu einer abgeschotteten Welt für sich zu machen.« (Bellah 1985)

Heute ziehen sich die Leute, die es sich leisten können, in zunehmendem Maße in ihre elektronischen Festungen zurück; sie arbeiten zu Hause und kommunizieren mit der Welt via Computer, sie filtern Telefongespräche durch Anrufbeantworter, lassen sich Filme für ihre Videorecorder, Fertiggerichte für ihre Mikrowellenherde und Heimtrainer für ihre Körper ins Haus bringen und verschanzen sich vor der Außenwelt mit modernsten Sicherheitssystemen. Sie schließen die Augen vor der Wirklichkeit und vor dem Preis, den unsere Gesellschaft dafür zahlen muß, und es ist ihnen egal, was mit den Armen geschieht. Zeitkritiker bezeichnen das als Vogel-Strauß-Phänomen, aber es sieht eher nach unheilbarer Egozentrik aus.

Wie ein Land nicht ohne öffentliche Moral überleben kann, kann es ohne gemeinsame Vision keine Fortschritte machen. Seit den 60er Jahren, als sich Millionen von Amerikanern in einer beispiellosen Demonstration der Eintracht vehement der Regierungspolitik widersetzten, hat es in Amerika keine allgemeinen Zielvorstellungen mehr gegeben. Statt ihre Politik zu ändern, ging die Regierung in den Untergrund. Die Iran-Contra-Affäre war, wie zuvor Watergate, der Versuch, die Amerikaner, nicht etwa unsere Feinde zu täuschen.

Als die Regierung in den Untergrund ging und die Bessergestellten unter uns ihre elektronischen Festungen bezogen, eroberten abscheuliche gewissenlose Geschäftemacher unsere Innenstädte und verkauften Rauschgift nicht nur an die Unterschicht, sondern auch an unzufriedene Reiche und gelangweilte Kinder der Mittelschicht. Mittlerweile geben die Amerikaner jährlich mehr Geld für Rauschgift als für Erdöl aus. Das Land der Freiheit und des Mutes ist die Nummer Eins des Drogenkonsums.

Das also ist der Status quo. Von dem Moment an, wo wir uns dafür entschieden, unsere eigene Wirklichkeit zu schaffen, hatten wir keinen Platz mehr für Träume, und wir vergaßen dabei, daß ein traumloser Schlaf nichts anderes ist als der Tod. Was jene genialen Männer von Philadelphia im 18. Jahrhundert auf die Beine stellten und was ihre rüpelhaften Nachfolger im 19. Jahrhundert ausbauten, haben die Bürokraten in Staat und Wirtschaft in eine riesige Maschine verwandelt, deren unzählige Rädchen sich immer tiefer in den Morast wühlen, ohne vom Fleck zu kommen.

Als sich Wirtschaft und Staat im ersten Jahrzehnt dieses Jahrhunderts ausdehnten, kamen sie sich gegenseitig ins Gehege. Die Staatsbürokraten schränkten mit Richtlinien und Vorschriften die Macht der Großunternehmen ein. Die Konzernmanager konterten, indem sie ein Heer von Lobbyisten nach Washington entsandten. So entstand ein Patt. In einer Pattsituation tut sich natürlich nicht mehr viel, aber Manager und Bürokraten sind weniger Gärtner als vielmehr Mechaniker – es ist ihnen lieber, an Maschinen herumzubasteln, als etwas zum Wachsen zu bringen.

Wie das gute alte amerikanische Automobil scheint auch Amerika selbst zu groß und zu schwerfällig zu sein, um wirklich gut zu funktionieren, und erst recht, um schnell und klug auf Ereignisse zu reagieren. Der Philosoph Alfred North Whitehead schrieb: »In unserer modernen Welt ist das Zölibat der mittelalterlichen Gelehrtenschicht durch das Zölibat des Intellektuellen ersetzt worden, der von der konkreten Anschauung der vollen Wirklichkeit abgetrennt ist.« (Whitehead 1954)

Die konkrete Anschauung der vollen Wirklichkeit hier und jetzt läßt erkennen, daß zu viele glauben, ein sinnvolles übergeordnetes Ziel sei nicht so wichtig – es ist aber ganz im Gegenteil außerordentlich wichtig, und Amerika geht an diesem mangelnden Weitblick zugrunde.

Der Fernsehproduzent und Drehbuchautor Norman Lear – ein unermüdlicher Innovator – war finanziell und künstlerisch außerordentlich erfolgreich. Als wir uns trafen, sprachen wir nicht nur über sein Leben und seine Arbeit, sondern auch über das, was er als »die Gesellschaftskrankheit unserer Zeit« bezeichnete: das kurzfristige Denken. »Das bedeutet, daß man sich fragt, was der Wähler davon halten wird, und nicht etwa, was das Beste für das Land und die Zukunft ist. Aber was kann ich kurzfristig schon tun, um von hier nach dort zu kommen?« Die allgemein verbreitete Obsession, in kurzen Zeiträumen zu denken, stammt direkt aus der Wirtschaft. Lear weiter: »Joseph Campbell sagte einmal, wenn man sich im Mittelalter einer Stadt näherte, fesselte der Dom schon von weitem das Auge. Heute hingegen erfüllen die Wolkenkratzer der Konzerne diese Funktion. Alles dreht sich nur noch ums Geschäft, und dort ist man in steigendem Maße aufs schnelle Geld aus... Heute unterstützt man nicht die echten Innovatoren, weil das zu riskant ist und eine langfristige Kapitalinvestition wäre.«

Ich glaube, Lear hat völlig recht. Die Wirtschaft ist zur treibenden Kraft, zum gestaltenden Faktor des zeitgenössischen Amerika geworden, weit mehr als das Fernsehen, und sie hat sich – Ironie des Schicksals – selbst bewegungsunfähig gemacht, indem sie ihre Grundsätze minutiös in die Tat umsetzte. Nachdem sie Kopf und Herz des Landes mit ihren Sirenengesängen des schnellen Geldes becirct hatte, hat sie sich in ihren eigenen veralteten Methoden verfangen. Die amerikanische Wirtschaft war noch nie so populär und so erfolglos wie heute, und die Wirtschaftskapitäne waren noch nie so gefeiert und so inkompetent. Es ist nicht erstaunlich, daß man in dieser berauschenden, aber vergifteten Atmosphäre nur wenige herausragende Führungskräfte findet, sondern daß es überhaupt noch welche gibt.

Dick Ferry, Präsident und Mitbegründer von Korn/ Ferry, stimmt dem zu und ist alles andere als optimistisch: »Die amerikanischen Unternehmen mögen theoretisch über die Bedingungen des Erfolgs im nächsten Jahrhundert spekulieren, wenn es jedoch darum geht, konkrete

Entscheidungen zu treffen, dann kommt es für sie allein auf den Ertragsbericht im nächsten Quartal an. So läuft es meistens ab. In dieser starren Sichtweise wird gegenüber der kurzfristigen Ertragssteigerung alles andere sekundär. Wir sind in einer Sackgasse. Das Prämiensystem in diesem Land ist auf den schnellen Gewinn ausgerichtet.«

Unsere Sucht nach kurzfristigem Erfolg hat uns nur Momentaufnahmen einer sich wandelnden Welt vermittelt und uns übersehen lassen, daß diese Welt kleiner geworden ist, sich immer mehr aufheizt und nicht nur politisch, sondern auch gesellschaftlich und wirtschaftlich mehr und mehr von Konkurrenz und Ehrgeiz beherrscht wird. So wie unsere Vorfahren sich gegen die britische Herrschaft erhoben haben, so stellten Japan und Korea, praktisch ganz Europa und Australien die Vormacht der amerikanischen Unternehmen in Frage – sogar als die Araber den Ölhahn zudrehten. Diese Aufsteiger übertreffen uns auf unserem angestammten Feld: Herstellung und Marketing. Vor allem Japan hat erkannt, daß der Markt der eigentliche Kampfplatz ist und der Handel nicht nur die beste Waffe, sondern auch die Quelle der nationalen Sicherheit ist. Jetzt erkennt das sogar Rußland.

Unsere Freunde in Asien und Europa wissen – vielleicht deshalb, weil sie ein paar Jahrhunderte älter als wir und deshalb erfahrener und klüger sind –, daß politische Systeme und Ideologien kommen und gehen, daß aber die Grundbedürfnisse des Menschen zunächst einmal wirtschaftlicher, und nicht politischer Natur sind.

Amerika ist zwar äußerst verärgert über diese bedrohlichste aller Übernahmen, aber immer noch auf Patentlösungen und schnelles Geld aus. Es hat noch nicht kapiert, daß die neue Regel lautet, daß es keine Regeln mehr gibt, geschweige denn Grenzen oder Gesetze. Das Leben auf unserem turbulenten, komplexen Planeten verläuft nicht länger linear und logisch folgerichtig. Es ist spontan, widersprüchlich, unvorhersehbar und undurchsichtig. Die Dinge laufen nicht mehr nach Plan und lassen sich nicht auf feinsäuberliche Modelle reduzieren. Wir suchen weiter nach eleganten, einfachen Lösungen, während wir alles in Frage stellen sollten.

Wallace Stevens, der Dichter, der auch Vizepräsident einer Versicherungsgesellschaft war, hat das in seinem Gedicht »Sechs Landschaften mit Bedeutung« treffend ausgedrückt:

»Rationalisten, die quadratische Hüte tragen,
Denken, den Fußboden
Und die Decke betrachtend,
In quadratischen Räumen.
Sie beschränken sich
Auf rechtwinklige Dreiecke.
Versuchten sie es mit Rhomben,
Kegeln, Schlangenlinien, Ellipsen –
Wie zum Beispiel der Ellipse des Halbmonds –
Dann würden Rationalisten Sombreros tragen.«

(Stevens 1983)

Es ist Zeit, daß wir unseren quadratischen Hut gegen einen Sombrero oder eine Baskenmütze austauschen und uns auf die neue Lage einstellen.

Und, wie Norman Lear sagt: »Schon ein einziger Mensch kann genügen, in diesem Land die Dinge ins Rollen zu bringen.«

Heute sind die Chancen für Führungskräfte grenzenlos, aber auch die Herausforderungen. Die hervorragendsten unter ihnen sind so intelligent, innovativ und tüchtig, wie Führungskräfte es schon immer waren, aber der Weg zum Gipfel ist mühsamer und komplizierter als je zuvor; und der Gipfel selbst ist rutschiger und tückischer als der Mount Everest.

Wir sind auf bestem Wege ins schlimmste Chaos. Und obwohl die Situation sehr unbeständig ist, kann sich an ihr nichts Grundlegendes ändern, solange die wichtigsten Spieler sich darin wohl fühlen und darin schwimmen wie Fische, die das Wasser nicht sehen. Anders gesagt. Das gegenwärtige Klima hält sich von selbst aufrecht, weil es eine ganze Generation von Managern geprägt hat.

Wenn ein typischer moderner Manager Vorstandsvorsitzender wird, dann wird aus ihm keine echte Führungspersönlichkeit, sondern ein Boss, und die Bosse waren es ja gerade, die Amerika in die gegenwärtige Sackgasse manövriert haben. Ironischerweise sind sie genauso ein Produkt der gegenwärtigen Situation, wie das Handelsdefizit und die Fusionswut. Sie sind geradezu perfekte Verkörperungen des Status quo – selbst getrieben und andere antreibend, aber ohne ein Ziel vor Augen.

Der erste Schritt auf dem Weg zu einer echten Führungspersönlichkeit besteht dann darin, die aktuelle Lage als das zu erkennen, was sie ist – als destruktiv, nicht konstruktiv; eine Falle, kein Sprungbrett; ein Ende und kein Anfangspunkt – und sich davon unabhängig zu machen.

Sich den Gegebenheiten unterwerfen

Erfolg macht mehr Spaß als Mißerfolg, egal, ob man nun darüber schreibt oder ihn selbst erlebt. Außerdem kennt jeder selbst Menschen, die aus ihrem Leben nicht das machen konnten, was sie sich erhofften. Aber aus Fehlern zu lernen ist eines der wichtigsten Themen dieses Buches, auf das wir immer wieder zurückkommen werden. Deshalb sollten wir einen Fall genauer betrachten, in dem es jemand nicht geschafft hat, und sehen, weshalb. Nennen wir ihn Ed.

Ed stammt aus einer Arbeiterfamilie in Brooklyn, New York. Er war intelligent, ehrgeizig und fest zum Erfolg entschlossen. Gleich nach Abschluß der High School begann er in einer Fabrik zu arbeiten und besuchte zusätzlich die Abendschule. Indem er Tag und Nacht schuftete, gelang es ihm, sich eine Zusatzqualifikation zu verschaffen. Er arbeitete sich aus der Fabrikhalle empor und stieg ins Management auf. In wenigen Jahren kämpfte er sich nach oben und ließ dabei einige Akademiker hinter sich zurück. Er erwies sich nicht nur als fleißig, kompetent und durchsetzungsfähig, sondern auch als gewiefter Pragmatiker. So ernannte man ihn schließlich zum Vizepräsidenten.

Ed war mit Leib und Seele ein Firmenmensch. Jeder sagte das. Er wußte nicht nur, wie alles funktionierte, sondern war auch imstande, es noch zu verbessern, und es machte ihm nichts aus, unproduktive Mitarbeiter vor die Tür zu setzen, wenn es nötig war. Er war kein sanfter Vorgesetzter, aber er war ganz nach dem Geschmack seiner Chefs. Der Firma gegenüber war er hundertprozentig loyal, ein Arbeitssüchtiger, der immer das Letzte aus sich herausholte und mit jedem unzufrieden war, der weniger Engagement zeigte.

Eds Kompetenz, verbunden mit seinem Elan und seiner Durchsetzungsfähigkeit, machte ihn zu einem idealen Manager in der »Sieg-oder-Stirb«-Welt der 80er Jahre. Wenn man ihn so bei seiner Arbeit sah, hätte man nicht vermutet, daß er aus armen Verhältnissen in Brooklyn stammte oder daß er sich sein ganzes Wissen in Abendkursen angeeignet hatte.

Er hatte es in der Tat beinahe selbst vergessen. Denn er gebärdete sich, kleidete sich und sprach wie seine Chefs. Und seine attraktive, aufopferungsvolle Frau gebärdete sich, kleidete sich und sprach wie die Gattinnen seiner Chefs. Er hatte zwei hübsche, guterzogene Söhne, ein schönes Haus in Westchester, einen verdammt guten Aufschlag beim Tennis und die besten Aussichten, falls er sich verändern wollte. Der Chef der Firma war Anfang 50 wie Ed und offenbar mit seiner Position zufrieden.

Zu der Zeit, als Ed begann, sich für etwas Neues zu interessieren, suchte ein Familienbetrieb in der gleichen Sparte frisches Blut. Der Vorstandsvorsitzende, ein Enkel des Gründers, dachte daran, sich zurückzuziehen, und es gab niemanden, dem er die Zügel hätte anvertrauen können. Er wollte zunächst jemanden als seinen Stellvertreter einstellen und ihm dann, wenn alles gut ging, die Firma in zwei bis drei Jahren übergeben. Obwohl der Betrieb in Minneapolis ansässig war, hatte der beauftragte Personalberater Ed in New York ausfindig gemacht. Ed sah den Umzug nach Minneapolis als eine Möglichkeit, schneller nach oben zu kommen.

Er brachte den Stellenwechsel so souverän über die Bühne wie alles andere. Mit seiner Familie zog er in ein größeres und schöneres Haus in Edina, und in der Firma hatte er ein großräumiges Büro mit Blick auf den See. Er schien sich an den gemächlicheren Lebensrhythmus im Mittleren Westen zu gewöhnen, ohne das geringste zu vermissen.

Allerdings war er noch härter als zuvor und setzte denjenigen, die ihn nicht zufriedenstellten, ordentlich zu. Die gemütlicheren Einheimischen machten sich im Privaten über ihn lustig, gaben ihm den Spitznamen »Der Bomber von Brooklyn«, aber sie gehorchten ihm dennoch aufs Wort.

Nachdem Ed ein Jahr in Minneapolis war, lud ihn der Vorstandsvorsitzende Baxter zum Essen ein und bot ihm an, sein Stellvertreter zu werden. Ed war darüber erfreut, aber nicht überrascht. Niemand war tüchtiger als er, niemand hätte über die Firma in dieser Zeit mehr lernen können, und niemand verdiente es mehr. Die Sterne waren zum Greifen nahe. Baxter und Ed waren ein perfektes Gespann. Baxter, herzlich und motivierend, lenkte die Firma, während Ed sich härter als je zuvor um die praktische Seite kümmerte – und um die Dreckarbeit.

Baxter kam zu der Überzeugung, daß Ed wirklich der richtige Nachfolger für ihn wäre, und er teilte seine Entscheidung der Familie mit, die zugleich als Aufsichtsrat fungierte. Zum ersten Mal in seinem Leben sah sich Ed mit etwas konfrontiert, das er nicht einfach aus dem Wege räumen konnte: Einige Mitglieder des Aufsichtsrats sagten Baxter, Ed sei *zu* hart und springe zu arg mit seinen Managerkollegen um. Sie würden seiner Ernennung nicht zustimmen, außer er verbessere seine »soziale Kompetenz«.

Baxter überbrachte Ed die schlechte Nachricht. Beide konnten es kaum fassen. Baxter wollte in den Ruhestand gehen, und außerdem hatte er Ed zu seinem Nachfolger auserkoren und begonnen, ihn für diese Position aufzubauen. Nun hatte man ihm einen Strich durch die Rechnung gemacht. In dieser Situation rief Baxter einen Freund an, der ihm empfahl, mich als Berater hinzuzuziehen. Nachdem er mir sein Dilemma in groben Zügen dargelegt hatte, fragte er mich, ob ich Ed helfen wollte, seine soziale Kompetenz zu verbessern. Er meinte, Ed wäre bereit alles zu tun, um sich die Position des Vorstandsvorsitzenden zu sichern.

Nach mehreren Gesprächen und reiflicher Überlegung erklärte ich mich einverstanden. Obwohl ich gewisse Vorbehalte hatte, war es eine interessante Aufgabe, und ich hatte genügend andere Dinge in Minneapolis zu erledigen, so daß ich nicht groß umdisponieren mußte. Dennoch bezweifelte ich, ob bei einem 55jährigen Mann eine grundlegende Veränderung seiner Persönlichkeit erreicht werden könnte.

Bei meiner nächsten Reise nach Minneapolis lernte ich Ed kennen. Einige Tage lang ließ ich ihn nicht aus den Augen und beobachtete alles, was er tat und wie er es tat. Bei meiner nächsten Reise befragte ich alle Personen, die mit Ed zusammenarbeiteten, und bat ihn, sich einer Reihe von Persönlichkeitstests zu unterziehen.

Jeder handelte natürlich aus wohlverstandenem Eigennutz. Da Baxter sich gern zur Ruhe setzen wollte, sollte sein Nachfolger so schnell wie möglich bereitstehen. Die unnachgiebigen Mitglieder des Aufsichtsrats wollten, daß ich ihnen einen Weg aus dieser schwierigen Situation zeigte, ob sich nun bei Ed eine Veränderung erzielen ließe oder nicht. Und Ed, der immer überaus kooperativ war, wollte die Position um jeden Preis.

Nach kurzer Zeit erkannte ich, daß alles, was über Ed gesagt wurde, der Wahrheit entsprach. Er war außerordentlich kompetent und ehrgeizig, aber auch ein Tyrann. Er war impulsiv und beleidigte seine Mitarbeiter oft. In seiner Gegenwart gaben sie keinen Mucks von sich. Hinzu kam sein zwanghaftes Bedürfnis, Menschen und Ereignisse zu kontrollieren, und seine Unfähigkeit, jemanden für eine gut gemachte Arbeit zu loben – nicht einmal ein Dankeschön kam über seine Lippen. Und natürlich hatte er Vorurteile gegenüber Frauen.

Ed packte sein Problem so an, wie er auch alles andere anpackte – im Eiltempo und unter Einsatz all seiner Kräfte. Im Verlauf meiner Arbeit mit ihm wurde er umgänglicher, höflicher, und entwickelte gegenüber seinen Mitarbeitern mehr Fingerspitzengefühl. Das war die gute Nachricht.

Die schlechte war die, daß Eds Mitarbeiter trotz all seiner Bemühungen weiterhin mißtrauisch blieben. Der »neue« Ed war ihnen nicht geheuer. Und der Aufsichtsrat blieb gespalten. Jene Mitglieder, die den »alten« Ed und seine nüchterne, kühlkalkulierende Art geschätzt hatten, verwirrte sein neues, nachsichtigeres Verhalten, während jene, die von Anfang an gegen Eds Ernennung gewesen waren, jetzt neue Schwächen entdeckten. Sie argumentierten, daß es ihm ungeachtet seines Elans und seiner Kompetenz an langfristigen Perspektiven und persönlichem Profil fehle.

Da ich glaube, daß persönliches Profil bei einer Führungskraft genauso wichtig ist wie Elan und Kompetenz, mußte ich ihnen zustimmen. Und ich konnte aus Ed keine Persönlichkeit machen; das mußte er schon selbst zuwege bringen. Wie gesagt, es ist für eine Führungskraft nicht genug, lediglich die Arbeit richtig gut zu machen – sie muß vor allem das Richtige machen. Außerdem muß eine echte Führungskraft einen gewissen strategischen Weitblick haben. Ich zweifelte nicht daran, daß Ed das Unternehmen führen konnte, aber ich zweifelte sehr, ob er es in die richtige Richtung führen würde.

Nachdem ich Ed gesagt hatte, daß mich seine Fortschritte zwar beeindruckten, ich ihn aber nicht als Vorstandsvorsitzenden empfehlen könne, besprach ich meinen Bericht mit Baxter und dem Aufsichtsrat. Baxter, so stellte ich fest, war wirklich erleichtert. Zwar hatte er jemanden wie Ed gebraucht, um ihm bei der Leitung des Unternehmens zu helfen, aber er hatte schließlich eingesehen, daß der Aufsichtsrat recht hatte: Es ging um die Zukunft eines Unternehmens, das sich seit drei Generationen im Besitz dieser Familie befand, und sie konnten es einfach nicht der Führung Eds anvertrauen. Baxter und Ed blieben auf ihren Posten, bis ein anderer Nachfolger für Baxter gefunden war. Baxter trat dann in den Ruhestand, und Ed nahm seinen Hut.

Wenn das ein Film gewesen wäre, hätte sich Ed natürlich im letzten Akt in Jimmy Stewart verwandelt und die Stelle doch noch bekommen. Aber im wirklichen Leben geht es anders zu als im Film, und Helden und Schurken sind nicht so leicht zu unterscheiden.

Ich glaube, daß Ed in Wirklichkeit weder ein Held noch ein Schurke war; er war ein Opfer, jemand der sich für einen Selfmademan hielt, sich im Grunde aber an falschen Vorbildern in einer falschen Unternehmenskultur orientiert hatte.

Er kam als harter Junge von der Straße in die Geschäftswelt, als Unterprivilegierter, der entschlossen war, nach oben zu kommen. Er war ehrgeizig und fleißig. Aber im Grunde war er ein Produkt des herrschenden Klimas. Was er auch immer an persönlichem Profil und Weitblick besessen haben mag, auf seinem Weg nach oben blieb nichts davon übrig.

Ed hätte sich vielleicht Führungsqualitäten aneignen können. Als er in der Fabrik zu arbeiten begann, galt seine Leidenschaft zweifellos den Verheißungen des Lebens. Aber dann kam er in eine Welt, in der jeder nur an sich selbst denkt und in der man nicht dafür belohnt wird, seine Persönlichkeit zu entfalten, sondern dafür, sich anzupassen. Indem Ed sich als perfekter Diener des Systems erwies, reifte er nie zu einer echten Persönlichkeit heran – vielmehr konnte sein Arbeitgeber nach Belieben über ihn verfügen. Da er selbst unter Druck gesetzt wurde, setzte er auch andere unter Druck und wurde so zu einem hyperperfekten Boß. Er konnte sich nicht an den neuen Führungsstil gewöhnen, bei dem visionärer Weitblick und persönliches Charisma zählen.

Als ich den Fall hinterher analysierte, erkannte ich, daß für den Aufsichtsrat fünf Qualitäten wichtig waren: fachliche Kompetenz (die Ed besaß), soziale Kompetenz, Ideenreichtum (d.h. Vorstellungskraft und Kreativität), Urteilskraft und Stil sowie Charakterstärke. Es lag also nicht nur an der sozialen Kompetenz, wie man mir ursprünglich gesagt hatte. Auch wenn er sich noch so große Mühe gab, in diesem Bereich besser zu werden, konnte er doch die Leute nicht für sich gewinnen. Man zweifelte an seiner Urteilskraft und der Stärke seiner Persönlichkeit. Und man hatte das Gefühl, ihm nicht trauen zu können.

Da wir heute in einem Zeitalter leben, in dem Versager nach oben fallen, ist Ed jetzt Chef eines führenden Fertigungsunternehmens in Atlanta. Die Berufungskommission hielt ihm nicht nur seine eigenen praktischen Erfolge zugute, sondern auch alle Leistungen Baxters, der unter anderem neue Produkte entwickelt und den in der Branche bewunderten guten Ruf der Firma hinsichtlich Service und Qualität gewahrt hatte. Wenn Ed nun in Atlanta das Produktionsverfahren strafft, aber keine neuen Produkte entwickelt bzw. keine Ertragssteigerungen erzielt, wird er vielleicht das Gefühl haben, vom Unglück verfolgt zu sein – es sei denn, er lernt aus seinen Mißerfolgen und entschließt sich, den mühsamen Weg der Selbstfindung zu gehen. Ich konnte das leider nicht herausfinden, weil er auf meine Telefonanrufe nicht reagiert hat.

Jeder von uns kennt einen »Ed« – dieser Typ ist wohl eher die Regel als die Ausnahme. Aber Sie werden sehen, daß es Menschen gibt, die die Regeln über Bord werfen, die Situation meistern und Erfolgsmethoden haben, von denen ein Ed nur träumen kann.

Die Situation meistern

Norman Lear ist die Persönlichkeit, die ich gewählt habe, um die Gründe zu illustrieren, aus denen Ed scheiterte. Er ist ein entschiedener Kritiker der gegenwärtigen Lage.

In der sogenannten Blütezeit des Fernsehens schaffte er den Durchbruch als Drehbuchautor vieler erfolgreicher Shows, bei denen er zum Teil auch Regie führte. 1959 gründeten Lear und Bud Yorkin die Produktionsgesellschaft Tandem Productions, die Fernsehsendungen mit Fred Astaire, Jack Benny, Danny Kaye, Carol Channing und Henry Fonda produzierte und verkaufte. Tandem produzierte auch eine Reihe spannender Unterhaltungsfilme. Lear hatte in jeder Hinsicht Erfolg, und 1971 machten er und Tandem einen Riesenschritt nach vorne mit der Premiere einer richtungsweisenden Fernsehserie »All in the Family«. Diese Serie mit dem unvergeßlichen Archie Bunker in der Hauptrolle und die nachfolgenden Serien revolutionierten nicht nur das Fernsehen, sondern vermittelten den Amerikanern auch ein witziges, scharfgestochenes Porträt von sich selbst.

Der Schriftsteller Paddy Chayefsky sagte von ihm: »Norman Lear befreite das Fernsehen von dümmlichen Ehefrauen und dämlichen Vätern, von Zuhältern, Gaunern, Privatdetektiven, Fixern, Cowboys und Arbeitstieren, aus denen die chaotische Fernsehwelt bestand, und an ihre Stelle setzte er den amerikanischen Durchschnittsbürger ... er brachte sozusagen die Zuschauer vor die Kamera.«

Lear hat mehr als jeder andere dem Fernsehen neue Impulse gegeben. Seine Shows kamen nicht nur gut an, sondern griffen auch Streitfragen auf, wie die damaligen Tabuthemen Abtreibung und Rassenvorurteil. Aber zu Beginn mochte niemand »All in the Family«. ABC lehnte die Serie ab, CBS strahlte sie nur widerwillig aus, und zunächst nahm kaum jemand Notiz von ihr. Zum Glück ließ CBS sie im Programm. Und Lear meisterte nicht nur die Situation, er revolutionierte sie auch.

Zwischen 1971 und 1982 war jedes Jahr mindestens eine Komödie von Lear unter den zehn Publikumslieblingen in der Hauptsendezeit. Nahezu 60 Prozent von Lears Pilotfilmen sind als Serien verkauft worden – doppelt soviel wie der Branchendurchschnitt. Mehr als ein Drittel seiner Fernsehserien wurden zu Verkaufsschlagern – dreimal so viel wie im Durchschnitt.

Lears Aufstieg war von Innovation und Risikofreude geprägt und beweist, daß beides sich lohnt, denn Lear ist nicht nur ein kreativer Kopf, sondern auch ein Finanzgenie. Als jedoch der Verband Amerikanischer Drehbuchautoren im März 1988 streikte, ging dieser Multimillionär und Fernsehpionier voller Begeisterung mit seinen Kollegen auf die Straße.

Lear hat als Drehbuchautor, Produzent, Geschäftsmann und engagierter Bürger Hervorragendes geleistet. Er hat den amerikanischen Traum verwirklicht. Er hat bei Null angefangen und wurde sehr reich, sehr berühmt und sehr mächtig. Sein Leben ist wirklich der Stoff, aus dem die Fernsehshows und Kinofilme sind. Seine Erfolge beweisen eindeutig den Sinn einer vollen Entfaltung der eigenen Persönlichkeit.

Vier Schritte führten dazu, daß Norman Lear die Situation meisterte: 1. die eigene Persönlichkeit entfalten; 2. auf die innere Stimme hören; 3. von den richtigen Vorbildern lernen; 4. sich von einer Vision leiten lassen.

Wenn er schildert, wie stark ihn der Essay »Selbstvertrauen« von Ralph Waldo Emerson noch in der Schulzeit beeinflußt hat, werden diese vier Aspekte deutlich. »Emerson sagt, daß man auf seine innere Stimme hören und sich von ihr leiten lassen solle, auch wenn einem andere das Gegenteil nahelegen. Ich weiß nicht, wann ich anfing zu begreifen, daß diese innere Stimme etwas Himmlisches hat... Sich von ihr leiten zu lassen – was ich, zugegeben, nicht immer tue – ist das Beste und Richtigste, was man tun kann. Und wenn wir unsere eigenen

Gedanken und Ansichten ignorieren, dann kommen sie schließlich aus dem Mund anderer Menschen wieder zu uns zurück – mit befremdlicher Erhabenheit... Ich kann also nur empfehlen, ihr zu glauben. *Ich war immer dann am erfolgreichsten, wenn ich auf diese innere Stimme gehört habe.*«

Auf die innere Stimme zu hören und ihr zu vertrauen ist eine der wichtigsten Voraussetzungen, um eine gute Führungskraft zu werden. Ich halte dies für so wichtig, daß ich diesem Thema nahezu ein ganzes Kapitel widme.

Lear sprach auch über andere Menschen, die ihn in seinem Leben beeinflußt haben. »Mein Großvater brachte mir schon sehr früh bei, daß man etwas bewirken kann. Ich wohnte im Alter von neun bis zwölf bei ihm. Er war ein leidenschaftlicher Briefeschreiber, und ich war ein dankbarer Zuhörer. ›Mein liebster, verehrter Herr Präsident, hören Sie nicht darauf, wenn die anderen das-und-das und so-und-so sagen.‹ Oder, wenn er mit dem Präsidenten nicht einer Meinung war: ›Mein liebster, verehrtester Herr Präsident, das-und-das hätten Sie besser sein lassen sollen.‹ Ich lief jeden Tag die vier Stockwerke zu dem bronzenen Briefkasten hinunter, um die Post zu holen. Hin und wieder setzte mein Herz eine Sekunde aus, weil ein kleiner weißer Brief mit dem Absender ›Weißes Haus‹ darin lag. Ich konnte es nicht fassen. Das Weiße Haus schrieb ihm tatsächlich.

Mein Vater hatte ständig Papierschnipsel in seiner Hosentasche und in der Hutkrempe, auf denen er sich geschäftliche Notizen machte. Er hatte immer mehr am Hals, als er bewältigen konnte, weil er nie den Überblick hatte. Deshalb, glaube ich, hat er umgekehrt mir eingeschärft, immer vorbereitet zu sein und mit beiden Beinen auf der Erde zu stehen. Er war jemand, der fest daran glaubte, in zwei Wochen eine Million Dollar in der Tasche zu haben, aber natürlich schaffte er das nie. Aber er hörte nie auf, daran zu glauben. Er stürzte sich ins Leben wie Monsieur Hulot, mit geneigtem Kopf und weit ausholenden Schritten.«

Wie sein Vater, das Schlitzohr, so hat auch der Sohn nie aufgehört, an sich zu glauben, und auch er stürzt sich in das Leben. Er sagte mir: »Zuallererst sollte man herausfinden, was für ein Mensch man ist – und so sein. Sei, was du bist, und verliere das nie aus den Augen ... Es ist sehr schwer, man selbst zu sein, weil es nicht dem zu entsprechen scheint, was alle anderen erwarten.« Aber das ist natürlich, wie uns Lear gezeigt hat, der einzige Weg, wenn man wirklich hoch hinaus will.

Norman Lear ließ sich von einer Vision leiten, glaubte an sich und war überzeugt, etwas verändern zu können. Und diese Vision ermöglichte es ihm, die eingefahrenen Mechanismen im Fernsehen aufzusprengen – einer Arena, in der Produzenten gewöhnlich dadurch überleben, daß sie sich den gängigen Mustern anpassen, daß sie einen Aufguß des letzten Hits servieren oder auf den kleinsten gemeinsamen Nenner mit dem am wenigsten umstrittenen Programm setzen. Lear gelangte nicht einfach nur an die Spitze, wo er zwei Jahrzehnte blieb – und das in einer Branche, in der schon fünf Jahre als Erfolg gelten – er tat es, indem er originelle Shows produzierte, die mit ihrer Buntheit die blasse Konkurrenz an die Wand spielten. Auf ihn verwies man als Musterbeispiel, wenn eine neue Show nicht auf Anhieb ein Hit wurde. Lears Erfolg verdanken andere gute Shows, daß man ihnen eine zweite Chance gab.

Natürlich ist Lear ein Extremfall. Er bestimmt sein Leben so souverän, wie das nur wenige von uns können. Aber Menschen wie Norman Lear, die sich über Systemzwänge hinwegsetzen, findet man unter allen Führungskräften. Die Wissenschaftlerin Mathilde Krim, die den Kampf gegen AIDS leitet, meinte: »Institutionelle Zwänge kann ich kaum ertragen. Institutionen sollen für Menschen da sein, und nicht umgekehrt, wie es leider häufig der Fall ist. Menschen binden sich an eine Institution und werden so zu Opfern von Routine und Vorschriften, die sie schließlich lähmen.«

Wenn wir fast alle, so wie Ed, Produkte unserer Umwelt sind, Opfer von Gewohnheiten und Vorschriften, dann müssen wir um so mehr von Menschen wie Norman Lear lernen, die die Routine nicht nur in Frage stellen und überwinden, sondern auch etwas grundlegend Neues schaffen. Der erste Schritt dahin ist, sich nicht länger von anderen entfalten zu lassen, sondern sich selbst zu entfalten. So kommt die Sache in Gang.

Kapitel 2

Die Grundlagen verstehen

> Wenn wir die Entwicklung der Führungstheorie be-
> trachten, dann liegen vor uns die Trümmer der »Cha-
> raktertheorie«, der Theorie über die »herausragende
> Persönlichkeit« und ihrer »situationistischen« Kritik,
> der Theorie über Führungsstile, funktionelle Führung
> und schließlich über führerlose Führung, ganz zu
> schweigen von der bürokratischen Führung, der cha-
> rismatischen Führung, der gruppenzentrierten Füh-
> rung, der realitätszentrierten Führung, der zielorien-
> tierten Führung und so weiter. Die Dialektik und Um-
> kehrung der Schwerpunkte in diesem Bereich kann es
> fast mit dem ständigen Hin und Her bei den Erzie-
> hungsmethoden aufnehmen, und man kann frei nach
> Gertrude Stein sagen: »Ein Führer ist ein Geführter ist
> ein Führer.«

Führungskräfte gibt es in jeder Größe, Form und Veranla-
gung: klein, groß, ordentlich, schlampig, jung, alt, weiblich
und männlich. Dennoch scheinen sie allesamt einige,
wenn nicht sämtliche der folgenden Führungsqualitäten
aufzuweisen:

- Führung beruht erstens auf langfristigen *Visionen*. Die
  Führungspersönlichkeit weiß genau, was sie will – beruflich und privat –, und hat die Kraft, Rückschläge
  oder sogar Mißerfolge wegzustecken. Nur dann, wenn
  man weiß, wohin man will und warum man dorthin
  will, kann man das Ziel überhaupt erreichen. Norman
  Lear war ein gutes Beispiel dafür.
- Führungskompetenz setzt zweitens *Leidenschaft voraus* – die fundamentale Leidenschaft für die Verheißungen des Lebens, kombiniert mit der Leidenschaft

für eine Berufung, einen Beruf, eine Aktion. Die Führungskraft hat Spaß an ihrer Arbeit. Tolstoi hat gesagt, Hoffnungen seien die Tagträume des wachen Menschen. Ohne Hoffnungen können wir nicht überleben, geschweige denn Fortschritte machen. Die Führungspersönlichkeit, die begeistern kann, vermittelt ihren Mitarbeitern Hoffnung und Inspiration. Diese Fähigkeit kann in verschiedenen Variationen auftreten – manchmal erscheint sie als Begeisterungsfähigkeit; mehr dazu in Kapitel 8, wie man Menschen für sich gewinnt.

- Führungskompetenz beruht drittens auf *Integrität,* die meiner Ansicht nach drei wesentliche Elemente umfaßt: Selbsterkenntnis, Aufrichtigkeit und persönliche Reife.

»Erkenne dich selbst,« sagte Sokrates. Und das ist nach wie vor die schwierigste Aufgabe für jeden von uns. Aber nur wenn Sie sich wirklich selbst kennen, Ihre Stärken und Schwächen, Ihre Ziele und Motive, können Sie Erfolg im tieferen Sinn des Wortes haben. Die gute Führungskraft macht sich nie etwas vor, besonders nicht über sich selbst; sie kennt ihre Fehler und ihre Trümpfe und setzt sich mit ihnen direkt auseinander. Sie selber sind Ihr eigenes Rohmaterial. Wenn Sie wissen, aus was für einem Holz Sie sind und was Sie daraus schnitzen wollen, können Sie sich selber erfinden.

Aufrichtigkeit ist der Schlüssel zur Selbsterkenntnis und beruht auf ehrlichem Denken und Tun, unerschütterlichem Festhalten an Prinzipien und grundsätzlicher Stabilität und Integrität. Einem Architekten, der einen Glaskasten im Bauhausstil mit einer viktorianischen Kuppel versieht, fehlt es an professioneller Rechtschaffenheit, wie jedem, der seine Prinzipien oder sogar seine Ideen zurechtstutzt, um anzukommen. Eine Führungskraft kann nicht, wie etwa Lillian Hellman, ihre Prinzipien nach der jeweiligen Mode richten.

Persönliche Reife ist für eine Führungskraft wichtig, weil Führen nicht nur bedeutet, den richtigen Weg zu zeigen oder Befehle zu erteilen. Jede Führungskraft muß Gehorsam auch selbst erfahren haben und dadurch gewachsen sein – sie muß gelernt haben, engagiert und aufmerksam zu sein, mit anderen zusammenzuarbeiten und von ihnen zu lernen – und dabei nie servil, sondern immer aufrichtig zu sein. Erst wenn man sich diese Fähigkeiten angeeignet hat, kann man sie auch bei anderen fördern.

- Integrität bildet die Grundlage für *Vertrauen,* das weniger eine Voraussetzung als vielmehr ein Produkt guter Führung ist. Das ist die einzige Eigenschaft, die man sich nicht aneignen, sondern nur verdienen kann. Vertrauen, ohne das eine Führungskraft nicht auskommt, wird ihr von Mitarbeitern und Untergebenen entgegengebracht. Ich werde auf Vertrauen in Kapitel 8 näher eingehen.
- Zwei weitere elementare Voraussetzungen für Führungsqualität sind *Neugierde und Wagemut.* Die gute Führungskraft ist auf alles neugierig, möchte soviel wie möglich lernen, ist bereit, Risiken einzugehen, zu experimentieren und Neues auszuprobieren. Sie hat keine Angst vor Mißerfolgen, sondern lernt aus Fehlern. Wie man mit Rückschlägen fertig wird, ist ein weiteres Thema, auf das ich in diesem Buch immer wieder und aus verschiedenen Perspektiven zu sprechen komme.

Auch wenn ich von elementaren Voraussetzungen spreche, meine ich damit nicht unveränderbare angeborene Eigenschaften. Wie zahllose abgesetzte Könige und glücklose Erben großer Vermögen bezeugen, wird man nicht als Führungskraft geboren, sondern wird erst allmählich dazu, und gewöhnlich durch eigene Anstrengungen. Man wird auch nicht durch ein einziges Wochenendseminar zur Führungspersönlichkeit, wie einige Verfechter von Führungstheorien uns weismachen wollen. Ich nenne das die »Mikrowellenherd-Theorie«: Man stecke Otto Normal oder Lieschen Müller hinein, und nach 60 Sekunden kommen Herr Präsident oder Frau Direktor heraus.

Milliarden werden bei uns jährlich von und für Möchtegern-Führungskräfte ausgegeben. Viele Großunternehmen bieten Kurse zur Förderung der Führungskompetenz an. Und dennoch haben die amerikanischen Unternehmen ihre führende Position auf dem Weltmarkt verloren. Ich möchte wetten, daß Zufall, Glück, bloßer Mut oder Entschlossenheit bei der Karriere von Führungskräften eine größere Rolle gespielt haben, als alle Führungskurse zusammengenommen. Denn diese können zwar Wissen, nicht aber Charakterstärke und visionäre Kraft vermitteln, und sie versuchen es ja auch nicht einmal. Indem sie ihre Persönlichkeit und visionäre Fantasie entwickelt, erfindet sich die Führungskraft selbst.

Die Weltwirtschaftskrise von 1929 war die Feuerprobe, in der sich Franklin D. Roosevelt aus einem gewöhnlichen Politiker in eine echte Führungspersönlichkeit verwandelte. Harry Truman wurde Präsident, als Roosevelt starb, aber es war einzig und allein sein Mut, der ihn zu einem Führer machte. Dwight Eisenhower, der einzige Fünf-Sterne-General der Nation, wurde von den Parteichefs der Republikaner unterschätzt, die nur sein gewinnendes Lächeln sahen. Er entpuppte sich als eigenständige Persönlichkeit und echte Führungsautorität. Politiker wie der Bürgermeister von Chicago, Richard Daley, haben John F. Kennedy beim Sprung ins Weiße Haus geholfen, aber dort glänzte Kennedy dann ohne jede Hilfe. Ob man sie mochte oder nicht, Roosevelt, Truman, Eisenhower und Kennedy waren alle große Staatsmänner, und zwar die letzten, die Amerika hatte.

Truman sah sich selbst nie als Führungspersönlichkeit und war wahrscheinlich genauso überrascht wie alle anderen, als man ihn zum Präsidenten wählte. Eisenhower war ein guter Soldat, der das Glück hatte, eine Mannschaft noch besserer Soldaten um sich zu haben, die seine militärischen und politischen Siege ermöglichte. Die charmanten reichen Erneuerer Roosevelt und Kennedy waren, im Jargon der Zeit, Verräter ihrer Klasse, aber Helden des Volkes. Jeder dieser Männer wandelte sich von Grund auf: Truman und Eisenhower, die typischen Aufsteiger aus der Provinz; Roosevelt und Kennedy, welterfahren, aber konventionell und von ehrgeizigen und mächtigen Eltern angetrieben – sie alle krempelten sich und die Welt völlig um.

Ein Selfmademan zu sein genügt natürlich nicht. Lyndon Johnson, Richard Nixon und Jimmy Carter könnten alle als Selfmade-Männer bezeichnet werden. Alle drei waren hochkompetent, aber ihr Ehrgeiz war größer als ihr Talent. Johnson nahm sich vor, eine großartige Gesellschaft zu schaffen, aber statt dessen führte er einen schlimmen Krieg. Nixon wollte die Amerikaner weniger führen als vielmehr beherrschen. Es war nie klar, was Carter – außer dem Weißen Haus – eigentlich wollte. Was in ihren Köpfen vorging, wußten wir nicht und sie vielleicht auch nicht. Wie immer ihre Visionen ausgesehen haben mögen, sie blieben im Verborgenen (bzw. im Falle von Johnson unerfüllt). Bei jedem klaffte zwischen Worten und Taten eine große Lücke, und jeder schien das amerikanische Volk als seinen Gegner zu betrachten. Als wir den Sinn des Kriegs gegen Vietnam bezweifelten, bezweifelte Johnson unsere Loyalität. Nixon ließ eine Liste mit politischen Gegnern anlegen, und Carter beschuldigte uns der Drückebergerei.

Johnson, Nixon und Carter waren selbst mehr getrieben als andere antreibend, und keiner konnte über seinen Schatten springen. Sie waren Gejagte, die mehr von ihren frühen Entbehrungen als ihren späteren Erfolgen geprägt wurden. Sie formten sich also nicht selbst, sondern waren das Produkt ihrer persönlichen Geschichte.

Als Henry Kissinger gefragt wurde, was er von den Präsidenten gelernt habe, mit denen er zusammengearbeitet habe – eine Reihe, die mit Kennedy anfängt, durch den er dann Truman kennenlernte –, antwortete er: »Präsidenten bringen nur dann etwas Großes zustande, wenn sie sich nicht auf ihre Grenzen, sondern auf ihre Möglichkeiten konzentrieren.« Sie lassen die Vergangenheit hinter sich und wenden sich der Zukunft zu.

Roosevelt, Truman, Eisenhower und Kennedy veränderten zuerst sich und dann die Zukunft. Johnson, Nixon und Carter hingegen wurden von ihrer Vergangenheit geprägt. Sie zwangen die schlechten Lehren ihrer Vergangenheit der Gegenwart auf und ließen die Zukunft im Dunkeln. Gute Führungspersönlichkeiten gewinnen die Welt für sich – schlechte Führungspersönlichkeiten verführen sie, oder versuchen es zumindest.

Die Griechen glaubten, Vollkommenheit beruhe auf einem perfekten Gleichgewicht von Eros und Logos, Fühlen und Denken, die beide aus einem Verstehen der Welt auf allen Ebenen hervorgehen, der »konkreten Anschauung der gesamten Wirklichkeit«. Wahres Verstehen gründet auf Engagement und voller Selbstentfaltung. Begabung ist eine Sache, die erfolgreiche Verwirklichung derselben eine andere, wie John Gardner gesagt hat.

Führungskräfte, nicht Manager

Ich neige dazu, den Unterschied zwischen echten Führungskräften und bloßen Managern darin zu sehen, daß erstere die Gegebenheiten gestalten, während sich die anderen ihnen ausliefern. Aber es gibt auch noch andere entscheidende Unterschiede:

- Manager verwalten; Führungskräfte sorgen für Innovationen.
- Manager sind Kopien; Führungskräfte sind Originale.
- Manager bewahren; Führungskräfte entwickeln weiter.
- Manager konzentrieren sich auf Systeme und Strukturen; Führungskräfte auf Menschen.
- Manager verlassen sich auf Kontrolle; Führungskräfte wecken Vertrauen.
- Manager denken kurzfristig; Führungskräfte haben langfristige Perspektiven.

- Manager fragen wie und wann; Führungskräfte fragen was und warum.
- Manager haben nur den Gewinn vor Augen; Führungskräfte beobachten den Horizont.
- Manager ahmen nach; Führungskräfte sind schöpferisch.
- Manager akzeptieren den Status quo; Führungskräfte stellen ihn in Frage.
- Manager sind brave Soldaten; Führungskräfte sind ihre eigenen Herren.
- Manager packen die Sache richtig an; Führungskräfte packen die richtige Sache an.

Oder, um mit Wallace Stevens zu sprechen: Manager tragen quadratische Hüte und lernen durch Schulung; Führungskräfte tragen Sombreros und streben nach Bildung. Beachten Sie die Unterschiede zwischen Schulung und Bildung:

BILDUNG	SCHULUNG
induktiv	deduktiv
versuchsweise	endgültig
dynamisch	statisch
Verstehen	Auswendiglernen
Ideen	Fakten
weit	beschränkt
tief	oberflächlich
erfahrungsoffen	routinemäßig
aktiv	passiv
Fragen	Antworten
Prozeß	Ergebnis
Strategie	Taktik
Alternativen	Ziel
Erkundung	Vorhersage
Entdeckung	Dogma
aktiv	reaktiv

BILDUNG	SCHULUNG
Initiative	Leitung
ganzheitlich	einseitig rational
Leben	Arbeit
langfristig	kurzfristig
Wandel	Stabilität
Inhalt	Form
flexibel	starr
Risiko	Regeln
Synthese	These
offen	geschlossen
Fantasie	gesunder Menschenverstand

DIE SUMME: FÜHRUNGSKRAFT MANAGER

Wenn Ihnen die linke Liste befremdlich erscheint, dann deshalb, weil unser Lernen normalerweise anders aussieht. Unser Schulsystem zielt leider stärker auf Schulung oder gar Training als auf Bildung ab. Training ist gut für Hunde, weil man nichts als Gehorsam von ihnen verlangt. Bei Menschen hingegen erreicht man dadurch nur, daß sie sich an der nächsten Bilanz orientieren.

In der linken Spalte stehen alle jene Eigenschaften, die die betriebswirtschaftlichen Fakultäten nicht fördern, da sie sich allein auf das kurzfristige, profitmaximierende, mikroökonomische Ergebnis konzentrieren. Profite haben aber nichts mit Problemfindung zu tun. Und wir brauchen Leute, die wissen, wie man Probleme feststellt, denn die, die wir heute haben, sind nicht immer klar definiert und auch nicht gradlinig. Moderne Architekten lösen sich von der heiligen Kuh des rechten Winkels und entdecken Rauten, abgerundete Räume und Parabeln. Will eine Führungskraft die nötigen Kompetenzen erwerben, muß sie anfangen, über Rauten nachzudenken.

Führungskräfte arbeiten mit nichts als sich selber. Es gehört zu den Widersprüchen des Lebens, daß gute

Führungskräfte trotz ihrer Schwächen an die Spitze gelangen, während schlechte Führungskräfte wegen ihrer Schwächen nach oben kommen. Abraham Lincoln litt unter tiefen Depressionszuständen und war doch vielleicht der beste Präsident, den wir je hatten, weil er unser Land durch seine schwerste Krise führte. Andererseits zwang Hitler dem deutschen Volk seine Psychose auf und führte es in einen Größenwahn, der in dem grausamsten Gemetzel der Geschichte endete.

Was für Führungskräfte gilt, gilt im Guten wie im Schlechten auch für jeden von uns: jeder ist sein eigenes Rohmaterial. Nur wenn wir wissen, aus welchem Stoff wir sind und was wir daraus machen wollen, können wir unser Leben in die Hand nehmen und das müssen wir, auch wenn es eine unwissentliche Verschwörung von Menschen und Ereignissen gegen uns gibt. Wieder haben wir den Zwiespalt in unserem nationalen Charakter vor uns. Wie Norman Lear sagt: »Einerseits sind wir eine Gesellschaft, in der man stolz auf Individualität zu sein scheint. Andererseits tolerieren wir wirkliche Individualität im Grunde genommen nicht. Wir wollen alles homogen machen.«

Für den Regisseur und Oskar-Preisträger Sydney Pollack ist das Streben nach Selbsterkenntnis ein fortlaufender Prozeß. »Es läuft ständig eine Art Monolog oder Dialog in meinem Kopf ab«, sagt er. »Einiges davon ist Teil eines Fantasielebens, einiges sind Gedankenspiele. Manchmal gelingt es mir mit einem Trick, Probleme zu lösen, indem ich mir nämlich einfach vorstelle, über Problemlösungen zu sprechen. Wenn ich auf etwas keine Antwort weiß, stelle ich mir innerlich vor, daß mir jemand die Frage stellt. William Faulkner sagte einmal: ›Ich weiß erst, was ich denke, wenn ich lese, was ich gesagt habe.‹ Das ist nicht bloß ein Scherz. Man wird sich seiner Gedanken bewußt, indem man sein Denken in irgendeiner Weise systematisiert.«

Das ist völlig richtig. Sein Denken zu systematisieren ist ein wichtiger Schritt, sich selbst zu erfinden. Die schwierigste Methode besteht darin, daß man über sein Denken nachdenkt – dabei hilft es, wenn man seine Gedanken ausspricht oder aufschreibt. Schreiben ist die gründlichste Form, seine Gedanken zu systematisieren, und der beste Weg, von sich selbst zu erfahren, wer man ist und was man glaubt.

Die Journalistin Gloria Anderson fügte hinzu: »Es ist sehr wichtig, daß man ein Gefühl für sich und seine Rolle in der Gesellschaft entwickelt, und es ist genauso wichtig, daß man Neues ausprobiert und sich, seine Überzeugungen und Prinzipien hinterfragt. Ich glaube, wir sehnen uns nach Menschen, die für ihre Überzeugungen eintreten, auch wenn wir nicht mit ihnen übereinstimmen, weil wir Vertrauen zu diesen Menschen haben.«

Die Wissenschaftlerin Mathilde Krim stimmte zu: »Man muß gut analysieren und auch gut zuhören können, um soviel als möglich in sich aufzunehmen, ohne aber alles unkritisch zu schlucken. Man muß seinen instinktiven Reaktionen vertrauen«, sagt sie. »Ein Wertsystem und Überzeugungen sind wichtig, um zu wissen, wo man steht, aber es müssen *eigene* Werte sein, nicht die eines anderen.«

Wenn sich selbst zu erkennen und man selber zu sein so leicht wären wie darüber zu sprechen, dann würden nicht annähernd so viele Schablonenmenschen herumlaufen, die Ideen aus zweiter Hand wiederkäuen und alles daran setzen, sich einzuordnen, statt herauszuragen. Der Ex-Vorstandsvorsitzende von Lucky Stores, Don Ritchey, sagt dazu: »Ich glaube, daß man im Privat- wie im Berufsleben sehr schnell erkennt, wer einem etwas vormacht. Mit Emerson: ›So laut tönt, was du bist, daß ich nicht hören kann, was du sagst.‹«

Einmal geboren, zweimal geboren

Der Harvard-Professor Abraham Zaleznik (1977) behauptet, es gebe zwei Typen von Führungskräften: ›einmal geborene‹ und ›zweimal geborene‹. Dem einmal Geborenen fällt der Übergang aus der Familie zur Selbständigkeit relativ leicht. Die zweimal Geborenen leiden darunter, erwachsen zu werden, haben das Gefühl, anders oder gar isoliert zu sein, und entwickeln so ein reiches Innenleben. Wenn sie erwachsen sind, werden sie wirklich unabhängig und verlassen sich auf ihre eigenen Überzeugungen und Ideen. Zweimal geborene Führungskräfte sind innengeleitet, selbstbewußt und infolgedessen, wie Zaleznik meint, wirklich charismatisch.

Einmal Geborene sind durch die Macht der äußeren Umstände geformt worden, wie zum Beispiel Johnson, Nixon und Carter, während zweimal Geborene sich selbst zu dem gemacht haben, was sie sind, wie etwa Roosevelt und Truman.

Eine Reihe von Studien unterstreicht die Vorteile, ja sogar die Notwendigkeit, sich selbst zu erfinden. In einer Studie heißt es, Männer mittleren Alters neigten dazu, ihr Leben zu verändern, nachdem sie einen Herzinfarkt erlitten hatten. Konfrontiert mit ihrer eigenen Sterblichkeit, sehen sie, daß das, was sie bisher getan und worauf sie sich bisher in ihrem Leben konzentriert haben, nicht ihren wirklichen Bedürfnissen und Wünschen entspricht.

Eine weitere Studie läßt erkennen, daß Männer höheren Alters um so zufriedener sind, je mehr sie ihre Jugendträume verfolgt haben. Es kommt nicht so sehr darauf an, ob sie ihre Träume verwirklicht haben, sondern darauf, daß sie sich redlich darum bemüht haben. Die seelische Bedeutung schöpferischer Leistung erwächst aus diesem konsequenten Bemühen.

Auch Frauen sind glücklicher, wenn sie ihren eigenen Weg gehen, als wenn sie fraglos das Rollenverhalten akzeptieren, das ihnen anerzogen wurde. Die Psychologin und Schriftstellerin Sonya Friedman (1987) sagte: »In Wahrheit sind jene Frauen emotional am meisten gestört, die verheiratet sind und ihr Leben lang nur die traditionelle Hausfrauenrolle spielen. Alleinstehende Frauen sind immer glücklicher gewesen als verheiratete Frauen. Immer. Und es gibt keine Studie, die das widerlegt hat.«

Unverheiratet zu bleiben war, historisch gesehen, für viele Frauen der einzige Weg, sich selbst zu verwirklichen. Die Dichterin Emily Dickinson, die im 19. Jahrhundert ein sehr zurückgezogenes Leben führte, nie heiratete und sicher ihren eigenen Weg gegangen ist, soll zu einem ihrer wenigen Besucher gesagt haben: »In diesem Zimmer bin ich frei!«

Zum Glück hat der Epochenwandel auch die Beziehungen zwischen den Geschlechtern verändert. Vielen der weiblichen Führungskräfte, mit denen ich sprach, ist es wie Sonya Friedman gelungen, Ehe und Selbstverwirklichung miteinander zu vereinbaren.

Ich kann die Notwendigkeit, sich selbst zu erfinden, gar nicht stark genug betonen. Authentisch zu sein bedeutet, wörtlich genommen, sein eigener »Autor« zu sein (die Worte leiten sich von derselben griechischen Wurzel ab), seine ursprünglichen Energien und Wünsche zu entdecken und schließlich seinen eigenen Weg zu finden, nach ihnen zu handeln. Wenn Sie das erreicht haben, leben Sie nicht nur dafür, einem Bild zu entsprechen, das eine Kultur, eine andere Autorität oder eine Familientradition entworfen hat. Wenn Sie Ihr Leben selbst schreiben, dann haben Sie, ganz gleichgültig, was geschieht, auf jeden Fall das getan, was Ihrem Wesen entspricht. Wenn es, wie jemand sagte, »in der modernen Industriegesellschaft die Aufgabe des Vorgesetzten ist, das Potential seiner Mitarbeiter zu beschränken«, dann ist es Ihre Aufgabe, alles zu tun, um aus solchen Beschränkungen auszubrechen, Ihr Potential auszuschöpfen und Ihre Jugendträume nicht zu verraten.

Norman Lear würde dem hinzufügen, daß das Ziel nur dann erstrebenswert sei, wenn schon der Weg dorthin Spaß mache. »Man sollte sich schon über kleine Erfolge freuen«, sagte er. »Es dauert zu lange, bis man einen großen Erfolg erzielt... Wenn jemand das Leben so betrachten kann, als ob er es in jedem Augenblick erfolgreich meistere, dann erscheint ihm vielleicht auch sein Leben insgesamt als Erfolg. Und man sollte sich dafür innerlich auf die Schulter klopfen. Auf den großen Wurf zu warten lohnt sich nicht. Der kommt nur einmal und in ferner Zukunft.

Sich schon für kleinere Erfolge zu beglückwünschen und sanft auf die Schulter zu klopfen, ist eine gute Möglichkeit zu lernen, in jedem Augenblick intensiv zu leben. Das trägt dazu bei, daß Sie zu sich selbst finden und Ihr Schicksal selbst bestimmen.

Um zu einer guten Führungskraft zu werden, müssen Sie also zu sich selbst kommen und Ihr Leben selbst in die Hand nehmen. Zwar kann ich Ihnen keine Regeln dafür anbieten, aber einige Ratschläge, die auf meiner fünfzehnjährigen wissenschaftlichen Arbeit beruhen. Und auf diese Ratschläge komme ich jetzt zu sprechen.

Kapitel 3

Sich selbst erkennen

> Ich habe oft gedacht, daß der beste Weg, die Persönlichkeit eines Menschen zu definieren, darin bestehe, die besondere geistige oder moralische Einstellung herauszufinden, in der er sich selbst am aktivsten und lebendigsten erlebte. In solchen Momenten erklingt im Innern eine Stimme, die sagt: »Das ist das wahre Ich.«
>
> WILLIAM JAMES

Wenn wir in die Pubertät kommen, hat uns die Umwelt in größerem Maße beeinflußt und geformt, als wir glauben. Unsere Familie, unsere Freunde, die Schule und die Gesellschaft im allgemeinen haben uns durch Wort und Beispiel gezeigt, was für Menschen wir sein sollen. Aber man wird erst in dem Moment eine echte Persönlichkeit, in dem man für sich selbst entscheidet, was für ein Mensch man sein will.

Bei einigen geschieht das früh. Die ehemalige Bildungsministerin Shirley Hufstedler hat ihr ganzes Leben lang in juristischen Berufen gearbeitet, aber als kleines Mädchen hatte sie Spaß daran, Verbote zu übertreten. Sie sagte mir: »Als kleines Kind wollte ich immer Sachen anstellen, die gesellschaftlich verboten waren und die sich für Mädchen nicht schickten. Also mußte ich Wege finden, das zu tun, was ich wollte, und dennoch gekleidet, wie es sich gehörte, zu einem Klaviervortrag kommen, um ja nicht aufzufallen. Man könnte mir Verstellung vorwerfen, aber ich war doch nur gewitzt und bin Hindernissen geschickt aus dem Weg gegangen. Wenn man sich klar macht, was man will, und die Möglichkeiten prüft, kann man gewöhnlich auch einen Weg finden, sein Ziel zu erreichen.«

Auch die bahnbrechende Pilotin und Geschäftsfrau Brooke Knapp hat sich von dem Geschlechterstereotyp befreit. Sie sagte: »Ich bin im Süden aufgewachsen und nach einem weiblichen Rollenmuster erzogen worden. Als ich aufs College ging, verstand man unter Erfolg, einen gutgestellten Mann zu heiraten, ihm bei seiner Karriere zu helfen und Kinder zu bekommen... Aber ich war ein bißchen ungestüm, im besten Sinne des Wortes, denn ich war stärker als meine Mutter, und ich ließ mich nicht bändigen.«

Es ist jedoch, wie Frau Knapp lernen mußte, manchmal recht schwer, auszubrechen und man selbst zu sein. Sie erzählte: »In der High School merkte ich schnell, daß man mich zur besten Sportlerin küren wollte, aber dieses Etikett gefiel mir nicht, also wollte ich die beliebteste Schülerin werden. Ich lernte die Namen sämtlicher stimmberechtigter Mitschülerinnen auswendig, nannte sie alle bei ihrem Namen und gewann.« Ihre Beliebtheit ging schlagartig zurück, als »die Mütter meiner Klassenkameradinnen begannen, grundlose Beschuldigungen gegen mich zu erheben. Ich schloß daraus, daß Erfolg bedeutete, unbeliebt zu sein und ein schlechter Mensch zu werden, deshalb verschloß ich mich für viele Jahre. Erst nach meiner Heirat verspürte ich wieder das Bedürfnis, etwas zu leisten.«

»Erkenne dich selbst« heißt also, zwischen dem unterscheiden zu können, was man selber ist und will, und dem, was die anderen glauben und wünschen, das man ist und sein soll. Auch der Psychiater und Autor Roger Gould ging schon früh seinen eigenen Weg. Er sagte: »Ich erinnere mich daran, daß mein Vater bei Auseinandersetzungen zwischen uns ganz willkürlichen Regeln folgte, die ich nie verstand. Ich fragte ständig ›warum‹. Einmal, ich muß sechs Jahre alt gewesen sein, lag ich im Bett, betrachtete die Sterne und dachte: ›Da oben sind noch andere Planeten, und vielleicht gibt es auf einigen davon Leben; und die Erde ist riesig groß, von Millionen von Menschen bewohnt, und es kann nicht immer jeder recht haben, also könnte mein Vater im Unrecht und ich im Recht sein.‹ Das war meine eigene Relativitätstheorie. In der High School begann ich dann, die Klassiker zu lesen, und durch sie lernte ich mein eigenes Leben zu leben, unabhängig von meinen Eltern. Ich lebte in meiner eigenen Welt, in der ich wunschlos glücklich war und von der ich anderen erst erzählte, wenn ich sie selber verarbeitet hatte.«

Hufstedler, Knapp und Gould gingen eindeutig ihre eigenen Wege, genauso wie die anderen Führungskräfte, mit denen ich sprach. Sie überwanden auf verschiedenste Weise vielfältige Hindernisse, aber alle betonten, wie wichtig Selbsterkenntnis für sie war.

Einige fangen früh damit an, andere erst viel später. Aber das spielt keine Rolle. Selbsterkenntnis und Selbstfindung sind lebenslange Prozesse. Jene Personen, die sich schon als Kinder oder Jugendliche um beides bemühten, haben nicht aufgehört, ihre Tiefen zu ergründen, über ihre Erfahrungen nachzudenken und sich selbst zu testen. Andere, wie etwa Roosevelt und Truman, beginnen erst in der Mitte ihres Lebens damit, sich neu zu orientieren. Manchmal können wir uns selbst oder unsere Arbeit einfach nicht länger ertragen, dann streben wir nach Veränderung. Ab und zu scheinen Ereignisse mehr von uns zu fordern, als wir geben können, wie im Falle Trumans. Aber wir alle können von Selbsterkenntnis und Selbstbeherrschung in materieller wie immaterieller Hinsicht profitieren, denn wenn Sie einfach im alten Trott weitermachen, werden Sie auch nur das bekommen, was Sie schon immer bekommen haben, und das kann weniger sein, als Sie sich wünschen oder wert sind.

Alle Führungskräfte, mit denen ich sprach, stimmten darin überein, daß man selbst die einzige Person ist, die einem den Weg zum eigenen Selbst und zur Selbstentfaltung zeigen kann. Aber man kann doch aus den Erfahrungen anderer lernen. Ich habe daraus die vier Lektionen der Selbsterkenntnis abgeleitet:

1. Sie selber sind Ihr bester Lehrer.
2. Übernehmen Sie Verantwortung. Geben Sie niemand anderem eine Schuld.
3. Sie können alles lernen, was Sie lernen wollen.
4. Echtes Verstehen entsteht dadurch, daß Sie über Ihre Erfahrungen nachdenken.

Lektion 1: Sie selber sind Ihr bester Lehrer

Gib Akin, Professor an der University of Virginia, untersuchte die Lernerfahrungen von 60 Managern. In einem Artikel für *Organizational Dynamics* berichtete Akin, die Beschreibungen der Manager seien »in überraschendem Maße deckungsgleich... Sie erleben das Lernen als eine persönliche Veränderung. Eine Person sammelt Lernerfahrungen nicht wie Briefmarken, sie wird vielmehr zu einem neuen Menschen... Lernen heißt nicht haben, sondern sein«.

Zu den von Akin aufgeführten Lernmethoden gehören:

• Nacheifern: Man eifert entweder einem privaten oder geschichtlichen Vorbild oder einem Prominenten nach.
• Rollenübernahme: Man orientiert sich an einer Vorstellung, wie man sein möchte, und handelt entsprechend.
• Praktische Bewältigung: Man sieht in einem Problem eine Bewährungsprobe und lernt, indem man es angeht.
• Validierung: Man überprüft Konzepte, indem man sie auf die Praxis anwendet, und lernt aus dem Resultat.
• Antizipation: Man entwickelt ein Konzept und wendet es dann an – man lernt, bevor man handelt.
• Persönlichkeitsentwicklung: Man interessiert sich weniger für spezielle Fähigkeiten als für Selbsterkenntnis und die »Transformation von Werten und Einstellungen«.
• Wissenschaftliches Lernen: Man beobachtet und entwickelt auf der Basis dieser Beobachtungen Konzepte und experimentiert dann, um neue Daten zu sammeln. Es geht in erster Linie um Wahrheit.

Die von Akin befragten Manager führten zwei grundlegende Lernmotivationen an. Erstens den Wissensdrang, den sie »als eine Art quälenden Hunger oder Durst« beschrieben, »der ihnen manchmal nicht eher Ruhe ließ, bis er gestillt war«. Zweitens »ein Gefühl für die eigene Rolle«, das hervorgeht aus »der wahrgenommenen Diskrepanz zwischen dem, was man ist, und dem, was man sein sollte«.

Mit anderen Worten, die Manager wußten, daß sie ihr Potential nicht ausschöpften und ihre Persönlichkeit nicht voll zum Ausdruck brachten. Und sie wußten, daß Lernen ein Weg war, aus dieser Sackgasse herauszukommen und einen großen Schritt in Richtung Selbstfindung zu machen. Lernen war für sie aufs engste verbunden mit ihrem Selbst. Das konnten sie nicht in der Schule gelernt haben. Sie haben es sich selbst beibringen müssen. Auf irgendeine Weise hatten sie einen Punkt in ihrem Leben erreicht, wo ihnen klar wurde, daß sie etwas Neues lernen oder sich eingestehen mußten, daß sie sich mit weniger zufriedengaben, als in ihnen steckte. Wenn Sie all das akzeptieren können, wie diese Manager es taten, dann sollten Sie als nächstes die Verantwortung für Ihre Bildung und Ihre Persönlichkeit übernehmen. Die größten Stolpersteine auf dem Weg zur Selbsterkenntnis sind Selbstverleugnung und Schuldzuweisungen.

Lektion 2: Übernehmen Sie Verantwortung. Geben Sie niemand anderem die Schuld

Der Sinn dieser Maxime scheint mir schon intuitiv einleuchtend zu sein. Deshalb lasse ich gleich Marty Kaplan zu Wort kommen, der das beste mir bekannte Beispiel eines Menschen ist, der Verantwortung für sich übernommen hat.

Mit 37 Jahren hat Kaplan, Vize-Präsident von Disney Productions, seine dritte Karriere gestartet. Als er zu Disney kam, hatte er schon eine breitgefächerte Berufserfahrung hinter sich – von der Biologie bis zum Satiremagazin *Harvard Lampoon,* vom Rundfunk- und Zeitungsjournalisten bis in die hohe Politik. Er kannte sich in vielem sehr gut aus, aber kaum im Filmgeschäft. Die Beschreibung seines selbstkonzipierten »Unterrichtsprogramms« illustriert, wie er seinen Erfolg selbst in die Hand nahm:

»Bevor ich diese Stelle antrat, unterzog ich mich einem Intensivkurs und schaute mir sechs Wochen lang jeden Tag fünf bis sechs Filme an, wobei ich alle Filme sehen wollte, die in den letzten Jahren erfolgreich waren. Dann las ich so viele Drehbücher, wie ich bekommen konnte, um herauszufinden, was gerade diese Filme so großartig machte. Ich stellte in gewisser Weise mein eigenes Unterrichtsprogramm zusammen, um mich mit der geschäftlichen und künstlerischen Seite des Films vertraut zu machen... Ich habe immer in Bereichen gearbeitet, in denen es darauf ankommt, die richtigen Leute zu kennen. Als ich an der Universität Literatur studierte, gab es nichts Größeres, als Schriftsteller und Kritiker zu kennen. In Washington mußte ich die politischen Spieler kennenlernen und hier die Schauspieler. Ich sah, daß wir einen festen Stamm von über einhundert Drehbuchautoren hatten, und ich begann, systematisch ein oder zwei Drehbücher von jedem zu lesen.

Als ich hierher kam, sagte man mir, es würde drei Jahre dauern, bis ich mit allem vertraut sei; aber nach neun Monaten sagte mir der Leiter des Studios, ich hätte mich bewährt, und er beförderte mich. Schon nach einem Jahr und einigen Fehltritten hier und da erkannte ich, daß ich genauso gut war wie meine Kollegen, die ihr ganzes Leben lang hier gearbeitet hatten. Ich führe das zu gleichen Teilen auf meine Disziplin, meinen Willen und die bekannte Übertragbarkeit von Fähigkeiten zurück. Man beansprucht in Molekularbiologie, Politik und Film fast die gleichen Muskeln. Es geht immer darum, Kontakte zu knüpfen.

Am Anfang habe ich mich Tag für Tag acht Stunden lang in das Büro des Studioleiters gesetzt und genau aufgepaßt, was er tat und sagte. Ich war also immer da, wenn

Drehbuchautoren oder Produzenten kamen. Wenn er telefonierte, hörte ich aufmerksam zu, und so erfuhr ich, womit sich jemand in seiner Position herumärgert. Wie sagt er »ja«, wie »nein«, wie zieht er sich aus der Affäre, wie kriegt er jemanden rum? Ich trug immer einen gelben Notizblock bei mir, und die ganzen ersten Monate hindurch notierte ich mir jeden Satz, den ich nicht verstand, jede Vokabel aus dem Branchenjargon, jeden Namen, jedes unbekannte Manöver, alles, was mit geschäftlichen und finanziellen Dingen zusammenhing, die ich nicht begriff, und dann machte ich mich regelmäßig auf die Suche nach jemandem, der mir eine Antwort geben konnte.

Es gab keine Situation, aus der ich nichts hätte lernen können, weil alles neu für mich war. Wie begriffsstutzig mein Gesprächspartner auch sein mochte, wie dumm sein Vorschlag und wie unbedeutend der Agent, der mir etwas aufschwatzen wollte – es war auf jeden Fall eine nützliche Begegnung, weil ich diese Erfahrung zum ersten Mal machte. Die kleinste Kleinigkeit war neu für mich, und so war ich offen für alle möglichen Erfahrungen, die manch anderer vielleicht für langweilig, stupid und überflüssig halten würde, aus denen ich aber in dem Maße, wie ich daraus lernte, das herausfilterte, was ich für nützlich und wichtig hielt.«

Lektion 3: Sie können alles lernen, was Sie lernen wollen

Wenn eine der grundlegenden Eigenschaften einer guten Führungskraft der leidenschaftliche Wille ist, das Leben voll und ganz auszuschöpfen, so können Sie dieses Ziel nur erreichen, wenn Sie sich wie Kaplan radikal selbst verwirklichen. Volle Selbstentfaltung ist lediglich eine andere Definition von Lernen.

Die Art des Lernens, die Kaplan praktizierte und die ich meine, ist etwas ganz anderes, als sich eine Masse von Kenntnissen anzueignen bzw. ein Fachgebiet zu beherrschen. Sie bedeutet, die Welt so zu sehen, wie sie ist, und zugleich wie sie sein könnte; das Wahrgenommene zu verstehen und nach diesem Verstehen zu handeln. Kaplan hat das Filmgeschäft nicht mechanisch gelernt, sondern sich regelrecht hineingestürzt und es sich einverleibt – und es dadurch begriffen.

In unserem Gespräch äußerte ich die Vermutung, diese Art des Lernens habe etwas mit Nachdenken über Erfahrungen zu tun. Kaplan sagte: »Ich möchte da noch eine Komponente hinzufügen, die ich als Erlebnishunger bezeichnen würde, weil es Menschen gibt, die sich neuen Erfahrungen verschließen und deshalb nicht lernen. Nur wenn man das Verlangen hat, sich neuen und möglicherweise beunruhigenden Dingen zu öffnen, kann man etwas dazulernen... Das ist auch eine Temperamentsfrage. Dazu gehört eine gewisse Furchtlosigkeit, Selbstvertrauen und Zuversicht, und daß man vor Mißerfolgen keine Angst hat.«

Merken Sie sich dieses »vor Mißerfolgen keine Angst haben«, denn wir kommen später darauf zurück.

Lektion 4: Echtes Verstehen entsteht dadurch, daß Sie über Ihre Erfahrungen nachdenken

Kaplan hat sich nicht einfach zum Spaß all diese Filme angeschaut, all diese Drehbücher gelesen und diese endlosen Stunden im Büro des Studioleiters zugebracht. Er hat das nur getan, um anschließend über das, was er gesehen, gelesen und gehört hatte, nachzudenken und so zu einem besseren Verständnis der Materie zu gelangen.

Wenn Sie über Ihre Erfahrungen nachdenken, so führen Sie eine Art sokratischen Dialog mit sich selbst, bei dem Sie die richtigen Fragen zur richtigen Zeit stellen, um die Wahrheit über sich und Ihr Leben herauszufinden. Was geschah eigentlich? Warum geschah es? Wie hat es auf mich gewirkt? Was bedeutete es für mich? Auf diese Weise finden und erwerben Sie die Kenntnisse, die Sie brauchen, oder genauer gesagt, erinnern Sie sich wieder an vergessenes Wissen und werden so, in Goethes Worten, zum Hammer statt zum Amboß.

Kaplan hat dies plastisch formuliert: »Die Neigung zur Reflexion entsteht vielleicht aus dem Wissen um die eigene Sterblichkeit... Man beginnt ein großes literarisches Werk erst dann zu verstehen, wenn man begreift, daß es ein Wettlauf mit dem Tod ist, und es ist die erlösende Macht der Liebe, Gottes, der Kunst oder eines anderen vom Künstler gesetzten Wertes, was diesem Wettlauf seinen Sinn gibt... In gewisser Weise heißt Reflexion die Fragen zu stellen, die Selbstbewußtheit hervorbringen.«

Erst wenn Sie etwas verstehen, besitzen Sie es wirklich – das gilt auch für Ihre eigene Person. Unsere Gefühle sind reine, unverfälschte Wahrheiten, aber diese Wahrheiten sind nutzlos, solange wir nicht verstehen, warum wir glücklich, verärgert oder ängstlich sind. Jeder von uns wurde zum Beispiel schon einmal von einem Vorgesetzten barsch zurechtgewiesen und schluckte das, weil er Angst hatte, sich dagegen zu wehren. Später fahren wir dann einen Freund an, der gar nichts getan hat. Solche verlagerten Emotionen unterbrechen unser Leben und verderben uns die Freude daran. Damit will ich nicht sagen, daß Zurückschreien eine sinnvolle Reaktion wäre. Verstehen ist die Lösung, denn wenn man etwas versteht, weiß man auch, was man zu tun hat.

In meinen Gesprächen mit Führungspersönlichkeiten wurde immer wieder deutlich, wie wichtig es ist, über seine Erfahrungen nachzudenken, und daß nur gründliches Nachdenken zu wirklichem Verstehen führt. Anne Bryant, die Generalsekretärin der American Association of University Women, hat das Nachdenken zu einem festen Bestandteil ihres Alltags gemacht: »Jeden Morgen, nachdem der Wecker geläutet hat, bleibe ich noch ungefähr 15 Minuten im Bett liegen und überlege, was ich heute erreichen und was ich bis zum Ende der Woche erledigt haben will. Das mache ich nun schon zwei oder drei Jahre, und wenn ich es einmal nicht tue, dann habe ich das Gefühl, den Tag verloren zu haben.«

Um scharfsichtig in die Zukunft blicken zu können, muß man erst aufrichtig in die Vergangenheit zurückblicken. Vier Tage pro Woche verbringt Frau Bryant in ihrem Büro in Washington, die übrige Zeit in ihrem Haus in Chicago, wo sie liest, über die zurückliegende Woche nachdenkt und die kommende Woche plant.

Das also sind die vier Lektionen zur Selbsterkenntnis. Aber um diese Lektionen in die Praxis umzusetzen, müssen Sie verstehen, welchen Einfluß Ihre Kindheitserfahrungen, Ihre Familie und gleichaltrige Spielkameraden auf Ihre Persönlichkeitsentwicklung ausgeübt haben.

Allzuoft sind wir uns selbst fremd. In seinem Klassiker *Die einsame Masse* (1950) schrieb David Riesman: »Ein Individuum ist ›innengeleitet‹, wenn in seinem Innern schon früh eine Steuerungsinstanz von den Eltern eingepflanzt wird, die auf allgemein gehaltene und dennoch zwangsläufig festgelegte Rollen ausgerichtet ist«, wohingegen »alle außengeleiteten Menschen sich dadurch auszeichnen, daß ihre Zeitgenossen als Steuerungsinstanz für sie fungieren – Menschen, die sie entweder persönlich oder indirekt über Freunde und aus Massenmedien kennen. Diese Instanz wird verinnerlicht in dem Sinne, daß die Abhängigkeit davon für die Lebensorientierung schon früh eingepflanzt wird. Die Ziele, nach denen außengeleitete Menschen streben, verändern sich mit den Verhaltensmaßstäben ihrer Vorbilder; nur der Prozeß der Orientierung als solcher und die Empfänglichkeit für Signale fremder Menschen bleiben das ganze Leben lang unverändert.«

Die meisten werden also entweder von ihren Eltern oder von einer Gruppe Gleichaltriger geformt. Aber echte Führungskräfte sind selbstbestimmte Menschen. Denken wir einmal kurz darüber nach: Führungskräfte sind selbstbestimmt, aber Lernen und Verstehen sind die Schlüssel der Selbstbestimmung, und wir erfahren nur in Beziehungen zu anderen Menschen etwas über uns. Boris Pasternak drückte das in *Doktor Schiwago* (1958) so aus:

»Nun, was sind Sie eigentlich? Welchen Teil von sich hielten Sie immer für Ihr Ich? Was spüren Sie von sich: Ihre Nieren, Ihre Leber, Ihre Blutgefäße? Nein. Wie weit Sie auch in Ihren Erinnerungen zurückgehen, es ist immer eine äußere Manifestation Ihrer Person, durch die Sie Ihre Identität erfahren: durch die Arbeit Ihrer Hände, durch Ihre Familie, durch andere Menschen. Und jetzt hören Sie genau zu. Sie in anderen Menschen – das sind Sie, davon hat Ihr ganzes Denken und Empfinden gelebt, daran hat es sich erfreut, Ihr ganzes Leben lang, von ganzem Herzen und ganzer Seele – *Ihr Leben in den anderen.*«

Wie also können wir das Paradox lösen? Auf diese Weise: Führungskräfte *lernen* zwar von anderen, werden aber nicht von ihnen *bestimmt*. Das ist das Kennzeichen der echten Führungskraft. Das Paradox wird zu einer Dialektik. Das Selbst und der Andere verbinden sich in der Selbsterfindung zu einer Synthese.

Das bedeutet, daß heute jedem Lernen häufig ein Verlernen vorausgehen muß, weil unsere Eltern, Lehrer und Freunde uns beibringen, wie man sich anpaßt und Normen entspricht, statt wie man zu sich selbst findet.

Alfred Gottschalk, der Rektor der Hebrew Union University sagte mir: »Die schwerste Aufgabe, die ich jemals bewältigen mußte, bestand darin, meinen eigenen und auch anderen Kindern die Notwendigkeit beizubringen, sich selbst zu akzeptieren. Ihre Interessen sind oberflächlich, sie denken über nichts nach und nehmen kritiklos an, was man ihnen erzählt, was sie lesen oder im Fernsehen sehen. Sie sind völlig angepaßt und beugen sich den Diktaten der Mode.«

Als ich ihn bat, seine Philosophie zu definieren, sagte Gottschalk: »Ich glaube, daß es für den einzelnen wichtig ist, sich einzigartig zu fühlen, und für die Gemeinschaft, offen für Verschiedenartigkeit zu bleiben. Ich halte sehr viel von Einheit ohne Gleichmacherei und glaube an die Fähigkeit des Menschen, sich selbst zu befreien.«

Wie bringen wir es fertig, daß wir, trotz des Drucks, den unsere Eltern und andere Mitmenschen auf uns ausüben, zu gesunden, ja produktiven Erwachsenen werden?

William James schrieb in *The Principles of Psychology* (1890):

> »Das Selbst eines Menschen ist die Gesamtsumme dessen, was er sein eigen nennen kann, nicht nur sein Körper und seine psychischen Kräfte, sondern auch seine Kleider und sein Haus, sein Ehepartner und seine Kinder, seine Vorfahren und Freunde, sein Ansehen und seine Arbeit, sein Land und seine Pferde, seine Yacht und sein Bankkonto. Alle diese Dinge vermitteln ihm die gleichen Gefühle. Wenn sie wachsen und gedeihen, fühlt er sich großartig; wenn sie schwinden und vergehen, fühlt er sich deprimiert.«

Eine treffendere Beschreibung der Yuppies von heute, die den demonstrativen Konsum auf die Spitze treiben, ist kaum vorstellbar. Aber James sagt zum Schluß: »... unser Selbstgefühl in dieser Gesellschaft hängt völlig von den Werten ab, auf die wir unser Selbst und unser Handeln begründen.«

Die Führungskraft beginnt also damit, sich Werte auszuwählen, sich selbst zu inspirieren und zu vertrauen, um schließlich durch ihre Vertrauenswürdigkeit andere zu beflügeln.

Der bekannte Psychoanalytiker Erik Erikson (1982) hat das Leben in acht Stadien eingeteilt, die mir bei unserer Betrachtung der Selbsterfindung relevant erscheinen:

1. *Säuglingsalter:* Ur-Vertrauen vs. Ur-Mißtrauen
2. *Frühe Kindheit:* Autonomie vs. Scham, Zweifel
3. *Spielalter:* Initiative vs. Schuldgefühl
4. *Schulalter:* Fleiß vs. Inferiorität
5. *Adoleszenz:* Identität vs. Identitätskonfusion
6. *Frühes Erwachsenenalter:* Intimität vs. Isolation
7. *Erwachsenenalter:* Generativität vs. Stagnation
8. *Alter:* Integrität vs. Verzweiflung

Erikson glaubt, daß wir nur dann ins nächste Stadium aufsteigen, wenn wir die Krise, die das aktuelle Stadium mit sich bringt, zufriedenstellend gelöst haben. Zu viele von uns überwinden nie den inneren Kampf zwischen Initiative und Schuld, und so fehlt es ihnen an einem wirklichen Ziel. Eine Frau, die im Zwiespalt stand zwischen Mutterschaft und dem Wunsch, berufstätig zu sein, wurde noch vor einer Generation bestenfalls für egoistisch, schlimmstenfalls für widernatürlich gehalten. Auf Mutterschaft zu verzichten galt als undenkbar; der Versuch, Kinder und Beruf unter einen Hut zu bringen, war eine frustrierende und gewöhnlich einsame Entscheidung. Wie immer die Wahl aussah, der Kampf zwischen Initiative und Schuld blieb unentschieden. Und natürlich drangen diese inneren Konflikte auch nach außen und wirkten sich auf die anderen Menschen in ihrem Leben genauso aus wie auf sie selbst. Niemand, auch nicht der Einsiedler, leidet für sich allein.

Traditionell gesehen war es für Männer leichter, ihren Weg durch diese Stadien und die damit verbundenen Krisen zu gehen, aber allzuoft tun auch Männer, die von wohlmeinenden Eltern und Lehrern angetrieben werden, nur was man von ihnen im Leben erwartet, und nicht das, was ihren eigenen Wünschen entspricht. Auf diese Weise wird der Mann, der davon träumt, Dichter zu werden, Buchhalter, und der Fantasie-Cowboy wird Manager, und beide leiden unter ihren unerfüllten Wünschen. Und wer weiß, was aus ihnen geworden wäre, wenn sie sich dazu entschlossen hätten, ihren Träumen zu folgen? Der Ex-Beatle John Lennon, vielleicht der einflußreichste Songschreiber seiner Generation, schenkte seiner Tante, bei der er aufgewachsen war, eine goldene Plakette, auf der ihr Lieblingsspruch eingraviert war: »Mit dieser Gitarre wirst du nie deinen Lebensunterhalt verdienen.«

Nach Erikson bestimmt die Art und Weise, in der wir die acht Krisen bewältigen, unsere Persönlichkeitsstruktur:

1. Vertrauen vs. Mißtrauen = Hoffnung oder Rückzug
2. Autonomie vs. Scham, Zweifel = freier Wille oder Zwang

3. Initiative vs. Schuldgefühl = Zielstrebigkeit oder Hemmung
4. Fleiß vs. Inferiorität = Kompetenz oder Trägheit
5. Identität vs. Identitätskonfusion = Treue oder Unverbindlichkeit
6. Intimität vs. Isolation = Liebe oder Abkapselung
7. Generativität vs. Stagnation = Fürsorglichkeit oder Kälte
8. Integrität vs. Verzweiflung = Weisheit oder Verachtung

Angesichts der Macht, die die Gesellschaft in unseren ersten Lebensjahren über uns hat, ist es ein Wunder, daß es überhaupt jemandem gelingt, diese Krisen in einer positiven Weise zu bewältigen. Oder, wie eine Frau neulich zu mir gesagt hat: »Mir scheint diese schicke neue Phrase von der ›nicht funktionierenden Familie‹ völlig überflüssig zu sein. Falls es irgendwo eine funktionierende Familie geben sollte, dann ist sie mir bisher mit Sicherheit entgangen.« Damit meint sie, daß die Familienidylle, die in manchen Fernsehserien dargestellt wird, weit von der Realität entfernt ist, die die meisten von uns erlebt haben. Es ist sehr viel wahrscheinlicher, daß Kinder in Fernsehfilmen verständnisvolle, fürsorgliche Eltern und eine glückliche Kindheit haben als in der Wirklichkeit.

Der Psychoanalytiker Gould plante 1990 ein Buch mit dem Titel *Recovering From Childhood* (Heilung von der Kindheit). Es geht darin vor allem um die »Überwindung frühkindlicher Fehlanpassungen. Wenn man sich darauf einläßt, dann macht man einen automatischen Heilungsprozeß durch, indem man sich mit neuen Gegebenheiten auseinandersetzt. Um auf die Herausforderungen jeder Lebensperiode angemessen zu reagieren, muß man seine Abwehrmechanismen und Annahmen ständig neu überprüfen, und im Verlauf dieser erneuten Prüfung räumt man Hindernisse aus dem Weg... Gefühle sind Erinnerungen an frühere Verhaltensweisen. Wenn man sie unter die Lupe nimmt und sich fragt, was davon noch aktuell und was überholt ist, kann man im wahrsten Sinne des Wortes seinen Verstand benutzen, um sein Verhalten zu ändern.«

Es gibt genügend Indizien dafür, daß die Ich-Entwicklung nicht mit der körperlichen Reife aufhört, und wenn wir auch unsere Größe und Skelettstruktur nicht verändern können, so können wir doch unseren Charakter umformen. Eine Werbekampagne verspricht uns: »Es ist nie zu spät, eine glückliche Kindheit zu haben.« So weit würde ich nicht gehen. Wir können die Verhältnisse unserer Kindheit nicht mehr verändern und sie erst recht nicht rückblickend verbessern, aber wir können uns ehrlich an sie erinnern, über sie nachdenken, sie verstehen und dadurch ihren Einfluß überwinden. Durch Erinnern und Verstehen kann Isolation in Hoffnung verwandelt werden, Zwang in freien Willen, Hemmung in Zielstrebigkeit und Trägheit in Kompetenz.

Es gibt sicherlich Leute, die das bestreiten und die behaupten würden, unser Schicksal werde völlig von unseren Genen bestimmt und wir seien alle nur das Produkt unserer Erbanlagen. Andere halten dem entschieden entgegen, daß jeder von uns das Produkt seiner Umwelt sei, daß unser Schicksal also von unseren Lebensumständen abhänge. Studien mit eineiigen Zwillingen, die getrennt voneinander aufwuchsen, deuten darauf hin, daß die erste Ansicht der Wahrheit näher kommt. Aber die echte Antwort auf die Frage, wie wir werden, was wir sind, ist komplexer.

Neuere Forschungsberichte über die DNA und unsere genetische Chromosomenstruktur legen den Schluß nahe, daß jede Krankheit eine starke erbliche Komponente aufweist. Demgegenüber argumentieren einige Forscher, es hänge von Streß und Temperament ab, ob bei einer Person eine Krankheit ausbreche. Genauso sehen einige Wissenschaftler Gehirn und Herz lediglich als Organe, in denen chemische Reaktionen ablaufen, während andere dort den Sitz von Vernunft und Gefühl, Schöpfertum und Poesie, kurz, all jener Eigenschaften und

Fähigkeiten vermuten, die uns von den Affen unterscheiden. Und neuere Studien führen neurobiologische Erkenntnisse an, nach denen ein Teil des Gehirns bereits vor der Geburt fest strukturiert ist, während ein anderer Teil formbar ist, um Erfahrungen aufzunehmen und zu speichern.

Einige Wissenschaftler behaupten jetzt, sogar Persönlichkeitsmerkmale wie Introversion, Temperament, etc. seien genetisch festgelegt. Für Selbstbestimmung bleibt bei den Verfechtern der Vererbungslehre wie bei jenen des Umweltdeterminismus nicht viel Raum. Alle diese Argumente sind lediglich ein weiterer Versuch, das Individuum aus der Verantwortung für sein Verhalten zu entlassen, eine neue Variante des alten Spruchs von Flip Wilson: »Der Teufel hat mich dazu gebracht, diesen Anzug zu kaufen!«

Die Wahrheit ist, daß uns alles prägt – Gene, Umwelt, Familie, Freunde, Konjunkturen, Erdbeeren, Sommersprossen, Schulen, Unfälle, Glücksfälle, alles, was man sich vorstellen kann und noch mehr. New Age-Jünger würden noch frühere Inkarnationen hinzufügen. Die endlose Anlage- vs. Umwelt-Debatte ist interessant, gelegentlich sogar aufschlußreich, alles in allem aber fruchtlos. Und sie hilft bei der Gestaltung des eigenen Lebens ungefähr soviel wie ein Horoskop. Führungskräfte sind wie alle anderen auch Produkte dieses großen Eintopfs aus Anlage und Umwelt. Sie unterscheiden sich jedoch von allen anderen dadurch, daß sie sich das bewußt machen und eine neue, einzigartige Persönlichkeit aus sich schaffen.

William Faulkner hat uns gezeigt, daß die Vergangenheit nicht tot ist. Sie ist nicht einmal vorüber. In jedem von uns schlummert noch sein ganzes Leben. Alles, was wir jemals taten oder sahen, und jeder, dem wir begegneten, ist noch in unseren Köpfen. Aber dieses ganze psychische Gepäck kann in eine verständliche und nützliche Erfahrung umgewandelt werden, wenn wir darüber nachdenken. Sokrates sagte einmal: »Wer über sein Leben nicht nachdenkt, vergeudet es.« Ich würde einen Schritt weiter gehen: Wer über sein Leben nicht nachdenkt, kann keinen Erfolg haben. Wie Ruderer bewegen wir uns im allgemeinen fort, während wir rückwärts schauen; aber erst, wenn wir die Vergangenheit wirklich sehen und wirklich verstehen, können wir uns wirklich vorwärts bewegen und nach oben kommen.

Erst wenn wir unser Leben selbst in die Hand nehmen, laufen wir nicht mehr in geborgten Kleidern umher. Führungskräfte sind unabhängig von ihrem Tätigkeitsfeld genauso wie jeder andere auch Produkte ihrer Erfahrungen und ihrer Begabungen. Im Unterschied zu allen anderen jedoch benutzen sie ihre Erfahrungen, statt sich von ihnen benutzen zu lassen.

Noch einmal William James (1890): »Genialität bedeutet eigentlich nichts anderes als die Fähigkeit, Dinge auf ungewohnte Weise zu sehen.« Wenn wir das Erwachsenenalter erreichen, werden wir von den zahlreichen Gewohnheiten, die in uns stecken, ebenso gesteuert wie von anderen Faktoren. Angefangen bei der Frau, die vor Nervosität oder Langweile ihre Haare zu einer Strähne dreht, bis hin zu dem Mann, der seine Unsicherheit dadurch zum Ausdruck bringt, daß er nie »Danke« sagt, sind wir alle Opfer von Gewohnheiten. Sie beherrschen uns nicht nur, sie hemmen uns auch und führen uns an der Nase herum.

Um uns von Gewohnheiten zu befreien, Widersprüche zu lösen, Konflikte zu meistern und zu Herren statt zu Sklaven unseres Lebens zu werden, müssen wir uns gewisse Dinge bewußt machen oder uns an sie erinnern und sie dann vergessen. Deshalb beginnt jedes echte Lernen mit einem Verlernen, und deshalb ist Verlernen ein Thema, auf das wir immer wieder zurückkommen.

Jeder bedeutende Erfinder oder Wissenschaftler mußte konventionelle Wahrheiten über Bord werfen, um seine eigene Arbeit fortsetzen zu können. So besagt etwa eine konventionelle Wahrheit: »Wenn Gott gewollt hätte, daß der Mensch fliegt, dann hätte er ihm Flügel gegeben.«

Aber die Gebrüder Wright waren anderer Meinung und bauten ein Flugzeug.

Niemand, weder die Eltern noch die Lehrer noch die Freunde, kann einem beibringen, wie man zu sich selbst findet. Wie gut ihre Absichten auch sein mögen, so tun sie doch nichts anderes, als einem zu zeigen, *nicht* man selbst zu sein. Der bedeutende Kinderpsychologe Jean Piaget drückte das einmal so aus: »Jedesmal, wenn wir ein Kind etwas lehren, halten wir es davon ab, von selbst darauf zu kommen.« Ich würde noch einen Schritt weiter gehen: Jedesmal, wenn wir einem Kind etwas beibringen, statt ihm beim Lernen zu helfen, halten wir es davon ab, sich selbst zu finden. Es liegt in der Natur des Unterweisens, daß es Lehrer und Schüler einander angleicht. Lernen hingegen befreit. Je mehr wir über uns und unsere Umwelt wissen, um so freier können wir unsere Begabungen verwirklichen.

Viele herausragende Persönlichkeiten hatten besonders am Anfang Schwierigkeiten in der Schule. Albert Einstein schrieb: »Es ist geradezu ein Wunder, daß die modernen Erziehungsmethoden den Forschungsdrang noch nicht ganz erstickt haben... Es ist ein schwerer Fehler zu glauben, die Freude am Sehen und Suchen ließe sich durch Zwangsmittel und Pflichtbewußtsein fördern.«

Mathilde Krim sagte: »Bevormundung in der Schule lehne ich ab.« Und Edward C. Johnson, der Vorstandsvorsitzende von Fidelity Investments, meinte: »In einem Klassenzimmer zu sitzen war nicht gerade eine meiner Stärken, aber Ideen und Objekte haben mich schon immer interessiert.« Johnson wußte instinktiv um den Unterschied zwischen Unterweisen und Lernen, Schulung und Bildung.

Natürlich können wir Familien oder Schulen oder ein anderes Instrument der Anpassung nicht einfach abschaffen bzw. ganz darauf verzichten. Aber wir können ihren wirklichen Stellenwert erkennen: Sie sind Größen einer Gleichung, aber nicht die ganze Gleichung.

Die gängige Gleichung lautet:

Familie + Schule + Freunde = Ich

Aber die einzig gültige Gleichung für jeden, der nach Individualität strebt, lautet:

$$\frac{\text{Familie} + \text{Schule} + \text{Freunde}}{\text{Ich}} = \text{wahres Ich}$$

Statt sich von seinen Erfahrungen gestalten zu lassen, wird man sein eigener Schöpfer. Man wird Ursache und Wirkung *in einem*, statt nur Wirkung zu sein.

Selbstbewußtsein = Selbsterkenntnis = Selbstaneignung = Selbstbeherrschung = Selbstentfaltung.

Erst wenn Sie Ihr Leben verstehen, können Sie es selbst in die Hand nehmen.

Kapitel 4

Die Welt erkennen

>»Seine Erziehung hat mich viel Mühen gekostet, Sir; ich ließ ihn schon auf die Straße, als er noch sehr jung war, und er mußte sich dort allein durchschlagen. Das ist der einzige Weg, um aus einem jungen einen tüchtigen Kerl zu machen, Sir.«

CHARLES DICKENS, *Pickwick Papers*

Ein Problem bei den üblichen Ausbildungskursen für Führungskräfte besteht darin, daß sie sich ausschließlich auf Fachkenntnisse konzentrieren und, wenn überhaupt, Manager und keine Führungskräfte hervorbringen. Diese Kenntnisse können natürlich gelehrt werden, und sie sind auch für Führungskräfte nützlich. Echte Führungsqualitäten können jedoch nicht gelehrt werden; man muß sie vielmehr selbst lernen. In den Worten Robert Docksons, des Vorstandsvorsitzenden von CalFed: »Die Dinge, auf die es ankommt, kann man nicht im Rahmen einer formalen Ausbildung lernen. Walter Wriston von Citicorp und A.P. Giannini von der Bank of America waren keine Techniker, sondern Männer mit Weitblick. Sie wußten, was sie taten und wohin sie ihre Unternehmen führen wollten.« Da jede echte Führungskraft per definitionem eine einzigartige Persönlichkeit ist, ist auch das, was sie lernt und wie sie es für die Gestaltung der Zukunft einsetzt, individuell ganz verschieden.

Wie ich schon im dritten Kapitel darlegte, werden Führungskräfte von ihren Erfahrungen und dem Verstehen und Anwenden dieser Erfahrungen mindestens genauso stark geprägt wie von irgendwelchen Fähigkeiten. Norman Lear erzählte mir von einem Erlebnis, das er bei der Air Force hatte, als er in Italien stationiert war: »Ich erinnere

mich daran, in einer Bar in Foggia einen Kerl niederge-
schlagen zu haben – es war das einzige Mal in meinem
Leben, daß ich mich nicht aus Selbstverteidigung wehrte.
Es war ein GI, der einen antisemitischen Witz gemacht
hatte. Ich schrieb eine Episode in meiner Serie ›All in the
Family‹ darüber. Mike verprügelt in diesem Film jemanden,
der eine andere Person in der U-Bahn schlägt, und er-
schrak vor seiner eigenen Gewalttätigkeit. Mir ging es genauso. Ich sehe darin eine Art Führungsfähigkeit, aber ich
weiß nicht, woher das kommt, außer von dem schon sehr
früh erlebten Gefühl des Ausgegrenztseins als Minderheit
und dem Verlangen, dieses Gefühl zu überwinden.«

Um eine echte Führungskraft zu werden, muß man die
Welt genauso gut kennen wie sich selbst. Nicht nur viele
Studien, sondern auch die Lebenswege der Führungs-
kräfte, mit denen ich sprach, belegen, daß bestimmte
Arten von Erfahrungen besonders starke Lerneffekte er-
zielen. Zu diesen Erfahrungen gehören breite und fort-
während Bildung, unkonventionelle Familien, ausge-
dehnte Reisen und/oder Auslandsaufenthalte, ein reiches
Privatleben und Schlüsselbeziehungen zu Mentoren und
Gruppen.

Bevor ich die Vorteile dieser Erfahrungen erörtere, möchte ich zunächst auf das Lernen selbst zu sprechen kommen.

1972 initiierte der Club of Rome eine Studie über das
Lernen und begann mit einer genauen Beschreibung
äußerer Grenzen, die »unsere Möglichkeiten des materiel-
len Wachstums auf einem begrenzten Planeten beschränken«, und schloß mit einer Verteidigung »der noch uner-
schlossenen Regionen in unserem Inneren, in denen ungeahnte Entwicklungsmöglichkeiten schlummern«.

Der Bericht des Clubs wurde 1979 unter dem Titel *No
Limits to Learning: Bridging the Human Gap* von James W.
Botkin, Mahdi Elmandjra und Mircea Malitza veröffent-
licht. Aurello Peccei bemerkte in seinem Vorwort: »Wir
müssen an diesem Punkt der menschlichen Entwicklung
lediglich einsehen, wie schwer es ist, das zu lernen, was
wir lernen sollten – und es dann lernen.« Die Autoren de-

finieren im weiteren das »Dilemma«, das die Menschheit kennzeichnet, als »Diskrepanz zwischen der zunehmenden Komplexität der Wirklichkeit und unserer Fähigkeit, damit fertigzuwerden... Wir nennen das ein ›menschliches Dilemma‹, weil die Entwicklung unserer Fähigkeiten immer weniger Schritt hält mit der Komplexität dessen, was wir selbst geschaffen haben.«

Die Autoren beschreiben die zwei grundlegenden Modi des konventionellen Lernens so:

- Erhaltungslernen, der am weitesten verbreitete Modus, ist »der Erwerb fester Einstellungen, Methoden und Regeln, um mit bekannten und wiederkehrenden Situationen zurechtzukommen... Es ist die Art des Lernens, die dazu konzipiert ist, ein bestehendes System oder eine etablierte Lebensform aufrechtzuerhalten.«
- Schocklernen, das heute fast genausoweit verbreitet ist, tritt ein, wenn Menschen von Ereignissen überwältigt werden. Die Autoren beschreiben es folgendermaßen: »Selbst heute wartet die Menschheit immer noch auf Ereignisse bzw. Krisen, die... dieses primitive Schocklernen beschleunigen oder auslösen... Das Schocklernen läßt sich als Produkt von Elitedenken, Technokratie und Autoritarismus begreifen. Es folgt häufig einer Periode, in der man allzusehr auf Lösungen vertraute, die auf Expertenwissen bzw. technischer Kompetenz basierten und die auch dann noch angewendet wurden, wenn die Bedingungen, auf die sie zugeschnitten waren, sich gewandelt hatten.«

Mit anderen Worten, sowohl Erhaltungslernen als auch Schocklernen sind weniger Lernen als vielmehr das Akzeptieren konventioneller Wahrheiten. Die Gesellschaft, die Familie oder die Schule sagt: »So läuft die Welt nun mal, und das mußt du wissen.« Und das akzeptiert man dann als das Evangelium. Man vergißt, daß man auf seine innere Stimme hören muß.

Die amerikanische Automobilindustrie hatte mit dem

Erhaltungslernen großen Erfolg, bis sie sich plötzlich an die Wand gedrängt sah, geschlagen und verdrängt von den japanischen Automobilzauberern, und durch diesen Schock lernte, daß sie sich in einer Krise befand. Detroit waren die Ideen ausgegangen, und es stand vor dem finanziellen Ruin, aber statt zu versuchen, einen Weg aus dem Dilemma zu finden, war es auf Jahre durch diesen Schock völlig aus dem Konzept gebracht und legte Fabriken still, entließ Tausende von Arbeitskräften und griff nach den erstbesten Lösungen. Erst in den letzten ein bis zwei Jahren hat Detroit begonnen, sich von den Wunden, die es sich selbst beigebracht hat, wirklich zu erholen, und der Schlüssel hierzu war das vom Club of Rome so genannte »innovative Lernen«.

Die Autoren schreiben: »Das konventionelle Muster von Erhaltungs- und Schocklernen ist der globalen Komplexität nicht mehr gewachsen und wird, wenn es nicht korrigiert wird, wahrscheinlich dazu führen, daß man die Kontrolle über Ereignisse und Krisen verliert ...«

Das gilt nicht nur auf globaler, sondern auch auf individueller Ebene. Jeder, der sich auf Erhaltungs- und Schocklernen verläßt, wird zwangsläufig in seinem Leben mehr reagieren als agieren. Die meisten Familien zum Beispiel versuchen einen Gleichgewichtszustand zu bewahren. Wenn jemand in der Familie plötzlich stirbt, ist der Schock so groß, daß sie, zumindest vorübergehend, völlig desorientiert ist. Wir alle kennen Paare, die der Tod eines Kindes so tief getroffen hat, daß sie sich zu guter Letzt scheiden ließen. Ebenso kann jeder beliebige Geschäftsmann, der einfach das konventionelle Wissen akzeptiert, an die Spitze einer bürokratischen Organisation gelangen, aber er wird seine besonderen Begabungen nie voll einsetzen können und, sollte er jemals sein Leben hinterfragen, wird er mit Bestürzung erkennen, wie wenig er seine Talente ausgelebt hat.

Daher muß innovatives Lernen an die Stelle von Erhaltungs- bzw. Schocklernen treten. Die wesentlichen Bestandteile des innovativen Lernens sind:

- Antizipation: Wir sollten aktiv und fantasievoll sein, statt passiv und festgefahren;
- Soziales Lernen: Wir sollten dadurch lernen, daß wir anderen zuhören;
- Partizipation: Wir sollten Ereignisse selber gestalten, statt uns von ihnen formen zu lassen.

Innovatives Lernen erfordert also, daß man sich sowohl in seinem Privat- als auch in seinem Berufsleben selbst vertraut und stärker selbst bestimmt, als sich von außen bestimmen läßt. Wenn Sie lernen, die Zukunft zu antizipieren und Ereignisse selbst zu bestimmen, statt sich von ihnen bestimmen zu lassen, dann werden Sie davon nachhaltig profitieren.

Indem wir »den Schritt von unbewußter Anpassung zu bewußter Mitwirkung vollziehen«, wie der Club of Rome es nennt, knüpfen oder erkennen wir neue Beziehungen, gelingen uns nützliche Synthesen und vertiefen wir unsere Einsichten.

Der Filmregisseur Pollack sprach über die Kräfte, die innovativem Lernen entgegenarbeiten: »Jeder hat die Fähigkeit, frei zu assoziieren, aber die Gesellschaft neigt dazu, aktives Fantasieren zu mißbilligen. Ab einem gewissen Alter hören wir auf, Fantasiespiele zu spielen, bei denen wir unseren Wünschen freien Lauf lassen. Sie gehen uns zwar nach wie vor im Kopf herum, aber von einer bestimmten Zeit an, fühlen wir uns schuldig. Man hört eine Symphonie und stellt sich vor, man sei der Dirigent, und man dirigiert voller Leidenschaft, aber dann wird man erwachsen und sagt: ›Du lieber Himmel, es wäre furchtbar, wenn jemand wüßte, daß ich mich für den Dirigenten einer Symphonie halte.‹ Aber diese Art von Fantasieleben ist der richtige Schlüssel zur Problemlösung auf allen Ebenen. Es ist sicherlich das wichtigste Instrument zur Problemlösung in der Kunst, ob es sich um Malerei, Tanz, Choreographie, Filmregie, Drehbuchschreiben, Romanschreiben oder etwas anderes handelt.« Kreatives Problemlösen ist eine Form innovativen Lernens.

Zu innovativem Lernen gehört es, daß man nicht nur die gegenwärtige Lage erkennt, sondern auch fähig ist, sich zukünftige Entwicklungen auszumalen. Die amerikanische Außenpolitik war eine Generation lang fehlorientiert, weil unsere Politiker von der falschen Annahme ausgingen, der Kommunismus sei monolithisch. Das war ein Paradebeispiel für Erhaltungslernen. Es gibt jedoch in Wirklichkeit so viele Spielarten des Kommunismus, wie es Spielarten der Demokratie gibt. Das Erhaltungslernen sieht im Kommunismus eher ein rein politisches als ein soziales, ökonomisches und politisches Phänomen. Das innovative Lernen sieht hinter den politischen Ähnlichkeiten die sozialen und ökonomischen Unterschiede, die etwa solche kommunistische Staaten wie die Sowjetunion und China trennten.

Innovatives Lernen ist ein Weg, langfristige Perspektiven zu realisieren. Shirley Hufstedler sprach über die Planung der Zukunft. »Man muß fähig sein, sich ziemlich konkret vorzustellen, was getan werden sollte und was man selbst tun bzw. erreichen will... Man muß sich irgendwie ein Konzept zurechtlegen. Es ist, wie wenn man eine Reise plant. Als erstes muß man sich überlegen, wo man hin will. Dann muß man entscheiden, wie und womit man dort hinkommen will. Sollte man sich dieses Ziel als erster ausgesucht haben, muß man sich vielleicht selbst den Weg ausdenken. Man muß ein gewisses Maß an organisatorischer Flexibilität bewahren, wenn man andere Leute mitnimmt. Von Anfang an muß klar sein, wieviel Gepäck man braucht bzw. ob man mit sehr wenig Gepäck auskommt. Dazu muß man eine historische Perspektive mit einer Zukunftsvision verbinden und die Struktur und Möglichkeiten von Institutionen kritisch einschätzen.«

Das Erhaltungslernen, das die meisten Organisationen und Bildungsinstitutionen praktizieren, versucht den Status quo zu bewahren und aus uns allen brave Soldaten zu machen. Es ist ein auf Autorität beruhender Monolog, hierarchisch strukturiert, ausgrenzend und isolierend. Das dadurch vermittelte Wissen ist begrenzt und genau festgelegt, und es zwingt uns zur Anpassung an die gegenwärtige Lage.

Schocklernen macht uns konform und gefügig, indem es unsere Unfähigkeit bestätigt, Ereignisse zu kontrollieren oder die Zukunft als Individuen zu bewältigen, und indem es bekräftigt, daß wir Autoritäten und hierarchische Organisationen brauchen, um uns zu schützen.

Innovatives Lernen ist die wichtigste Methode, sich Unabhängigkeit zu verschaffen, die herrschenden Muster zu durchschauen und in positiver Weise in der gegebenen Situation zu arbeiten. Es ist ein Dialog, der mit Neugier beginnt, durch Wissen gefördert wird und zur Erkenntnis führt. Es ist umfassend, unbegrenzt, bewußt und dynamisch. Es gestattet uns, den Status quo zu verändern.

Mit einem Wort, wir haben die Mittel, uns von den Zwängen der Vergangenheit zu befreien, die uns in aufgezwungene Rollen und Einstellungen einschließen. Wenn wir unsere Vergangenheit aufarbeiten und verstehen, können wir unbeschwert die Zukunft anpacken. *Wir werden frei, uns selbst zu entfalten, statt unablässig zu versuchen, uns selbst zu beweisen.*

Wenn wir innovatives Lernen praktizieren, dann laufen wir nicht länger unserem Leben hinterher, sondern geben selbst die Richtung an. Wir akzeptieren nicht mehr einfach die gegenwärtige Lage, sondern überlegen, wie wir sie verändern können. Wir wirken bei der Gestaltung der Wirklichkeit mit.

Wir gestalten unser Leben selbst, statt uns von ihm gestalten zu lassen. Diese Maxime wird sich immer wieder bestätigen.

In den frühen sechziger Jahren nahmen sich Victor und Mildred Goertzel vor, die gemeinsamen Merkmale von einigen hundert erfolgreichen Männern und Frauen herauszufinden, und sie veröffentlichten ihre Ergebnisse in dem Buch *Cradles of Eminence* (1962). Unter den Befragten waren Schriftsteller und Schauspieler genauso wie Politiker und Geschäftsleute.

Die Ergebnisse sind aufschlußreich. Die meisten Befragten kamen aus kleinen Städten oder Dörfern. In fast jedem Elternhaus gab es ein leidenschaftliches Interesse, Neues zu lernen, »das häufig mit materiellem Reichtum und einem beharrlichen Leistungswillen einherging«. Die Hälfte der Eltern hatte zu kontroversen Themen eine eigene Ansicht. Fast 50 Prozent der Väter »erlebten in ihrer geschäftlichen oder beruflichen Karriere ernsthafte Krisen«, während ein Viertel der Mütter »als dominant beschrieben wurden«. Reichtum war sehr viel häufiger als große Armut. Ein Viertel der Befragten war behindert. In den Familien gab es »außerordentlich wenig Geisteskrankheiten, die einen längerfristigen Krankenhausaufenthalt notwendig gemacht hätten«. Als Kinder machte den Befragten Privatunterricht großen Spaß, und sie »mochten meistens die höhere Schule nicht«, dafür aber »angesehene Colleges«. Ganze 75 Prozent »erklärten, sie seien mit den Schulen und Lehrern unzufrieden gewesen, obwohl 80 Prozent außergewöhnlich begabt waren«. Schließlich hatten drei Viertel eine problematische Kindheit – wegen Armut, zerrütteter Familienverhältnisse, schwieriger Eltern, finanzieller Krisen, körperlicher Behinderung oder der Unzufriedenheit der Eltern über die schulischen Mißerfolge bzw. Berufsentscheidungen ihrer Kinder.

Die Goertzels führen auch einen Ratschlag Thomas H. Huxleys an, der noch einmal hervorhebt, wie wichtig es ist, seine Vergangenheit aufzuarbeiten und zu überwinden. Huxley sagte: »Betrachte die Wirklichkeit mit den Augen eines Kindes, sei bereit, jede vorgefaßte Meinung über Bord zu werfen, folge demütig deinem inneren Wesen, an welche Orte und zu welchen Abgründen es dich auch führt – sonst lernst du gar nichts.«

Man kann an seinem früheren Leben jetzt nichts mehr ändern, man kann nur noch lernen, es zu verstehen. Aber was man mit dem Rest seines Lebens tut, liegt ganz bei einem selbst. Wie John Gardner gesagt hat: »Damit sich ein komplexes Talent entfalten kann, bedarf es eines glücklichen Zusammentreffens von Motivation, Charakter und Gelegenheit. Die meisten Talente bleiben deshalb unentwickelt.«

Universitäten sind leider nicht immer die zum Lernen am besten geeigneten Orte. Allzu viele sind weniger Orte höheren Lernens als höhere Berufsschulen, die Massen engstirniger Spezialisten heranzüchten, die vielleicht Spitze im Geldverdienen sind, aber in ihrer persönlichen Entwicklung noch unreif. Diesen Spezialisten hat man beigebracht, wie man etwas macht, aber nicht, wie man zu sich selbst findet. Statt Philosophie, Geschichte und Literatur zu studieren – in denen allgemeinmenschliche Erfahrungen niedergelegt sind –, lernen sie, wie man Computer programmiert. Aber welche Lösungen können sie mit ihren Computerprogrammen denn schon erarbeiten, wenn sie sich nicht zuvor mit den grundlegenden Fragen auseinandergesetzt haben?

Der Disney-Manager Marty Kaplan sagte: »In seinen ersten Lebensjahren stellt man seinen Eltern all die großen Fragen – woher komme ich, warum ist Opa gestorben, wo ist er jetzt, und wer ist Gott? Kinder sind dabei ganz unersättlich. Und auch Studenten reden sich ja mitten in der Nacht darüber die Köpfe heiß. Was fange ich mit meinem Leben an, wer bin ich – alle diese Fragen, zu denen wir im Rahmen einer geisteswissenschaftlichen Auseinandersetzung mit den Abgründen des Daseins ermutigt werden. Ich glaube, daß im Zentrum unserer Vorstellung von westlichen Werten die Auseinandersetzung mit diesen Abgründen steht, und einige Leute nennen es Tod, in dem gewöhnlichen biologischen Sinne des Begriffs, während andere eine sehr viel metaphysischere Auffassung des Nichts damit verbinden, aber ich glaube, das fängt beim Kind an, und entweder lassen wir es sich frei entfalten oder wir unterdrücken es; aber es ist immer da, und es wird immer da sein.«

Vor einigen Jahren erschien das Problem unseres kulturellen Analphabetentums auf den Bestseller-Listen, und zwar mit den Büchern von Allen Bloom: *The Closing of the American Mind* (1987) und E.D. Hirsch jr.: *Cultural Li-*

teracy: What Every American Needs to Know (1987). Ein landesweiter Test der historischen und literarischen Kenntnisse, der 7800 Mittelschülern vorgelegt wurde, bestätigte die These von Bloom und Hirsch. Die Durchschnittsnote war Mangelhaft, wie Diane Ravitch und Chester E. Finn jr. ihrem Buch *What Do Our 17-Year-Olds Know?* (1987) berichteten.

Die Autoren schreiben:

> »Der wahrscheinlich eindeutigste Hinweis auf die Prozeßorientiertheit unserer Schulen ist die herausragende Rolle des Schuleignungstests. Unser Bildungssystem wird von einem Prüfungstypus beherrscht, der es tunlichst vermeidet, substantielles Wissen abzufragen. Ob die Prüflinge sich mit dem Amerikanischen Bürgerkrieg befaßt haben, etwas über die Magna Carta wissen oder ›Macbeth‹ gelesen haben, sind Fragen, die der SET überhaupt nicht erfaßt.«

Was immer in unseren Schulen auch unterrichtet – oder zumindest abgefragt – wird, hat immer weniger mit dem zu tun, was wir historisch als Bildung betrachteten, und immer mehr mit dem allgegenwärtigen Profitdenken. Eine Studie der Carnegie Foundation zeigt, daß eine steigende Zahl von Jugendlichen sich Bereiche aussuchen, in denen sie hoffen, schnell viel Geld zu machen, wie etwa Wirtschaftswissenschaften, Technik, Informatik und Gesundheitsprogramme.

Und doch schrieb Lynne Cheney, die Vorsitzende der National Endowment for the Humanities, in *Newsweek* (1986), viele der erfolgreichsten Menschen in Amerika hätten ein geisteswissenschaftliches Studium absolviert, einschließlich Ex-Präsident Reagan und einer Mehrheit seines Kabinetts, 38 Prozent aller Vorstandsvorsitzenden und neun der dreizehn Top-Manager von IBM. Nach Cheney zeigte eine AT&T-Studie, daß Absolventen sozial- oder geisteswissenschaftlicher Disziplinen schneller ins mittlere Management aufsteigen als Ingenieure und »mindestens genauso schnell wie ihre Kollegen mit wirtschaftswissenschaftlicher oder technischer Ausbildung die obersten Führungsebenen erreichen«. Sie folgert daraus: »Studenten, die bei der Wahl der Studienfächer ihren Neigungen folgen, werden sich sehr wahrscheinlich mit ganzem Herzen ihren Interessen widmen. Gerade sie sind es, die die Zeit und Mühe aufbringen, um echte Leistungen zu erzielen, und die erkennen, daß Zielstrebigkeit ein Gefühl der Erfüllung vermittelt.«

Roger Smith, der Vorstandsvorsitzende von General Motors, pflichtet dem bei. In seinem Buch *Educating Managers* (1986) schrieb er:

>»Die Kunst der Unternehmensführung beginnt mit visionärem Weitblick, einer Eigenschaft, die noch nie so entscheidend war wie heute... Die Wettbewerbsfähigkeit und für einige Unternehmen sogar ihr Überleben hängen von der Fähigkeit des Managers ab, sich etwas Neues auszudenken (oder Altes auf neue Art anzupacken), auf der Grundlage dessen, was in der Vergangenheit erfolgreich funktionierte, die Zukunft zu planen, betriebliche Abläufe zu organisieren und zu reorganisieren... und sich zu überlegen, wie und durch welchen Eingriff der Gang der Ereignisse verändert werden könnte... Wenn man Studenten beibringt, wiederkehrende Elemente und gemeinsame Thesen in Kunst, Literatur, Physik und Geschichte zu erkennen, dann lernen sie jene Art von Kreativität, die zu visionären Lösungen wirtschaftlicher Probleme führt... Humanistisch gebildete Menschen wären fähig, jene dynamisch-straffe Unternehmensorganisation zu verstehen, zu unterstützen und aktiv mitzugestalten, die sich so viele Firmen wünschen... Sie lernen, mit Ambivalenz zu leben und Ordnung in ein scheinbares Chaos zu bringen. Intellektuelle Integrität ist ausschlaggebend, und Denkprozesse sind genauso wichtig wie die Schlußfolgerungen, zu denen sie führen... Sie verfügen über unkonventionelle und systemübergreifende Denkmethoden, die unter anderem durch das Erlernen vieler verschiedener Betrachtungsweisen literarischer Werke, sozialer Systeme, chemischer Prozesse oder von Sprachen entstehen... Spitzenleistungen setzen voraus,

daß man kommunikative Fähigkeiten und Sensibilität besitzt ... Alles, was wir tun, hängt davon ab, ob es uns gelingt, Sinngehalte von einem Bereich auf einen anderen zu übertragen.«

Auch die Fernsehgesellschaft CBS ist dieser Meinung. 1984 wurde der Corporate Council on the Liberal Arts, der 12 große Firmen vertritt, von CBS, die einen Betrag in Höhe von 750 000 Dollar beisteuerte, gemeinsam mit der American Academy of Arts and Sciences ins Leben gerufen. Der Zweck dieser Institution ist es, nach den Worten ihres Präsidenten Frank Stanton, eines Ex-Vorstandsvorsitzenden von CBS, »das Bewußtsein zu schärfen für den Wert einer geisteswissenschaftlichen Bildung, zu der Verstehen, Wahrnehmen, kritisches Hinterfragen und Ideenreichtum gehören, und den Zusammenhang zwischen dieser Bildung und der Fähigkeit zur Unternehmensführung zu verstehen.« (Stanton 1986)

Dieser Zusammenhang existiert und ist sehr eng. Das heißt jedoch nicht, daß man sich als Betriebswirtschaftler oder Informatiker alle Chancen verbaut hat. Es gehört zu den wunderbarsten Dingen im Leben, daß man, unabhängig von seinem Alter und seiner beruflichen Situation, jede Bildungslücke füllen kann, indem man liest und über das Gelesene nachdenkt.

Die Lücken füllen

Der Schriftsteller Ray Bradbury, der Manager berät, wie sie ihre Kreativität fördern können, beginnt mit folgendem Rezept:

>»Wann sind Sie zum letztenmal in eine Bibliothek gestürmt und haben mehr Bücher mitgenommen, als Sie lesen konnten, aufeinandergestapelt wie Brote, die noch warm sind und darauf warten, verschlungen zu werden? Wann haben Sie zum letztenmal ein Buch aufgeschlagen, es sich direkt vor die Nase gehalten und

tief eingeatmet? Köstlich, dieser Geruch frischgebacke-
nen Brotes! Wann waren Sie das letzte Mal in einer
wirklich stilvollen alten Buchhandlung, in der Sie stun-
denlang allein in Büchern herumschmökerten und sich
darin verloren? Ohne Liste, ohne intellektuelle Priorität-
ten sind Sie einfach umhergewandert, haben den Staub
geschnuppert, die verlockenden Bücher aus den Rega-
len gezogen, um einen Blick in ihr Inneres zu werfen,
und je nachdem, ob sie Ihnen gefielen oder nicht, nahmen Sie sie mit nach Hause oder stellten Sie wieder
zurück ins Regal. Sich in der Zeit zu verlieren heißt,
seine Wurzeln zu finden.« (Bradbury 1984)

Wenn Sie eine formellere Methode wünschen, können Sie
sich an Universitäten und Volkshochschulen wenden, die
Kurse in Literatur, Philosophie und Geschichte anbieten.
Der stellvertretende Bezirksanwalt von Boston, Jamie
Raskin, warnt davor, beruflichen Ehrgeiz über geistiges
Wachsen zu stellen: »»Ehrgeiz ist der Tod des Denkens‹,
wie Wittgenstein sagte. Einige meiner Freunde sind so
ehrgeizig wie ich, aber sie unterdrücken jeden Gedanken,
der ihren ehrgeizigen Plänen gefährlich werden könnte.
Intellektualität ist ja eigentlich die Fähigkeit, Dinge auch
einmal aus einer anderen Perspektive zu betrachten, und
große private oder öffentliche Institutionen in der Gesellschaft verlangen häufig von ihren Mitarbeitern, in jeder
Beziehung – persönlich, politisch, ideologisch – nicht aus
der Reihe zu tanzen. Keine Frage, dadurch kann man weiterkommen. Ich glaube, der einzige Weg, um zu verhindern, daß der Ehrgeiz unser geistiges Leben auffrißt, besteht darin, keine Angst davor zu haben, etwas zu verlieren oder etwas zu sagen, das die anderen für falsch oder
verrückt halten könnten oder für das die Institution noch
nicht reif ist... Wenn Sie einen konkreten Tip wollen,
dann lernen Sie, schneller zu lesen. Die Leute sagen
immer, sie hätten keine Zeit zu lesen. Mein Gefühl ist:
›Wenn du dir nicht sicher bist, lies es nach.‹ Ich kann ein
Buch in wenigen Stunden lesen.«
Die CBS-Managerin Barbara Corday sagte über Bildung:

»Ich würde jungen Managern den Rat geben, ihre Diplome in Wirtschaftswissenschaften zu vergessen. Viele junge Führungskräfte sind unheimlich stolz auf ihre Zeugnisse, und sie denken nicht daran, daß die meisten amerikanischen Führungskräfte der vergangenen 150 Jahre weder Diplome in Wirtschaftswissenschaften noch Doktortitel hatten. Ich habe mit knapper Not meinen High School-Abschluß geschafft und keine weitere formale Ausbildung gehabt. Ich sage das nicht, weil ich mir darauf etwas einbilde, aber es ist mir auch nicht peinlich. In meiner Branche haben nur sehr wenige Leute ein Studium, das zu ihrer Tätigkeit paßt. Ein humanistischer Bildungshintergrund ist für meine Branche wahrscheinlich am besten, und den glaube ich zu besitzen, auch wenn ich kein Zeugnis vorweisen kann... Viele junge Leute, mit denen ich in den letzten fünf Jahren zu tun hatte, hatten alle möglichen Abschlüsse, aber es fehlten ihnen einige wichtige Persönlichkeitsmerkmale, die Kunst, sich in Szene zu setzen, Enthusiasmus und kindliche Eigenschaften, die in der Unterhaltungsindustrie nötig sind, und es macht mich traurig, das zu sehen... Jemand, der ins Theater geht, Bücher liest, die Klassiker kennt, aufgeschlossen und erlebnishungrig ist, wird in meiner Branche leichter Erfolg haben, als jemand mit einem Diplom in Finanzwirtschaft.«

Charles Handy, einer der führenden Wirtschaftsmagnaten Großbritanniens, würde ihr zustimmen. Er erzählte mir, die erste Lektion, die er in der Sloan School of Management gelernt habe, sei gewesen, daß er nicht zur Schule zu gehen brauche.

James E. Burke, der Ex-Vorstandsvorsitzende von Johnson & Johnson, lernte durch sein betriebswirtschaftliches Studium sehr viel, aber: »Ich ging zu dieser Universität (Harvard Business School) mit einer Palette von Wertvorstellungen, die ich, wie man es allgemein für richtig hält, von der Familie, der Kirche und anderen übernommen hatte. Ich war jung, und ich war mir nicht sicher, ob ich im Wirtschaftsleben mit meinem Wertsystem erfolgreich sein konnte. Ich war wirklich zerrissen ... Ich hatte irgendwie aufgeschnappt, wie viele andere in diesem Land – ich weiß nicht wo –, daß man im Wirtschaftsleben mit den Ellbogen arbeiten muß, um weiterzukommen. Viele Leute denken wohl so. Die Business School war eine ungeheure Befreiung, weil alles, was ich dort lernte, bewies, daß das nicht stimmte. Um Erfolg zu haben, muß man ehrlich sein.«

Die Bildung von Renn Zaphiropoulos, dem Gründer von Versatec, begann in seinem Elternhaus: »Ich wurde in Ägypten von meinen griechischen Eltern großgezogen. Mein Vater war Kapitän, Lotse im Suezkanal. Er hatte keinen akademischen Abschluß, aber er kannte die ganze Welt und war ein eifriger Leser. Er sagte immer: ›Dein Elternhaus ist deine Universität.‹ Er schrieb Gedichte. Statt in die Kirche zu gehen, hörten wir sonntags immer klassische Musik. Er riet mir, niemals etwas zu tun, weil es die anderen taten, sondern immer nur, weil es mir selbst vernünftig erschien. Ich war ein guter Student, nicht hervorragend, aber gut. Hervorragende Studenten scheinen beruflich nie besonders erfolgreich zu sein. Ich hatte viele andere Interessen. Ich studierte Malerei, komponierte Musik, arbeitete in der Holzverarbeitung, schrieb Gedichte ... Es ist relativ leicht, Marketing, Verkauf, Technik oder etwas anderes zu lernen. Es ist sehr viel schwerer zu lernen, wie man seine eigene Leistung und die seiner Mitarbeiter optimiert. Es ist ganz wichtig, die grundlegenden Prinzipien des menschlichen Verhaltens angemessen zu verstehen, um als Vorgesetzter optimal zu funktionieren.«

John Sculley ist wie Jim Burke vom Sinn formaler Bildung überzeugt und erwarb auch ein Diplom in Betriebswirtschaftslehre. Nach einer sehr erfolgreichen Zeit bei Pepsico nahm er seinen Hut, als Steve Jobs, ein Mitbegründer von Apple, ihn mit der Frage herausforderte, ob er wirklich den Rest seines Lebens damit verbringen wolle, Zuckerwasser zu verkaufen. Sculley, der später Vorstandsvorsitzender von Apple wurde, sieht einen echten und substantiellen Zusammenhang zwischen Bildung und Wirtschaft. »Die Menschen, von denen ich mich angezogen fühle, sind Träumer. Ich muß in der Nähe einer großen Universität leben, weil ich gern Bibliotheken aufsuche und mit Akademikern verkehre. Die meisten neuen Unternehmen siedeln sich mit Vorliebe in der Nähe großer Universitäten an; das heißt, das geistige Umfeld, in dem sich potentielle Führungskräfte entwickeln, ist heute sehr viel weiter als früher. Das betrifft nicht nur die High-Tech-Industrie. Die Frage ist nicht, wie viele Informatiker unsere Computer benutzen, sondern wie viele Künstler.«

Don Ritchey resümiert es so: »Bildung schult das Denkvermögen. Die meisten Menschen erwerben sich dieses Vermögen nur im Rahmen eine Hochschulbildung. Ich weiß nicht, ob ein geisteswissenschaftliches Studium besser ist als ein betriebswirtschaftliches, aber ich glaube, die Universität bringt einem bei, wie man richtig denkt und Probleme analysiert, wie man Dinge als Ganze betrachtet und sie in einen Zusammenhang stellt. Mir scheint, daß Menschen, bei denen theoretische und praktische Erfahrung einander entsprechen, die beste Kombination sind.«

Ein Lehrer an der Hebrew School vermittelte Roger Gould: »Man kann uns unsere Juwelen, unsere Autos, unsere Pelze und Häuser wegnehmen, aber unsere Bildung kann man uns nicht rauben.« Gould selbst sagte: »Die Fähigkeit zu lernen ist immer vorhanden. Der innere Widerstand gegen das Lernen ist allerdings von Person zu Person verschieden. Jeder hat gewisse eingebaute Abwehrmechanismen. Entscheidend ist, wie sehr sie sich verfestigt haben und welche Macht sie besitzen.« Gould selbst hat keine solche Abwehrmechanismen. Er sagt: »Wenn ich etwas lese, dann nehme ich es ganz in mich auf, zerlege es, wende es hier und da an, so daß es dann, wenn ich mich damit beschäftigt habe, nicht mehr in seiner ursprünglichen Form existiert.«

Genau so sollte Lernen sein – aktiv, leidenschaftlich

und persönlich. Man sollte sich alles, was man liest, zu eigen machen und daraus Kapital schlagen. Ein abschließendes Wort von Frances Hesselbein: »Wenn es etwas gibt, von dessen Sinn ich wirklich überzeugt bin, so ist es die Freude am Lernen, am täglichen Lernen.«

Reisen zur Horizonterweiterung

Reisen ist eine weitere Art des Lernens. Alle Klischees darüber sind wahr. Es erweitert den Horizont; es öffnet die Augen und verändert sofort Ihre Sicht der Dinge, weil es neue und andere Reaktionen von Ihnen verlangt. In anderen Ländern packt man das Leben anders an. Die Menschen dort sind zwangloser und lebendiger. Ihre kulturellen Gewohnheiten sind von unseren verschieden. In Paris sind viele Geschäfte den ganzen August hindurch geschlossen. In Spanien folgt auf das ausgedehnte Mittagessen eine Siesta, und das Abendessen nimmt man sehr spät ein. Die Sprache wird plötzlich zu einer Barriere. Die einfachste Erledigung kann auf einmal äußerst kompliziert werden. Eine Bekannte von mir reiste vor kurzem von London nach Paris, und sie hatte so große Schwierigkeiten, von Pfund auf Francs umzuschalten, daß sie sagte: »24 Stunden lang konnte ich weder Englisch noch Französisch sprechen. Ich ging in einen Tabakladen und verlangte *quatorze* (vierzehn) Schachteln Kent. Der Ladenbesitzer schaute mich an, als sei bei mir eine Schraube locker. Man kauft gewöhnlich eine, zwei oder auch zehn Schachteln, aber keine vierzehn. Natürlich wollte ich vier Schachteln sagen.«

Das Ausmaß, in dem Reisen Ihren Horizont erweitern, hängt zumindest teilweise davon ab, wie nahe Sie Ihre Erlebnisse an sich herankommen lassen. Wenn Sie sich auf eine fremde Kultur einlassen, dann werden Sie wahrscheinlich mehr lernen, als wenn Sie in Paris ins nächste McDonald's eilen. Zugleich ist es ein Unterschied, ob Sie sich auf eine neue Kultur einlassen oder sich ganz an sie anpassen. Wenn Sie sich mit einer Baskenmütze auf dem Kopf ins Cafe »Les Deux Magots« setzen, dann heißt das nicht unbedingt, daß Sie kritisch neue Lernerfahrungen machen wollen. Wenn Sie das Gefühl für Ihre Identität und Ihre Wurzeln verlieren, dann imitieren Sie die fremde Kultur bloß äußerlich. Sie müssen sich des Unterschieds bewußt bleiben.

Henry Thoreau schrieb, man sehe die Welt deutlicher, wenn man sie aus einem bestimmten Blickwinkel betrachte. Das ist der Fall, wenn man in einem anderen Land ist. Thorstein Veblen sagte, viele Juden hätten einen scharfen Verstand entwickelt, weil sie ständig als Außenseiter im Exil lebten. Als Fremder in einem fremden Land sieht man mehr und klarer. Reisen erfordert nicht nur die volle Entfaltung des eigenen Selbst, es verändert uns auch tiefgreifend, testet unsere alten Stärken und Schwächen und offenbart neue. Unsere beiden klügsten Gründungsväter, Thomas Jefferson und Benjamin Franklin, reisten leidenschaftlich gern, und beide verbrachten viel Zeit in Europa.

Alfred Gottschalk lernte schon als kleiner Junge die Lektion des Außenseiters: »Ich kam als Flüchtling in die Staaten und hatte keine Identität bzw. nur eine negative Identität. Ich war Jude und Deutscher. Ich trug komische Kleider, sprach kein Wort Englisch, und ich war arm – finanziell gesehen. Aber ich bestand die Abschlußprüfung an der High-School mit Auszeichnung, und ich spielte Football. Ich stand schon sehr früh auf eigenen Beinen.«

So wie führende Persönlichkeiten traditionell gerne gereist sind, hatten sie auch traditionell ein reiches Privatleben. Sie waren Hobbymaler, -dichter und sogar Hobbyköche, und sie haben sich immer Zeit zum Nachdenken genommen. Joseph Campbell, einer der bekanntesten Mythenforscher, sagte Bill Moyers in einem Interview kurz vor seinem Tode: »Man braucht einfach ein Zimmer, in das man sich zurückziehen kann, oder eine bestimmte Stunde der Besinnung, denn wenn man nicht weiß, was in der Zeitung stand, weiß man auch nicht, wer seine

Freunde sind, wem man Dank schuldet und was andere einem selbst schulden. Das ist der Ort, um sich über sich Klarheit zu verschaffen. Auch der Ort für kreative Inspirationen. Zunächst glaubt man vielleicht, daß sich nichts tut. Aber wenn man so einen ›heiligen Ort‹ hat und ihn benutzt, kommt schließlich etwas in Bewegung.« (Campbell & Moyers 1988)

Ob man sich für eine tägliche Klausur oder einen formellen Studienurlaub entscheidet, man findet in beiden Fällen Zugang zu sich und zu seinen kreativen Potenzen, und man kann wirklich über seine Erfahrungen nachdenken, aus ihnen lernen und regeneriert daraus hervorgehen.

Freunde und Mentoren

Aber so sehr wir diese regelmäßigen Verschnaufpausen brauchen, so sehr brauchen wir auch aktive Unterstützung durch Mentoren, Freunde und Gruppen Gleichgesinnter. Ich kenne in keinem Bereich eine Führungskraft, die nicht wenigstens einen Mentor hatte, einen Lehrer, der ihr zeigte, was für ungeahnte Möglichkeiten in ihr stecken, einen Vater oder einen älteren Arbeitskollegen, der ihr zeigte, wie man's macht, bzw. in einigen Fällen, wie man's nicht macht, oder mehr von ihr verlangte, als sie glaubte geben zu können.

Auf die Frage, wer ihn inspiriert habe, antwortete Jamie Raskin: »Die Menschen, die ich am meisten bewundert habe, waren in der Lage, scheinbar Unzusammenhängendes zusammenzudenken, und ich kannte sie persönlich oder aus Geschichtsbüchern. Eines meiner Vorbilder ist Martin Luther King. Als ich als Kind etwas von ihm las, war ich unheimlich beeindruckt. Er sagte, jedes Leben sei mit allen anderen verbunden, die ganze Menschheit Teil eines Prozesses, so daß ich den Schmerz, den ich meinem Nächsten zufüge, auch mir selbst zufüge. Führung basiert zum großen Teil auf der Fähigkeit zu erkennen, daß alle

Menschen miteinander in Beziehung stehen, alle Teile der Gesellschaft voneinander abhängig sind und alle Dinge sich in die gleiche Richtung bewegen. Auch mein Vater erkannte das. Er kann diese Art von Beziehungen knüpfen und sieht in jedem den Menschen... Mein Vater brachte mir bei, scharf zu denken, und meine Mutter lehrte mich, gewandt zu schreiben.«

Die Pilotin Brooke Knapp sagte: »Mein Qualitäts- und Leistungsbewußtsein habe ich von meiner Großmutter, der Matriarchin unserer Familie. Sie verlangte, daß ich mein College-Studium abschloß.«

Alfred Gottschalk lernte aus vielen Quellen: »Von meiner Mutter lernte ich, wie man kocht, näht und putzt, und ich arbeitete im Sommer als Kellner in einem Restaurant. Mein Vater starb, als ich 16 war, so mußte ich schon früh lernen, mich selbst durchzusetzen... Zu meinen Mentoren gehörten mein Vater, meine Mutter, mein Rabbi und mein Football-Trainer. Die Football-Mannschaft bestand aus Iren, Schwarzen, Italienern und Polen, und sie waren meine Familie. Dort wurde ich, in gewisser Weise, Amerikaner, und dort lernte ich, daß man nie aufgeben sollte.«

Roger Gould begegnete seinen Mentoren auf der Universität. Er sagte: »Ich hatte 40 Vettern und Cousinen, aber ich war der einzige, der aufs College ging. Sie waren wohlhabend, aber sie legten keinen großen Wert auf Bildung. Sie gingen lieber in die ›Schule des Lebens‹ als in eine echte Schule. Das College war für mich also ein unbeschriebenes Blatt... dort gab es keine Vorurteile, Beschränkungen oder Zwänge. Die Klassiker inspirierten mich sehr. Sie eröffneten mir ganz neue Horizonte, und ich entdeckte verborgene Seiten in mir, die mir sehr wichtig waren und die ich für mich behielt. In meinem ersten Seminar im College schien es mir, als habe jemand einen großen Süßwarenladen mit Ideen eröffnet und jeder könnte sich gratis bedienen. Ein Philosophie-Professor wurde gleich mein intellektueller Vater. Ich entschloß mich, Philosoph zu werden, und deshalb mußte ich alles wissen.«

Der frühere Vorstandsvorsitzende von CalFed, Robert Dockson, fand seine wichtigsten Vorbilder in Büchern. »Meine Vorbilder waren eher Personen, über die ich Bücher gelesen hatte, wie der Forscher Richard Byrd, als Menschen, mit denen ich persönlich bekannt war. Byrd hat wirklich einen ungeheuren Eindruck auf mich gemacht. Ich stelle niemanden auf den Sockel, und ich habe nie versucht, irgend jemandem nachzueifern, außer auf dem Golfplatz.«

Freunde inspirieren und ermutigen aber nicht nur. Anne Bryant sagte mir: »Freunde sind sehr wichtig. Man lernt von ihnen, weil sie einem die Wahrheit sagen.«

Die Koautorin von Barbara Corday war zugleich ihre beste Freundin. Sie sagte. »Barbara Avedon und ich hatten eine tolle Freundschaft. Meine Tochter sagte immer, wir verdienten unser Geld mit Lachen, weil wir jedesmal, wenn sie im Büro anrief, lachten. Während acht oder neun Jahren waren wir nicht nur Arbeitspartner, sondern die besten Freunde. Wir erzogen unsere Kinder gemeinsam, fuhren zusammen in Urlaub, und unsere Familien standen sich sehr nah. Zufälligerweise fiel das in die Anfangszeit der Frauenbewegung, und ich glaube, daß es interessant war, diese Zeit gemeinsam zu erleben. Jede von uns bekam die Scheidung und erneute Heirat der anderen mit. Wir hatten wirklich eine ganz besondere Beziehung. Und mir gefiel das unheimlich.«

Da ist es nicht verwunderlich, daß das Duo Corday-Avedon die Fernsehserie »Cagney and Lacey« produzierte, einen Dauerbrenner über zwei Polizistinnen, die nicht nur Arbeitskolleginnen, sondern auch enge Freundinnen waren. Die Serie war nicht nur der erste Renner mit zwei weiblichen ›Kumpels‹ in den Hauptrollen, sondern der erste Polizeifilm, in dem das Privatleben der Protagonistinnen genauso eine große Rolle spielte wie ihre Arbeit.

John Sculley fand in seinem eigenen Feld mit Alan Kay, einem Guru des Computerzeitalters und dem schöpferischen Kopf von Atari, einen inspirierenden und treuen Freund. »Alan Kay ist in gewisser Weise mein geistiger Ziehvater«, sagte Sculley. »Er sieht nicht wie eine Führungskraft aus und kleidet sich auch nicht so, aber wenn man an die Macht der Ideen glaubt, dann ist er eine wahre Fundgrube, ein außerordentlich kreativer Mensch, der über viele Fachgebiete Bescheid weiß.«

Gruppen, Freundes- oder Kollegenkreise, wie etwa alte Schulkameraden, Bundeswehrkumpels und Gewerkschaftsfreunde, unterstützen und ermutigen manchmal einfach ihre Mitglieder. Aber hin und wieder machen sie auch Geschichte, wie Roosevelts Beratergruppe, Eisenhowers Generalstab, Kennedys irische Mafia, der Bloomsbury-Zirkel und die Bauhaus-Künstler.

J. Robert Oppenheimer leitete in den Anfangsjahren des Zweiten Weltkriegs den ›exklusivsten Club der Welt‹, wie einige Leute das Atomforschungszentrum in Los Alamos, New Mexico, nannten. Oppenheimer sagte von den Wissenschaftlern, die sich dort zusammengefunden hatten, um die Atombombe zu entwickeln: »Wir waren eine bemerkenswerte Gemeinschaft, die von einem starken Sendungs-, Pflicht- und Schicksalsbewußtsein erfüllt war ... eng zusammenhielt ... mit vollem Einsatz ... und sehr selbstlos ... an einer gemeinsamen Sache arbeitete.« (Oppenheimer 1957)

Der Vorstandsvorsitzende von Johnson & Johnson, Jim Burke, berichtete mir von einer ganz anderen, aber ebenso bemerkenswerten Gruppe: »Meine sechs besten Freunde sind auch untereinander befreundet, und wir lernten uns auf der Harvard Business School kennen. Ich glaube, ich habe mehr enge Freunde als die meisten Leute. Viele Freundschaften kamen zustande, weil wir gleiche Wertvorstellungen hatten. Wir wollten alle hart arbeiten, und die Chance, etwas aus unserem Leben zu machen, faszinierte uns. Wir hatten auch sehr viel Spaß zusammen. Noch heute stehen wir in Kontakt miteinander, gehen wir zusammen Ski fahren. Unsere Leben sind eng miteinander verflochten. Wir haben ein gemeinsames

Wertsystem, und wir sehen die Welt aus der gleichen Perspektive. Die Krönung jedoch ist der Riesenspaß, den wir miteinander haben.«

Aus Mißgeschicken lernen

Studien, Reisen, Menschen, Arbeit, Spiel, Reflexion – das alles sind Quellen des Wissens und Verstehens, zu denen seltsamerweise auch Fehler gehören. John Cleese, der neben seinen eindrucksvollen komischen Rollen in Filmen und mit Monty Python auch ebenso eindrucksvolle Filme zur unternehmerischen Fortbildung dreht, sagte: »Es liegt doch auf der Hand, daß unsere ganze Kreativität verlorengeht, wenn wir es nicht riskieren können, etwas Falsches zu sagen oder zu tun. Kreativität ist im Kern nicht der Besitz eines besonderen Talents, sondern viel mehr die Fähigkeit zu spielen.« Er fuhr fort: »In Unternehmen, in denen man keine Fehler machen darf, begegnet man zwei Arten von kontraproduktivem Verhalten. Erstens, da es ›schlimm‹ ist, wenn das Topmanagement Fehler macht, müssen die sich daraus ergebenden Konsequenzen ignoriert oder selektiv uminterpretiert werden, damit die Leute an der Spitze behaupten können, sie hätten keine Fehler gemacht. Die Fehler werden also nicht beseitigt. Zweitens: Von untergeordneten Mitarbeitern begangene Fehler werden verschleiert.«

Die Führungskräfte, mit denen ich sprach, sind ganz und gar nicht der Meinung, Fehler seien etwas ›Schlimmes‹. Sie glauben nicht nur, daß Fehler unvermeidlich sind, sondern auch, daß sie potentiell gleichbedeutend sind mit Wachstum und Fortschritt.

Der frühere Manager von Lucky Stores, Don Ritchey, sagte: »Auch wenn man analytisch begabt ist, muß man bereit sein, eine nicht hundertprozentig abgesicherte Entscheidung zu treffen. Man hat manchmal einfach nicht die nötige Zeit oder die Hilfsmittel, auch wenn es theoretisch möglich gewesen wäre, das letzte Mosaiksteinchen einzusetzen, um mit Sicherheit zu entscheiden. Das Puzzle liegt zu 80 oder 85 Prozent, man versucht sein Bestes und geht zur Arbeit über. Ab und zu liegt man falsch, aber man entwickelt auch eine Dynamik und ein Tempo, die atemberaubend sind.«

Wie Barbara Corday sehen auch andere Führungskräfte »Mißerfolge« nicht immer als Fehler. Sie sagte: »Mein Lieblingsprojekt, eine Fernsehserie mit dem Titel ›American Dream‹, hatte viel zu sagen, war hervorragend gemacht, gut geschrieben und gespielt und perfekt produziert. Bei den Kritikern kam sie gut an, aber das Publikum sprach, aus welchen Gründen auch immer, nicht darauf an, und so wurden nur fünf oder sechs Episoden ausgestrahlt. Es war ein Reinfall, aber ich sehe es nicht als Scheitern. Deshalb war es auch kein Fehler. Fehler sind ja auch kein Scheitern, und ich nehme sie nicht so ernst. Es ist ganz in Ordnung, Fehler zu machen, solange man dabei ein gutes Gewissen hat und alles in seiner Macht Stehende getan hat... Ich fürchte mich nicht davor, einen Fehler zu machen und mir im nachhinein zu sagen: ›Verdammt, das war ein Fehler. Probieren wir was anderes.‹ Ich glaube, dadurch schafft man sich Sympathien. Das heißt nicht, daß ich absichtlich Fehler mache, nur um jemanden für mich zu gewinnen. Aber wenn es einmal passiert ist, dann gebe ich es auch zu. Ich sage auch schon mal: ›Ihre Idee ist besser als meine, also setzen wir Ihre um.‹ Ich kritisiere meine Mitarbeiter nicht im nachhinein. Wenn ich jemanden für eine bestimmte Arbeit einstelle, dann funke ich nicht dazwischen.«

Jim Burke ermunterte seine Mitarbeiter bei Johnson & Johnson geradezu, Fehler zu machen: »Ich kam zu dem Schluß, daß wir in erster Linie ein Klima brauchten, das die Mitarbeiter dazu ermutigt, Risiken einzugehen... Ich ging von der Voraussetzung aus, daß wir alles erreichen könnten, was wir wollten, sofern den Mitarbeitern erlaubt wurde, eigenständig zu entscheiden. Heute weiß ich natürlich, daß es etwas naiv von mir war, anzunehmen, jeder könnte alles entscheiden. Andererseits glaube ich, daß viele meiner Erfolge darauf beruhen. Wenn man glaubt, daß Weiterentwicklung mit dem Eingehen von Risiken zusammenhängt, dann ist es ganz wesentlich, daß man die Mitarbeiter, deren persönliches Weiterkommen man unterstützen will, zu Entscheidungen und damit zu Fehlern ermuntert.«

Burke berichtete dann von einem Fehler, der ihm selbst unterlief:»Ich entwickelte einmal ein neues Produkt, das ein absoluter Fehlschlag war, und der Chef, General Johnson, zitierte mich zu sich. Ich war sicher, er würde mich feuern. Ich war gerade nach Hause gekommen, als seine Sekretärin anrief. Ich erinnere mich noch daran, wie ich in sein Büro hinüberging, ohne besonders deprimiert zu sein. Ich war sogar irgendwie aufgeregt. Johnson sagte zu mir: ›Wie ich höre, haben Sie eine Million Dollar in den Sand gesetzt.‹ Ich kann mich nicht mehr an den genauen Betrag erinnern. Es schien ein ganz schöner Batzen zu sein. Und ich sagte: ›Ja, das stimmt.‹ Da stand er auf und reichte mir die Hand. Er sagte: ›Ich möchte Sie beglückwünschen. Geschäfte machen heißt Entscheidungen treffen, und wenn Sie keine Entscheidungen fällen, müssen Sie auch keine Fehlschläge einstecken. Das Schwerste an meiner Arbeit ist, Leute dazu zu bringen, Verantwortung zu übernehmen. Wenn Sie dieselbe Entscheidung wieder falsch treffen, entlasse ich Sie. Aber ich hoffe, Sie werden noch viele weitere Entscheidungen treffen und begreifen, daß es mehr Mißerfolge als Erfolge gibt.‹«

Sydney Pollack sagte: »Wenn ich mit unerfahrenen Schauspielern arbeite, dann versuche ich, sie davon zu überzeugen, daß sie gar keinen Fehler machen können. Ich sage ihnen, daß sie nur dann einen Fehler machen werden, wenn sie ihn unter allen Umständen vermeiden wollen, weil sie dadurch angespannt sind und diese Anspannung sie blockiert... Viele haben sehr große Angst, ihren Eingebungen zu trauen. Man verbringt in seinem Leben unheimlich viel Zeit damit, sein Verhalten bis ins kleinste so zu kontrollieren, daß es im besten Fall Eindruck schindet und im schlechtesten Fall doch noch akzeptabel und nicht lächerlich wirkt. Ein wirklich guter Schauspieler muß sich gründlich über sich selbst lustig machen können. Andernfalls bringt er keine originelle Arbeit zustande.« Wenn man seinen Impulsen vertraut, wächst man, auch wenn man manchmal Fehler macht. Es kommt auch vor, daß man dadurch direkt zu Meisterleistungen gebracht wird. Diese Art von Spontaneität werden wir im nächsten Kapitel behandeln.

Horace B. Deets, der Generalsekretär der American Association of Retired People, wies ebenso nachdrücklich auf die Notwendigkeit hin, eine tolerante Kultur zu schaffen: »Ich versuche, Offenheit und Kritik so sehr als möglich zu fördern. Es ist wichtig, zu abweichenden Meinungen zu ermutigen und Fehler zu akzeptieren.«

Shirley Hufstedler resümierte das folgendermaßen: »Wenn man nie einen Mißerfolg hatte, dann hat man sich auch nie wirklich bemüht.«

Aus allem kann man Lehren ziehen, und wenn man sich selbst voll entfaltet hat, wird man auch die meisten davon lernen. Ihre Erfahrungen werden erst dann zu einem Teil von ihnen, wenn Sie über sie nachdenken, sie analysieren, sie prüfen, sie hinterfragen und sie schließlich verstehen. Entscheidend ist, daß Sie Ihre Erfahrungen aktiv verwerten, statt sich von ihnen passiv steuern zu lassen, daß Sie der Designer, nicht das Design sind, damit Ihre Erfahrungen Sie befreien, statt Sie einzuschließen.

Larry Wilson, ein Unternehmer, der sich selbst als »Spielveränderer« bezeichnete, hatte als Junge ein einschneidendes Erlebnis. »Was es heißt, ein Risiko einzugehen, erfuhr ich, als ich sieben Jahre alt war. Wir waren gerade von Minneapolis nach Little Rock umgezogen, und ich war der Kleinste in der Klasse, von den Jungen und den Mädchen. Sogar die Schulbänke waren größer. Schlimmer noch, ich war ein schlechter Läufer und hatte einen nördlichen Akzent. Das alles zusammen brachte mich in jeder Mittagspause in eine unangenehme Situation. Denn die Schüler spielten auf dem Schulhof den

Amerikanischen Bürgerkrieg nach, und ich war dabei immer der Verlierer. Es ging mir ganz schön an den Kragen.

Unsere Lehrerin war eine Nonne. Eines Tages nun kam der Priester zum Religionsunterricht. Ich eilte nach vorne und gebärdete mich wie wild, um meine Mitschüler dazu zu bewegen, im Chor ›Sister Loves Father‹ zu singen. Man muß katholisch sein, um zu verstehen, wie schwer meine Sünde war: In wenigen Sekunden wurde ich vom Klassenbüttel zum Klassenhelden. Ich mußte mich ganz schön ins Zeug legen, um die Stellung zu halten, aber trotzdem reagierte niemand. Sie saßen einfach da und starrten mich mit offenem Mund an. Ich bekam großen Ärger mit unserer Lehrerin, aber zugleich profitierte ich unheimlich von dieser Erfahrung. Ich lernte damals, daß es sich sehr schnell auszahlt, ein Risiko einzugehen, eben wegen des unglaublichen Nutzens, den man davon hat.«

So wurde im Klassenzimmer einer kirchlichen Privatschule ein Unternehmer geboren, aus einer schmerzlichen Erfahrung, die einen weniger entschlossenen Menschen vielleicht gebrandmarkt und – wenn er diese Erfahrung anders verarbeitet hätte – ihn dazu veranlaßt hätte, für immer das Rampenlicht zu meiden. Wilson fuhr fort: »Für die meisten Unternehmer, und ganz bestimmt für mich, ist die Vision der wichtigste Antrieb. Man setzt einfach alles daran, um sie zu verwirklichen. Ich glaube, daß eine unwiderstehliche Vision und eine einzigartige Fähigkeit, Risiken zu bewältigen, die ganze Magie ist, die hinter erfolgreichen Unternehmern steckt. Es ist, als ob man das Risiko schon vorher im Geist bewältigt hat, deshalb kann man sich in Regionen vorwagen, in die sich sogar der Teufel nicht hineintraut, weil man nur noch den Nutzen im Auge hat.«

Führungskräfte lernen also aus ihren Erfahrungen. Lernen aus Erfahrungen bedeutet:

- Sich an seine Kindheit und Jugend zurückerinnern und seine damaligen Erfahrungen zur aktiven Gestaltung der Gegenwart verwenden, um so der Herr, nicht der Sklave seines Lebens zu sein;

- Bewußt nach solchen Erfahrungen in der Gegenwart suchen, die einen weiterbringen und bereichern;
- Bereitwillig Risiken eingehen, mit dem Wissen, daß Fehlschläge ebenso wichtig wie unvermeidlich sind;
- Die Zukunft – seine eigene und die der Welt – als Chance sehen, alles zu tun, was man noch nicht getan hat und was getan werden muß, statt als eine Probe oder eine Prüfung.

Wie ergreifen Sie diese Chance? Zunächst müssen Sie mit Ihren Instinkten herausfinden, wo sie sich verbirgt, und dann Ihren »glücklichen Eingebungen« folgen, sich auf Ihren Instinkt verlassen. Das ist unser nächstes Kapitel.

Kapitel 5

Sich auf seinen Instinkt verlassen

> Von zwei Dingen war ich ziemlich überzeugt. Erstens,
> daß ein Mann, um Lotse auf dem Mississippi zu sein,
> mehr lernen mußte, als man einem einzelnen erlauben
> sollte; und zweitens, daß er alle 24 Stunden alles wie-
> der neu lernen mußte.
>
> MARK TWAIN

Das Leben war schon immer komplex, und es wird
immer komplexer, und doch versuchen wir weiterhin, es
auf die Dimensionen eines Autoaufklebers zu reduzieren.
Die Verfechter der Einfalt sehen die Wirklichkeit als mechanisch, statisch, segmentiert und rational, während sie
tatsächlich organisch, dynamisch und ein vieldeutiges
Ganzes ist. Sie glauben, Beziehungen seien linear, se-
quentiell und seriell, unverbunden, gesondert und unabhängig, während sie in Wirklichkeit parallel und simul-
tan, verbunden, verborgen, mannigfaltig und voneinander
abhängig sind. Sie sind Deterministen, glauben fest an
Ursache und Wirkung, während tatsächlich die Wahrscheinlichkeit regiert und das scheinbar Unvermeidliche
kaum jemals geschieht. Sie tragen quadratische Hüte statt
Sombreros.

Damit Sie sich von dieser Komplexität nicht erdrückt
fühlen, möchte ich Ihnen den folgenden Gedanken aus
Carl Sagans Buch *The Dragons of Eden* (1977) vorstellen:

> »Wir können uns ein Universum vorstellen, in dem die
> Naturgesetze sehr viel komplexer sind. Aber wir leben
> nicht in einem solchen Universum. Warum nicht? Ich
> glaube, weil alle jene Organismen, die ihr Universum
> als sehr komplex erlebten, ausgestorben sind. Diejeni-
> gen von unseren baumbewohnenden Vorfahren, die

Schwierigkeiten hatten, ihre Flugbahnen von Baum zu Baum richtig zu berechnen, haben nur wenige Nachkommen hinterlassen.«

Auch wenn das Universum nicht *sehr* komplex ist, so ist es doch auf jeden Fall komplex. Und, wie ich schon früher sagte, die sozialen Gesetze sind komplexer und weniger gesichert als die Naturgesetze. Aber trotz dieser Komplexität können wir nicht stehenbleiben. Wir müssen uns auch weiterhin von Baum zu Baum schwingen, auch wenn diese Bäume heute Ideen sind und wir unsere Neuronen einsetzen müssen statt unserer Arme, um Verbindungen herzustellen. Vielleicht sollten wir uns hier den Rat Alfred N. Whiteheads zu Herzen nehmen: »Suche die Einfachheit und mißtraue ihr dann.«

Gerade die mechanistische Betrachtungsweise brachte die Angestelltenkultur hervor, und diese Angestelltenkultur war es, die ironischerweise viele der Probleme in unseren Unternehmen schuf. Nur der einzelne, der seine kreativen und moralischen Kräfte voll entfaltet, kann unsere Unternehmen wieder in Schwung bringen, indem er sie und sich neu schafft.

Die amerikanische Geschäftswelt ist eine Kultur, die einseitig die linke Hirnhemisphäre entwickelt, d. h., sie ist logisch, analytisch, technisch, kontrolliert, konservativ und administrativ. Da wir ihrem Einfluß unterliegen, sind auch wir von den gleichen Eigenschaften geprägt und beherrscht. Unsere Kultur braucht mehr rechtshemisphärische Eigenschaften, d. h., sie muß intuitiver, konzeptioneller, synthetischer und künstlerischer werden. Das gilt natürlich auch für uns selbst. Als ich mit den Personen sprach, die ich für dieses Buch interviewte, beeindruckte mich immer wieder die Tatsache, daß sie sich unabhängig von ihrer Tätigkeit genauso auf ihre intuitiven und konzeptionellen Fähigkeiten wie auf ihre logischen und analytischen Begabungen verließen. Sie sind ganzheitliche Menschen, die beide Hirnhemisphären einsetzen können.

In jedem Unternehmen fungieren die Manager als linke

Hemisphäre und die Abteilung für Forschung und Entwicklung als rechte Hemisphäre, aber der Vorstandsvorsitzende muß beide miteinander kombinieren und sowohl über administrative als auch über schöpferische Talente verfügen. Einer der Gründe dafür, daß so wenige leitende Angestellte den Schritt vom fähigen Manager zur erfolgreichen Führungskraft geschafft haben, liegt darin, daß die Unternehmenskultur – wie die Gesellschaft insgesamt auch – linkshemisphärische Leistungen anerkennt und belohnt und rechtshemisphärische Leistungen ausklammert. Ein rein profitorientiertes Denken deutet auf eine Dominanz der linken Hemisphäre hin, in der auch Gewohnheiten entstehen, die in der rechten Hemisphäre wieder rückgängig gemacht werden.

Anne Bryant, die Generalsekretärin der American Association of University Women, benutzt die von ihr so genannte »Heißluftballon-Übung«, um ihre Mitarbeiter zum kreativen Denken zu ermuntern.»Man steigt in einem imaginären Ballon auf, und von dort oben kann man das ganze Feld überblicken. Dann prüft man, was man sieht, wen man sieht, was sie gerade tun und welche anderen Dinge sie tun könnten. Man stellt sich beispielsweise vor, was geschehen würde, wenn man 500 000 Dollar in die Erforschung der Kinderentwicklung stecken würde, oder was man gegen Schwangerschaften bei Teenagern machen könnte.«

Richard Schubert, der Generalsekretär des Amerikanischen Roten Kreuzes, der das ständige Dilemma von Organisationen eingesteht, die zwischen linkshemisphärischen Gewohnheiten und rechtshemisphärischen Visionen hin- und hergerissen sind, sagte mir: »Ich fühle mich ständig im Zwiespalt zwischen der unbestreitbaren Notwendigkeit, die vorhandene Struktur zu erhalten, und der ebenso unbestreitbaren Notwendigkeit, sie zu verändern.«

Frances Hesselbein, die Generalsekretärin der Girl Scouts of America, sieht gesellschaftliche Veränderungen und beschreibt, wie ihre Organisation sich darauf vorbereitet.»Im Jahr 2000 besteht unsere Gesellschaft zu einem

Drittel aus Jugendlichen. Die Bedürfnisse der Mädchen wandeln sich also, und wir untersuchen verschiedene Möglichkeiten, diese Bedürfnisse zu befriedigen und uns nützlich zu machen. Ich baue ein Zentrum für Innovation auf. Es geht nicht um eine neue Abteilung, sondern um Menschen und ein Konzept. Das Team dort... wird direkt mit den Girl Scouts Kommitees bei der Entwicklung von Modellen zusammenarbeiten, durch die wir außerordentlich heterogene Gruppen erreichen und dezentrale Führungsstrukturen errichten können, die zunehmend an Bedeutung gewinnen werden.«

Bryant, Schubert und Hesselbein praktizieren einen ganzheitlichen Ansatz, mit dem sie ihre nicht gewinnorientierten Organisationen aus traditionellen Mustern herausführen und innovative Methoden einführen. Es ist kein Zufall, daß alle drei zuvor erfolgreich im privaten Sektor tätig waren und in ihrer Lebensmitte eine ganz neue berufliche Laufbahn eingeschlagen haben. Und alle drei sagen, nichts hätte ihnen je soviel Spaß gemacht wie ihre gegenwärtige Aufgabe. Schubert sagt kurz und bündig: »Das ist die aufregendste, herausforderndste Arbeit meines ganzen Lebens.«

Die Wissenschaftlerin Mathilde Krim, die vor einigen Jahren auch aus dem privaten in den öffentlichen Sektor überwechselte, sagte: »Um sich weiterzuentwickeln, muß man die Bereitschaft mitbringen, sich sowohl dem Fremden als auch dem Vertrauten gegenüber zu öffnen, sich in neue Situationen zu begeben und sich darin selbst zu erfahren, über diese Erfahrungen nachzudenken und aus ihnen eine Lehre zu ziehen.«

Zum ganzheitlichen Denken gehört es auch, daß man lernt, der von Emerson so genannten »glücklichen Eingebung« zu vertrauen, der Ahnung, dem inneren Bild, das einem blitzschnell die richtige Handlungsweise zeigt. Jeder hat solche inneren Bilder; Führungskräfte lernen jedoch, ihnen zu vertrauen.

Ich möchte Ihnen hier noch einmal in Erinnerung rufen, was Norman Lear über den nachhaltigen Einfluß sagte, den Emersons Konzept des »Selbstvertrauens« auf ihn ausübte: »Emerson empfiehlt, auf seine innere Stimme zu hören und ihr zu folgen, ungeachtet dessen, was die anderen sagen. Ich weiß nicht mehr, wann es mir dämmerte, daß diese Stimme etwas Göttliches an sich hat – ganz bestimmt war es nicht in der High-School, im College, überhaupt nicht in meiner Jugend –, aber irgendwann wurde mir ihre Bedeutung klar. Wie ist es möglich, daß ich als Schriftsteller tausendmal mit einem Problem im zweiten Akt zu Bett gehen kann und mit der Lösung aufwache? Da meldet sich eine innere Stimme. Auf sie zu hören – was ich, zugegeben, nicht immer tue – ist die beste, zuverlässigste Orientierung, die wir haben. Und wenn wir unsere eigenen Gedanken und Ansichten ignorieren, dann kommen sie schließlich aus dem Mund von anderen wieder zu uns zurück, mit befremdlicher Erhabenheit... Das Resultat ist, daß man es glaubt. *Ich* war immer *dann am erfolgreichsten, wenn ich auf meine innere Stimme gehört habe.*«

Ich glaube, man muß dieser »glücklichen Eingebung« folgen, um zu einer guten Führungskraft zu werden. Zukunftsweisende Visionen werden auf diese Weise Wirklichkeit. Aber meine Gespräche zeigten mir auch, wie wichtig andere rechtshemisphärische Fähigkeiten sind.

Die Schriftstellerin und Feministin Gloria Steinem sagte über die Tätigkeit des Unternehmers: »Es ist von Vorteil, wenn man nicht-linear denken kann. Und außerdem ist ein gewisses Maß an Überzeugungskraft nötig, das bedeutet Einfühlung... Unternehmer waren für mich immer die Künstler der Geschäftswelt, weil sie Dinge schaffen, die vor ihnen noch keiner geschaffen hat.« In ähnlicher Weise spricht sie über Erfolg: »Der Fortschritt folgt meiner Meinung nach keinem linearen Modell. Und Erfolg ist die Krönung der Selbstentfaltung.«

Herb Alpert beschrieb, wie er nach diesem Rezept arbeitet: »Ich bin ein rechtshemisphärischer Typ und kein Geschäftsmann im traditionellen Sinne. Ich schieße oft mit Schrot und verlasse mich auf meinen Instinkt. Wenn meine Schulter angespannt ist, weiß ich, daß irgend etwas nicht stimmt. Ich gebrauche meinen Körper als Barometer... Wenn jemand mir ein Lied vorspielt, dann versuche ich, mich diesem Erlebnis ganz zu öffnen. Ich versuche, sämtliche Vorurteile über Bord zu werfen. Meistens horche ich auf meine Gefühle.«

Dieses Vertrauen auf den Instinkt hat Alpert zu einem erfolgreichen Schallplattenstar und einem ebenso erfolgreichen Geschäftsmann gemacht. Sein Partner Gil Friesen sagte über Alpert: »Er weiß instinktiv, was richtig ist und getan werden sollte. Und er hat die Fähigkeit, von Zeit zu Zeit Abstand zu nehmen, alles in Ruhe zu überblicken und Fragen zu stellen. Er geht seine eigenen Wege innerhalb des Rahmens der Firma, was eine ideale Arbeitsweise ist. Indem er Entscheidungen fällt, gestaltet er seinen Beruf jedesmal neu.«

Alpert glaubt, daß man, um die Gegenwart zu bewältigen, eine Vision der Zukunft braucht. Und Alpert legt großen Wert auf Vertrauen. Im Blick auf seine beiden Partner, Friesen und Moss, sagte Alpert: »Der wirkliche Motor dieser Firma ist das grundsätzliche Vertrauen, das Jerry, Gil und ich füreinander haben, und das Vertrauen, das die Künstler uns entgegenbringen. Sie sagen, sie fühlen sich wohler und stärker inspiriert, weil unsere Leute sich für das interessieren, was sie tun. Außerdem sind wir eine private, unabhängige Schallplattenfirma und von daher sehr beweglich.«

Friesen fuhr fort: »Ich kann ihnen gar nicht sagen, wie wichtig das Wort *unabhängig* für unsere Mitarbeiter und die Künstler ist. Es hat etwas Magisches an sich.« Dann fügte er lächelnd hinzu: »Und wir bezeichnen unsere Schallplatten und Künstler nie als ›Produkte‹, weil wir das für entwürdigend halten.«

Der Vorstandsvorsitzende von Apple, John Sculley, ermuntert seine Mitarbeiter, frei ihre Ansichten zu äußern, und langfristige Perspektiven sind ihm wichtiger als Marktforschung. »Einer der größten Fehler, die man machen kann, besteht darin, ein Team zusammenzustellen, das einem nach dem Mund redet. Ich finde es besser, Teams zusammenzustellen, deren Mitglieder verschiedene Fähigkeiten mitbringen, und dann zu erreichen, daß alle diese ungleichen Fähigkeiten doch reibungslos zusammen funktionieren. Die eigentliche Aufgabe einer Führungskraft ist es, herauszufinden, wie man verschiedene Menschen und Funktionen unter einen Hut bringen kann.

Oft wissen die Leute nicht, was sie wollen, und sie können es auch nicht eher beschreiben, bis sie es sehen. Wenn wir vor der Einführung der Macintosh-Modelle Marktforschung betrieben und die Leute gebeten hätten, den idealen PC zu beschreiben, dann hätten sie uns etwas ganz anderes aufgetischt. Aber wenn wir ihnen den Macintosh präsentieren und fragen: ›Entspricht dieses Modell Ihrem Wunsch?‹, dann sagen sie: ›Ja.‹ Man muß in der Lage sein, das Abstrakte sichtbar zu machen, weil die Leute es nur dann akzeptieren bzw. zurückweisen können.«

Alfred Gottschalk achtet darauf, daß die Leute, die er einstellt, rechtshemisphärische Eigenschaften besitzen. »An erster Stelle steht die Persönlichkeit: Kann der Bewerber Vertrauen einflößen? Dann achte ich auf Ideenreichtum, Ausdauer und Zielstrebigkeit. Wenn ich beispielsweise einen neuen Leiter des Controlling suche und sehe, daß ein Bewerber während seines Studiums Schwierigkeiten mit mittlerer Algebra und Differentialrechnung hatte und es doch fertigbringt, im Rechnungswesen zu arbeiten, dann möchte ich gern wissen, was für ein Rechengenie ich da vor mir habe. Ich versuche, soviel als möglich über den Bewerber herauszufinden, und treffe dann eine sehr intuitive Entscheidung. Ich muß einfach ein gutes Gefühl haben.«

Rechtshemisphärische Eigenschaften erweisen sich auch dann als nützlich, wenn man mit Sachen und nicht mit Menschen zu tun hat. Mathilde Krim hob hervor, wie wichtig der Instinkt bei ihrer früheren Berufstätigkeit war: »Ich hatte immer ein gutes Gespür für biologische Probleme. Ich erinnere mich nicht, jemals an etwas gearbeitet zu haben, das ein völliger Reinfall war... Ich konnte beispielsweise Chromosomen identifizieren. Einmal erzählte mir ein Kollege, er habe bei einem Hund einen neuen Zellstamm isoliert. Ich schaute mir eine Probe unter dem Mikroskop an und erkannte sofort, daß es keine Hundezelle war. Ein Blick auf die Chromosomen genügte, um zu erkennen, daß es sich um Rattenzellen handeln mußte. Und ich hatte recht, wie die anschließenden Zelltests zeigten. Bei dem Schwangerschaftstest war es für mich von Anfang an klar, daß zwischen männlichen und weiblichen Lymphzellen ein Unterschied bestehen mußte, also untersuchten wir das systematisch. In der Presse machte man damals einen ziemlichen Wirbel darum, aber es war eigentlich eine sehr einfache Arbeit.«

Für Krim, die den Weitblick und das richtige Gespür hatte, war es eine einfache Arbeit. Aber vor ihr hatte das niemand getan.

Die Führungskräfte, mit denen ich sprach, waren auch davon überzeugt, daß Glück eine wichtige Rolle spielte, aber in jenem ganz spezifischen Sinn, den Vince Lombardi dem Glück gibt, wenn er sagt, es bestehe aus Vorbereitung und Chance. Jim Burke, der sich als »intuitiver, instinktiver Mensch« mit einem Schuß Ratio beschreibt, sagt über Führungspositionen: »Das Glück spielt beim Aufstieg in diese Positionen eine große Rolle. Vieles, was in meinem Leben geschah, war einfach Zufall. Wir würden hier nicht zusammensitzen, wenn es nicht den Tylenol-Skandal gegeben hätte und ich nicht derjenige gewesen wäre, der am besten darauf vorbereitet war – zufälligerweise.«

Der Staatsanwalt Jamie Raskin unterstrich ebenfalls die Bedeutung von Glück und Vorbereitung. »Allgemein würde ich Führungskräften den Rat geben, herauszufinden, was ihr wahrer Kern ist, und sich danach zu richten. Aber ich bin fest davon überzeugt, daß das Glück in allen menschlichen Angelegenheiten sehr wichtig ist. Machiavelli sagte, das Glück lächele dem Mutigen. Ich glaube, daß eine gute Vorbereitung soviel gilt wie Mut und auch

Glück bringt. Napoleon behauptete, daß er von allen Eigenschaften seiner Offiziere das Glück am höchsten schätze. Glück zu haben ist im Leben immer wieder wichtig.«

Sidney Pollack beschrieb den rechtshemisphärischen Führungsstil am besten, als er sagte, dieser basiere auf »einer bestimmten Art kontrollierter freier Assoziation. Die ganze Kunst basiert darauf. Wir nennen es Tagträume, Inspirationen, aber wissenschaftlich gesehen handelt es sich um freie Assoziation. Gute Führung ist die Fähigkeit, sich darauf einzulassen. Daraus schöpft man seine Ideen. Und dann setzt sie auch voraus, daß man seinen Ideen vertraut, auch wenn sie vielleicht gewisse Regeln verletzten. Schließlich gehört auch das Vertrauen und der Mut dazu, diese Ideen zu verwirklichen. Dann fürchtet man erst gar nicht, etwas könnte schiefgehen. Andernfalls imitiert man einfach irgend jemanden, besucht Kurse in Führungstheorie und versucht den Tonfall seines Chefs oder das Büro seines Chefs nachzuahmen. Das ist keine echte Führung. Echte Führung hat wahrscheinlich mehr damit zu tun, seine Einzigartigkeit zu erkennen, als die Gemeinsamkeiten mit anderen herauszufinden.«

Pollack erzählte mir ein Erlebnis, das die »glückliche Eingebung« des guten Führungsstils wunderbar illustriert. »Vor Jahren drehte ich einen Film mit Barbra Streisand und Robert Redford, der *The Way We* Were (dt. ›Cherie Bitter‹) hieß. Barbra spielte eine Frau, die unbedingt Schriftstellerin werden wollte und sehr, sehr hart daran arbeitete, aber das Glück war ihr nicht gewogen. Redford spielte einen Mann, dem alles in den Schoß fiel. Er war eine Art Märchenprinz. Er hatte keine besonderen Ambitionen, Schriftsteller zu werden, aber es stellte sich durch Zufall heraus, daß er Talent besaß. Sie hatte sich in ihrem Kurs für kreatives Schreiben abgemüht, eine wirklich anspruchsvolle Arbeit, eine kleine Kurzgeschichte, abzuliefern. Und der Professor entschied sich an diesem Tag, Redfords Geschichte zu lesen. Das verletzte sie tief. Sie rannte aus dem Klassenzimmer, und nach dem Drehbuch mußte sie dann zu einem Mülleimer laufen, ihre Geschichte zerreißen, in den Mülleimer werfen und einfach schluchzen.

Ich hatte die Szene so arrangiert, daß die Kamera beim Mülleimer stand und auf einen Baum ausgerichtet war, hinter dem Barbra stand, so daß sie, sobald ich ›Bitte‹ sagte, laufend hinter dem Baum auftauchen, direkt auf uns und die Kamera zulaufen und die Geschichte in den Mülleimer werfen würde. Ich wollte ihr Gesicht in Großaufnahme zeigen, wenn sie sich an den Mülleimer lehnen und heulen würde. Der erste Regieassistent bei diesem Film, Howard Koch jr., war auch bei ihrem vorherigen Film, *Up the Sandbox* (dt. ›Sandkastenspiele‹), erster Regieassistent gewesen. Howard kam zu mir, während wir an der Szene arbeiteten und sagte: ›Sie ist sehr nervös.‹ Ich fragte, warum. Er sagte: ›Sie ist sehr angespannt, weil sie fürchtet, nicht weinen zu können. In *Up the Sandbox* hatte sie damit ziemliche Probleme, und für sie ist das gleichbedeutend damit, eine schlechte Schauspielerin zu sein, daher ist sie sehr aufgeregt.‹

Wir haben da beim Film eine Substanz, kleine Ammoniakkristalle, mit denen der Maskenbildner künstlich Tränen erzeugen kann. Er war bei Barbra hinter dem Baum. Ich sagte zu Howard: ›Ich glaube nicht, daß sie nicht weinen kann. Jeder, der so singt wie sie, kann weinen. Du bleibst hier. Ich gehe hinter den Baum. Wenn ich mit den Händen winke, startest du die Kamera.‹

Ich ging zum Baum und sah Barbra auf und ab gehen. Den Maskenbildner mit seinem chemischen Zeug schickte ich weg. Das beunruhigte sie, und sie sagte: ›Wo gehen Sie hin? Warten Sie, warten Sie, was machen Sie denn?‹ Ich sagte: ›Ganz ruhig. Ganz ruhig.‹ Ich ging zu ihr und schloß sie in meine Arme, und in dem Moment begann sie auch schon zu schluchzen. Ich winkte mit der Hand, Howard startete die Kamera, und sie trat hinter dem Baum hervor.

Ich hatte kein Wort zu ihr gesagt. Ich hatte keinen raffinierten Regietrick ausgeheckt. Aber ich wußte, daß sie kurz vorm Weinen war, und sie war nur zu angespannt, um es herauszulassen. Sie hatte sich im Geist schon alles ausgemalt, und irgend etwas löste sich, als ich sie in die Arme schloß. Sie konnte sich auf einmal gehenlassen und hörte gar nicht mehr auf zu heulen. Sie können mich fragen: ›Wie kamen Sie darauf? Woher wußten Sie, was zu tun war?‹ Um ehrlich zu sein, ich hatte nicht den blassesten Schimmer, was ich tun sollte, als ich den Maskenbildner wegschickte. Ich war mir einfach sicher, daß sie weinen konnte, weil sie in ihren Filmen so viele Emotionen zeigte und ich sie für eine sehr emotionale Frau hielt, und ich wußte wirklich nicht, was ich tun sollte – und dann plötzlich war dieser Impuls da. Ich weiß nicht, woher dieser Impuls kam, sie in die Arme zu schließen.

Wann wurde dieser Impuls ausgelöst? Auf dem Weg zu dem Baum? Ich glaube nicht. Ich glaube, dieser Impuls überkam mich erst, als ich sie sah. Was bedeutet das in bezug auf die Lösung von Problemen? Es war in diesem Augenblick eine sehr effiziente und schnelle Lösung und vermutlich besser, als lange Reden zu halten und gute Ratschläge zu geben, wie ›Nun, denken Sie doch an einen Vorfall, der Ihnen sehr naheging.‹ Wenn ich zu ihr gegangen wäre und ihr gesagt hätte: ›Hören Sie zu, ich weiß, daß Sie das können, ich glaube an Sie!‹, hätte sie geantwortet: ›Lassen Sie mich in Ruhe!‹ Das hätte sie noch mehr unter Druck gesetzt. Ich glaube, sie hatte einfach das Gefühl, jemand gibt ihr Rückhalt, und das berührte sie. Es war wohl einfach eine emotionale Angelegenheit; jemand war wirklich auf ihrer Seite, das ging ihr nahe. Das ist wohl das ganze Geheimnis, das dahintersteckt.«

Diese Führungskräfte haben bewiesen, daß Selbstvertrauen, Weitblick, Integrität, Mut und das Vertrauen auf die glückliche Eingebung die notwendigen Bedingungen erfolgreicher Menschenführung sind. Sie haben zwar aus allem gelernt, aber mehr noch aus ihren Erfahrungen, und am meisten aus Mißgeschicken und Fehlern. Und aus der Praxis des Führens haben sie das Führen gelernt.

In brenzligen Situationen nicht den Kopf verlieren, so könnte das Motto dieser Gruppe lauten. Keiner von ihnen war von Haus aus privilegiert, einige sogar ernsthaft benachteiligt. Sie alle sind an die Spitze gelangt, weil Führungskräfte gemacht, und zwar selbstgemacht sind. Mit den Worten Wallace Stevens: Sie sind »zwar in der Welt aufgewachsen, aber außerhalb der gängigen Vorstellungen von ihr« (Stevens 1960), und sie haben jeweils eine neue Welt geschaffen, weil jeder einzelne von ihnen ein Original ist. Sie haben Sombreros getragen.

Sie selbst würden behaupten, daß sie einem nichts beibringen können, aber sie haben die Wege gezeigt, alles zu lernen, was man wissen muß.

Keine Führungskraft nimmt sich unmittelbar vor, Führungskraft zu werden. Vielmehr streben sie danach, ihr Leben zu leben und sich voll zu entfalten. Wenn diese Selbstentfaltung sich als wertvoll erweist, wird man zu einer Führungskraft.

Es geht also nicht darum, eine Führungskraft werden zu wollen, sondern darum, zu sich selbst zu finden und seine gesamte Persönlichkeit – alle seine Fähigkeiten, Begabungen und Energien – ausschöpfen zu wollen, um seine Vision zu verwirklichen. Sie sollten sich keine Beschränkungen auferlegen. Kurz, Sie sollten zu dem Menschen werden, der Sie zu sein wünschen, und den Weg dorthin genießen.

Der große Erzähler Henry James schrieb in der Mitte seines Lebens in sein *Notebook:*

»... Ich muß mich nur gehenlassen! Das habe ich mir mein ganzes Leben lang gesagt – auch in den fernen Tagen meiner unruhigen und leidenschaftlichen Jugend. Und doch habe ich nie voll danach gelebt. Das Gefühl, es einmal tun zu müssen, packt mich von Zeit zu Zeit mit unbändiger Gewalt: Darin sehe ich den Schlüssel zu meinem Heil, zu dem, was die Zukunft für mich noch bereithält. In mir schlummern gewaltige Kräfte – ich muß sie nur aktivieren, beharrlich bleiben, nicht locker lassen, mir etwas mehr Mühe geben –, mit denen ich noch viel mehr schaffen kann, als ich bisher getan habe. Um das zu erreichen – sein Selbst schließlich zu verwirklichen –, muß man so viele Tasten so kräftig, genau und schnell als möglich anschlagen. Man hat das ganze Leben quasi in der Tasche – in meinem Alter und mit all den Spuren, die es in meiner Künstlerseele hinterlassen hat. Frisch auf, Junge, und gib dein Bestes... Versuche alles, tue alles, gib alles auf – sei ein Künstler, jemand, der sich vom Rest unterscheidet.«

James schrieb seine bedeutenden Romane nach dieser Selbstermahnung. Geben Sie also Ihr Bestes, versuchen Sie alles, tun Sie alles, und finden Sie zu sich selbst.

Kapitel 6

Sich selbst entfalten:
Sein Bestes geben,
alles versuchen

> Jeder hat ein eigenes Selbst, und was ich manchmal mit
> »Hören auf unsere Eingebungen« beschrieben habe, be-
> deutet, daß man dieses Selbst entfaltet. Die meisten von
> uns hören die meiste Zeit (das gilt vor allem für Kinder
> und Jugendliche) nicht auf sich, sondern auf die verin-
> nerlichten Stimmen von Papa und Mama oder auf die
> Stimme des Establishments, der Älteren, der Autorität
> oder der Tradition.
>
> ABRAHAM MASLOW

»Das Selbst Gestalt annehmen zu lassen« ist die wichtigste Aufgabe für Führungskräfte. Es geht darum, wie man
den Vorsatz in die Tat umsetzen kann, und zwar im Geist
der Selbstverwirklichung und nicht der Selbstbestätigung.
Die Mittel zur Selbstfindung, die in diesem Kapitel disku-
tiert werden, entfalten sich nacheinander wie die Blätter
einer Blüte.

Stellen Sie sich vor, Sie sollten als Kind ein Gedicht vor
der Klasse aufsagen. Sie vergaßen den zweiten Vers, wurden von Ihrem Lehrer getadelt und Ihren Klassenkameraden ausgelacht, und seit dieser Zeit brach Ihnen bei dem
bloßen Gedanken, in der Öffentlichkeit zu sprechen, der
kalte Schweiß aus.

Jetzt hat man Ihnen eine Stelle angeboten, bei der Sie
regelmäßig vor größeren Gruppen sprechen müssen. Sie
möchten die Stelle gern, aber Ihre Angst, in der Öffentlichkeit zu sprechen, hält Sie davon ab, sofort zuzusagen.
Ihr Angstgefühl ist also stärker als das Vertrauen in Ihre

Fähigkeit, die Arbeit zu bewältigen, und das hält Sie davon ab zu handeln. Sie haben drei Möglichkeiten:

- Sie können vor Ihrer Angst kapitulieren und die Stelle sausen lassen.
- Sie können versuchen, Ihre Angst objektiv zu analysieren (das wird aber, wie der Psychoanalytiker Roger Gould betont, wahrscheinlich zu keiner nachhaltigen Veränderung führen).
- Sie können über Ihre ursprüngliche Erfahrung in konkreter Weise nachdenken. Sie waren schließlich noch ein Kind. Und Sie haben vermutlich das Gedicht nicht sonderlich gemocht, so daß Sie sich nur schwer daran erinnern konnten. Aber, was am wichtigsten ist, auch wenn man Sie getadelt und ausgelacht hat, so wurde Ihr Leben durch dieses Versagen nicht nachhaltig verändert. Weder Ihre Noten noch Ihr Verhältnis zu Ihren Klassenkameraden litten darunter. Ja, alle vergaßen diese Fehlleistung sofort wieder – außer Ihnen selber. Sie haben all diese Jahre hindurch an diesem Gefühl geklebt, ohne jemals darüber nachzudenken. Jetzt ist die Zeit gekommen, das nachzuholen.

Reflexionen und Lösungen

Führungskräfte lernen aus ihrer Vergangenheit in erster Linie dadurch, daß sie darüber nachdenken. Jim Burke sagte mir: »Als ich in Holy Cross bei den Jesuiten studierte, mußte ich 28 Stunden scholastischer Philosophie belegen, was mich zu logischem, diszipliniertem Denken zwang. Ich denke oft, wie wichtig das für meinen geschäftlichen Erfolg war, weil ich mich von Natur aus eher auf Intuition und Instinkt verließ und einen Schuß Logik gut gebrauchen konnte. Es half mir, die Harvard Business School zu absolvieren, die diese Tendenz noch verstärkte. Meine geschäftlichen Entscheidungen treffe ich meistens, indem ich mir die Sache anschaue und sage: ›Das ist der richtige Weg.‹ Dann zügele ich mich und unterziehe sie einer sehr strengen logischen Prüfung. Ich neige viel stärker dazu, gefühlsmäßig zu einer Entscheidung zu gelangen, als auf logische Mittel zurückzugreifen, und beides zusammen hat mich dazu gebracht, nachdenklich zu werden. Ich war auch immer der Meinung, unserer Gesellschaft fehlten Philosophen. Es sollte bei uns Menschen geben, die ihr Leben ausschließlich dem Denken widmen. Wirtschaftswissenschaftler gibt es im Überfluß, und alle wissenschaftlichen Gebiete sind abgedeckt, aber echte Denker gibt es nur eine Handvoll. Vielleicht bin ich deshalb nachdenklich. Aber ich halte mich im Grunde für einen Tatmenschen.«

Unsere Handlungen resultieren ja tatsächlich nicht nur aus dem, was und wie wir denken, sondern auch aus dem, was und wie wir fühlen. Roger Gould stimmte zu: »Unser Gefühl diktiert unser Verhalten. Die meisten Menschen verarbeiten ihre Gefühle nicht, weil Nachdenken eine anstrengende Sache ist. Und abstraktes Denken führt auch gewöhnlich zu keiner Verhaltensänderung, sondern höchstens zu der Frage, ob eine solche sinnvoll wäre. Ich verwende zwei analytische Tricks. Einmal die Perspektive – ich möchte immer mehrere Bezugsrahmen haben. Und ich suche, zweitens, immer nach dem Kern des Problems.«

Reflexion ist vielleicht die Methode, durch die wir am besten lernen. Schauen wir uns einige Formen des Reflektierens an: Zurückblicken, Zurückdenken, Träumen, Tagebuch führen, Ausdiskutieren, den Erfolg der letzten Woche abschätzen, um Kritik bitten, sich besinnen – sogar Witze machen. Witze sind eine Möglichkeit, alles verständlich und akzeptabel zu machen.

Nach Freud war es das Ziel der Psychoanalyse, das Unbewußte bewußt zu machen. Er führt die Bedeutung bestimmter Jahrestage an – etwa die Zahl von Männern, die am gleichen Tag sterben wie ihre Väter. Der Jahrestag hatte im Unbewußten überdauert, weil sie nie darüber nachgedacht hatten. Das an diesem Tag erlittene Trauma wurde nie ins Bewußtsein gebracht und konnte dadurch nicht heilen. Reflexion ist eine Möglichkeit, Lernen bewußt zu machen und zum Kern einer Sache, zur Wahrheit einer Erfahrung zu gelangen, dann verstehen Sie ihren Sinn, und die Lösung für diese Erfahrung – die daraus folgende Handlungsweise – wird Ihnen klar.

Über die Bereitschaft nachzudenken, sagte Barbara Corday: »Leider sind es allzuoft Mißerfolge, die die Leute dazu veranlassen, über ihre Erfahrungen nachzudenken. Wenn man arbeitet und alles gut funktioniert, setzt man sich nicht hin und denkt nach. Dabei ist das genau der richtige Augenblick dafür. Wenn man erst durch einen riesigen Fehler dazu gebracht wird, nachzudenken, passiert zweierlei. Erstens sieht man nicht alles, und zweitens neigt man dazu, nur den Fehler zu sehen und nicht alle anderen Momente, bei denen man einwandfrei gehandelt hat.«

Das stimmt. Die meisten von uns werden mehr von negativen als von positiven Erfahrungen geprägt. Jedem passieren tausend Dinge in einer Woche, aber die meisten von uns erinnern sich nur an ihre wenigen Fehler statt an ihre Erfolge, weil wir eben nicht darüber nachdenken. Wir reagieren bloß. Athol Fugard sagte, er bewältige seine depressiven Zustände dadurch, daß er jeden Tag damit beginne, sich an zehn Dinge zu erinnern, über die er sich gefreut hat. Auch ich halte das Nachdenken über die Dinge in meinem Leben, die mir Freude machen, für einen positiven Weg, den Tag zu beginnen, und habe es mir zur Gewohnheit gemacht. An die kleinen Freuden des Alltags zu denken – den rötlichen Sonnenaufgang über dem Meer, die frisch geschnittenen Rosen neben dem PC, die große Portion Milchkaffee, die nach dem Morgenspaziergang auf einen wartet, und selbst die Katze, die gefüttert werden möchte – ist ein viel besserer Weg, mit einem wahrgenommenen Mißerfolg fertigzuwerden, als darüber zu grübeln. Wenn man deprimiert ist, sollte man an etwas denken, auf das man sich freut. Erst wenn einen das Unglück nicht mehr peinigt, kann man klar darüber nachdenken.

In Wirklichkeit können wir aus Fehlern viel lernen – aber nur, wenn wir sie ruhig durchdenken, erkennen, was wir falsch gemacht haben, geistig unsere Vorgehensweise noch einmal überprüfen und dann entsprechend handeln. Meistens fürchten wir so sehr, einen Schnitzer zu machen oder uns gar einen zweiten zu leisten, daß wir vor jeder Handlung zurückschrecken. Wenn ein Jockey abgeworfen wird, setzt er sich sofort wieder aufs Pferd, weil er genau weiß, daß seine Angst ihn sonst vielleicht lähmt. Wenn der Pilot eines Kampfflugzeuges sich mit dem Schleudersitz retten muß, steigt er am nächsten Tag in ein anderes Flugzeug. Die meisten von uns sind von geringeren Ängsten bedroht, aber wir müssen sie doch gedanklich bewältigen, bevor wir etwas gegen sie unternehmen können. Zuerst kommt die Reflexion, dann die strategische Handlung. Oder wie Roger Gould es formulierte: »Wenn wir über unsere Gefühle nachdenken, können wir sie verarbeiten, verstehen, unsere Fragen beantworten und unsere Arbeit fortsetzen.« William Wordsworth definierte Poesie als heftiges Gefühl, an das man sich in Ruhe erinnert. Das ist die richtige Zeit zum Nachdenken – in Ruhe; und dann gilt es, sich zu entscheiden.

Es kommt darauf an, daß wir nicht zu Marionetten unserer Gefühle werden, uns von unbewältigten Gefühlen nicht herumkommandieren lassen und uns nicht von unseren Erfahrungen bestimmen lassen, sondern selbst souverän und kreativ über sie bestimmen. So wie Schriftsteller Erfahrungen aus ihrem Leben in Romane und Dramen umsetzen, können wir unsere Erfahrungen in Kapital für unsere Interessen verwandeln. Isak Dinesen sagte: »Jedes Leid wird erträglich, wenn man es in eine Erzählung verwandelt.« Ihre gesammelten Erfahrungen sind die Grundlage für Ihr weiteres Leben, und diese Grundlage ist in dem Maße solide und stabil, wie Sie über diese Erfahrungen nachgedacht, sie verstanden und zu einer praktischen Lösung gefunden haben.

Gloria Steinem hat wie viele Pioniere den Ehrgeiz, sich auf unerforschtes Terrain zu wagen. Dabei fackelt sie nicht lange: »Ich mache mir keine großen Gedanken, und ich löse Probleme, indem ich gleich etwas dagegen tue oder sie mit jemandem bespreche. Das ist der Mittlere Westen in mir. Im Mittleren Westen ist langes Überlegen praktisch verboten. Also bin ich zukunftsorientiert, was nicht besonders vorteilhaft ist, weil man nur in der Gegenwart, nicht in der Zukunft, leben kann ... Es gibt bestimmte Lernmomente. Ich glaube, viele Dinge geschehen immer wieder, und unser Lernen vollzieht sich in einer spiralförmigen und nicht in einer geraden Linie ... Eines Tages kapieren wir, was läuft. Ich habe also nicht das Gefühl, nachzudenken oder zu prüfen, sondern so ein Aha-Erlebnis: ›Ach, deshalb.‹ Wenn man diese Dynamik schon einmal erlebt hat, dann versteht man sie annäherungsweise, wenn sie sich wiederholt. Für lange Zeit bleibt man auf dem gleichen Niveau, dann macht man plötzlich einen Sprung und befindet sich auf einem anderen Niveau. Ich halte diese Sprünge für Lernmomente. Aber ich glaube auch, daß man Sachverhalte oft intellektuell begreift, bevor man sie emotional versteht. Ich schrieb ein Stück über meine Mutter, das ich nicht lesen kann, weil ich es jetzt verstehe und es mich zu traurig macht.«

Steinem und Gould sind sich darin einig, daß wir durch zu viel Intellektualisieren Gefahr laufen, uns bewegungsunfähig zu machen. Wirkliches Reflektieren jedoch inspiriert, informiert und verlangt schließlich eine Lösung. Steinem springt zuerst und überlegt später. Manches spricht für diese überstürzte Vorgehensweise, aber nur wenn man Fehler und Mißerfolge als grundlegende und wesentliche Bestandteile des Lebens akzeptieren kann. Die meisten von uns sind aber leider nicht so weise oder besonnen. Nur Pioniere wie Steinem – Menschen, die sich furchtlos in unerforschte Gebiete hineinwagen, sind so sehr überzeugt von dem, was sie tun, daß sie die Risiken, die solche Unternehmen in sich bergen, als Teil ihrer Arbeit in Kauf nehmen.

Um seine Arbeit gut zu machen, muß man wissen, was man tut, und das kann man nur, wenn man sich den Vorgang bewußt macht, d. h. über sich und seine Aufgabe nachdenkt und zu einer Lösung kommt.

Wie ich in einem früheren Kapitel darlegte, sieht Erik Erikson die menschliche Entwicklung als eine Serie gelöster Konflikte, wobei jeweils ein bestimmter Konflikt jede Lebensstufe charakterisiert. Er postuliert außerdem, daß ein Übergang zur nächsten Stufe bzw. zum nächsten Konflikt nur dann möglich ist, wenn der aktuelle Konflikt positiv gelöst wurde.

Diese Konflikte sind so grundlegend, und ihre Lösung ist so entscheidend, daß ich sie in einem viel weiteren Sinne als Erikson verwenden und auch in einen allgemeineren Bezugsrahmen stellen möchte. Unser ganzes Leben wird von diesen Konflikten bestimmt, und davon, wie wir sie lösen, hängt es ab, wie wir leben. Ich möchte sie wie folgt umformulieren:

Konflikte	*Lösungen*
Blindes Vertrauen vs. Mißtrauen	Hoffnung
Unabhängigkeit vs. Abhängigkeit	Selbstbestimmung
Initiative vs. Nachahmung	Zielstrebigkeit
Fleiß vs. Inferiorität	Kompetenz
Identität vs. Konfusion	Integrität
Intimität vs. Isolation	Einfühlung
Freigebigkeit vs. Egoismus	Reife
Illusion vs. Täuschung	Weisheit

Der Physiker Niels Bohr sagte einmal: »Es gibt zwei Arten von Wahrheiten, kleine Wahrheiten und große Wahrheiten. Man kann eine kleine Wahrheit daran erkennen, daß ihr Gegenteil eine Unwahrheit ist. Das Gegenteil einer großen Wahrheit ist eine andere Wahrheit.«

Unser Leben besteht weniger aus kleinen Wahrheiten und Unwahrheiten als aus großen Wahrheiten und anderen, gegenteiligen Wahrheiten, weshalb die Lösung dieser elementaren Konflikte manchmal so schwierig ist. Es geht fast nie um die Wahl zwischen richtig und falsch. Hoffnung beispielsweise liegt irgendwo zwischen blindem Vertrauen und Mißtrauen, aber das gleiche gilt für das Gegenteil, Verzweiflung. Und Weisheit folgt normalerweise der Illusion, der Täuschung und der Desillusionierung.

Wenn Sie erst einmal gelernt haben, über Ihre Erfahrungen nachzudenken, so daß die Lösung von Konflikten aus Ihnen selbst kommt, dann beginnen Sie, Ihre eigene Perspektive zu entwickeln.

Perspektive

John Sculley unterstreicht, wie notwendig eine eigene Perspektive ist: »Es ist wichtig, seine Perspektive zu verändern, vielleicht dadurch, daß man ins Ausland geht oder ausgedehnte Reisen macht. Wenn man seine Haltung verändert, verändert man auch sich. Man nimmt die gleiche Menge von Fakten und verschiebt einfach den Blickpunkt, und schon sieht alles ganz anders aus. Eine Führungskraft muß Perspektiven eröffnen können. Sie muß nicht unbedingt neue Ideen entwickeln, aber sie muß die Spielregeln kennen und einen Standpunkt beziehen... Ich suche bei zukünftigen Mitarbeitern immer nach der Fähigkeit, ihre Erfahrungen in Ideen umzusetzen und diese Ideen in die Spielregeln aufzunehmen.«

Welche Perspektiven haben Sie? Die folgenden Fragen sollten Ihnen Aufschluß darüber geben:

1. Wenn Sie ein neues Projekt erwägen, denken Sie dann zuerst an seine Kosten oder an seinen Nutzen?
2. Steht für Sie Gewinn oder Fortschritt an erster Stelle?
3. Möchten Sie lieber reich oder lieber berühmt sein? .
4. Wenn eine Beförderung mit dem Umzug in eine andere Stadt verbunden wäre, würden Sie darüber mit Ihrer Familie diskutieren, bevor Sie zusagen?
5. Möchten Sie lieber ein kleiner Fisch in einem großen Teich oder ein großer Fisch in einem kleinen Teich sein?

Es gibt natürlich keine richtigen oder falschen Antworten auf diese Fragen, aber Ihre Antworten verschaffen Ihnen mehr Klarheit über Ihre Perspektive. Wenn Sie zuerst an die Kosten eines Projekts denken oder Gewinn über Fortschritt stellen, denken Sie in kurzfristigen Kategorien. Jemand, der lieber berühmt als reich sein möchte, hat den größeren Ehrgeiz, weil man – außer im Showgeschäft –, um berühmt zu werden, begabter und origineller sein muß, als um reich zu werden. Wenn Sie über eine Beförderung mit Ihrer Familie sprechen, bevor Sie sie annehmen, dann geht Ihnen Menschlichkeit über Ehrgeiz. Und wenn Sie lieber ein großer Fisch in einem kleinen Teich wären, fehlt es Ihnen vielleicht an dem nötigen Elan. (Oder Sie sind einfach der gleichen Meinung wie Julius Caesar, der gesagt haben soll: »Ich wäre lieber der Erste in einem kleinen iberischen Dorf, als der Zweite in Rom.«)

Eine Perspektive zu haben bedeutet nichts mehr und nichts weniger, als Dinge auf eine bestimmte Weise zu betrachten und einen spezifischen Bezugsrahmen zu besitzen. Ohne Perspektive fliegen Sie blind. Aber sie ist auch Ihr Standpunkt, und der ist, wie Marvin Minsky, ein Pionier der Künstlichen Intelligenz, meint, 80 IQ-Punkte wert. Marty Kaplan erzählte mir: »Ich glaube, einer der Gründe für die Bekanntheit und den guten Ruf dieses Studios (Disney) liegt darin, daß seine Leiter einen sehr festen Standpunkt haben, der meiner Ansicht nach zum Führen unbedingt dazu gehört... Nach außen hin begründen wir eine Ablehnung in subjektiven Formulierungen. ›Mann, das hat uns einfach nicht gefallen.‹ Aber firmenintern wird eine Entscheidung nicht als emotionale, relativistische Angelegenheit betrachtet. Wir haben einen Standpunkt, und entweder ist ein Projekt mit diesem Standpunkt vereinbar oder nicht.«

Wenn man weiß, was man denkt und was man will, hat man einen wirklichen Vorteil. In dieser Ära der Experten, in der uns Ernährungswissenschaftler empfehlen, was wir essen sollen, in der wir unsere verhätschelten Haustiere dressieren lassen und zu jeder größeren Entscheidung Berater hinzuziehen, ist es nicht nur selten, sondern äußerst wertvoll, einen Standpunkt zu haben. Ich gehe davon aus, daß jeder, der seine Persönlichkeit voll und ganz zum Ausdruck bringen will, einen Standpunkt braucht. Führung ohne Perspektive und Standpunkt ist keine Führung und natürlich muß es sich um Ihre eigene Perspektive und Ihren eigenen Standpunkt handeln. Man kann sich einen Standpunkt genausowenig borgen wie die Augen eines anderen. Er muß authentisch sein, dann ist er ebenso unverwechselbar wie Sie als Person.

Wenn Sie erst einmal die Kunst des Nachdenkens und Verstehens beherrschen, dann stellen sich Lösungen, Perspektiven und Standpunkte von selbst ein. Als nächstes müssen Sie sich überlegen, was Sie mit all dem anfangen.

Tests und Bewertungen

Einige Menschen wissen von Geburt an, was sie wollen und wie sie es erreichen können. Die meisten von uns haben jedoch nicht solches Glück. Wir müssen einige Zeit investieren, um herauszufinden, was wir mit unserem Leben anfangen wollen. Vage Zielvorstellungen, wie »Ich möchte einfach glücklich sein«, oder »Ich möchte gut leben«, oder »Ich möchte die Welt verbessern«, oder sogar »Ich möchte sehr, sehr reich sein«, sind so gut wie nutzlos. Aber das gilt auch für übermäßig spezifizierte Zielvorstellungen, wie »Ich möchte an die Spitze des Unternehmens XYZ kommen«, oder »Ich möchte Atomphysiker werden«, oder »Ich möchte ein Mittel gegen Schnupfen entwickeln«, weil sie alle anderen Werte im Leben unberücksichtigt lassen.

Jamie Raskin sagte mir: »Eines meiner Vorbilder ist Derek Bell, Professor an der juristischen Fakultät von Harvard. Er lehrte mich, daß es wichtig ist, keine spezifischen Ziele oder Wünsche zu haben. Es ist wichtiger, daß man

sich darüber klar wird, wie man sein Leben leben will –
alles andere wird sich daraus ergeben.«

Was wollen Sie? Die Mehrzahl von uns geht durchs
Leben, und das häufig sehr erfolgreich, ohne je diese elementarste aller Fragen zu stellen, geschweige denn zu beantworten.

Die elementarste Antwort darauf ist natürlich, daß Sie
sich voll entfalten wollen, denn das ist der grundlegend-
ste menschliche Antrieb. Einer meiner Freunde formulierte das so. »Wir alle wollen lernen, wie wir unsere innere Stimme verwerten können«, und das hat einige von
uns auf Gipfel und andere in Abgründe geführt.

Wie können *Sie sich* am besten entfalten?

*Test 1. Sie sollten wissen, was Sie wollen, Ihre Fähigkeiten
und Begabungen kennen und die Diskrepanz zwischen beidem erkennen.*

Gloria Anderson sagte: »Ich hatte immer das Gefühl, es
sei falsch, wie alle anderen zu sein. Ich glaubte, ich
müsse andere Anforderungen erfüllen und andere Dinge
tun.« Die Entscheidung, Journalistin zu werden, hing eindeutig mit ihrem Wunsch nach Selbstentfaltung zusammen, weil Journalisten sich ja von der Masse abheben. Als
Reporter berichten sie über Ereignisse, in die sie selbst
meistens nicht verwickelt sind, und als Redakteure haben sie die Gelegenheit, ihre Meinung zu Problemen zu
äußern, die ihnen wichtig sind.

Anne Bryant wurde zuerst von anderen entdeckt. »In
der Grundschule bekam ich Lob für meine Führungs-
initiativen, was mich immer überraschte. In der High-
School wollte man mich zur Klassensprecherin wählen.
Klar, ich war größer als alle anderen, überragte sie also in
gewisser Weise, was vielleicht dazu beigetragen hat. Aber
ich habe mich nie um etwas gerissen. Ich nehme eine
Sache gern selbst in die Hand. Das war schon immer so.«
Da sie eine »Sache gern selbst in die Hand nimmt«, ist es
nicht verwunderlich, daß Bryant eine Führungskraft

wurde und heute eine Organisation mit 150 000 Mitgliedern und einem Vermögen von über 47 Millionen Dollar leitet, zu deren Zielen es gehört, die Gleichberechtigung der Frau, die Selbstentfaltung und einen positiven sozialen Wandel zu fördern.

Betty Friedan war schon immer ein Organisationstalent. »In der fünften Klasse hatten wir einen Aushilfslehrer, der Kinder nicht mochte. Ich organisierte einen Club, den ›Bösewichter-Club‹, und auf ein Signal von mir ließen alle ihre Bücher auf den Fußboden fallen und taten andere Dinge, die den Lehrer verärgern sollten. Der Rektor rief mich in sein Büro und sagte: ›Du hast das Talent, andere zu führen. Du solltest es für Gutes statt für Schlechtes einsetzen …‹ Von Beruf bin ich zwar offiziell Schriftstellerin, aber ich verbringe viel Zeit mit politischen Aktivitäten. Ich habe drei Schlüsselorganisationen der Frauenbewegung aufgebaut und mich dann aus der aktiven Führung zurückgezogen.«

Test 2. Sie sollten wissen, welche Motive Sie bewegen, was Ihnen Befriedigung gibt und welche Diskrepanz zwischen beidem besteht.

Roger Gould sagte: »Ich erinnere mich daran, wie ich jede Nacht davon träumte, alle Menschen zu retten, nicht nur mich, sondern wirklich alle. Ich muß damals 12 oder 13 gewesen sein.« Deshalb wollte Gould Psychoanalytiker werden, eine Art weltlicher Seelenhirt.

Mathilde Krim wollte unbedingt etwas Nützliches machen: »Ich arbeitete drei Sommer auf einer abgelegenen Farm. Es war furchtbar, aber ich bekam dadurch ein fantastisches Selbstvertrauen. Ich sagte mir, wenn du das schaffst, schaffst du alles. Ich tat es, weil es zur damaligen Zeit für mich das Richtige war, und ich gab mein Bestes, wollte mich wirklich nützlich machen, aber es war sehr schwer.« Das war ein guter Anfang für eine Person, die Wissenschaftlerin werden wollte und jetzt den Kampf gegen AIDS leitet. »Ich widme meine ganze Zeit dem

AIDS-Problem«, gestand sie mir. »Ich kann nichts anderes tun.«

John Sculleys Weg war etwas kurvenreicher, aber deshalb nicht weniger logisch: »Ich war immer auf alles unheimlich neugierig, eine Zeitlang auf Elektronik, dann Kunst, dann Kunstgeschichte und Architektur, alles mögliche. Wenn ich mich für irgend etwas interessiere, dann gehe ich voll und ganz darin auf, und meine physische Energie erschöpft sich, bevor meine Neugierde befriedigt ist. Ich wollte nie Geschäftsmann werden. Das wäre mir im Traum nicht eingefallen. Mir schwebte Erfinder oder Architekt oder Designer vor. Ich interessierte mich für visuelle Dinge und auch für Ideen, die mich immer gefesselt haben – eigentlich für alles, von Differentialrechnung bis Architektur.« Man kann sich kaum eine bessere Vorbildung für den Vorstandsvorsitzenden von Apple wünschen.

Die ersten beiden Tests dienen folgendem Zweck: Sobald Sie einmal erkannt bzw. zugegeben haben, daß Ihr erstes Ziel Ihre volle Selbstentfaltung ist, werden Sie auch die Mittel finden, Ihre übrigen Ziele zu erreichen – unter Berücksichtigung Ihrer Fähigkeiten und Fertigkeiten, Ihrer Interessen und Neigungen. Andererseits werden Sie, wenn Ihr erstes Ziel darin besteht, sich selbst zu beweisen, früher oder später in Schwierigkeiten geraten, wie Ed, die Hauptfigur der abschreckenden Erzählung in Kapitel 1. Ein Mann, der dem Vorbild seines Vaters folgt und Jura oder Medizin studiert, um sich selbst zu beweisen, oder eine Frau, die sich entschließt, Börsenmaklerin zu werden, um zu zeigen, daß sie viel Geld machen kann, macht sich selbst etwas vor und wird fast zwangsläufig versagen und/oder unglücklich werden.

Test 3. Sie sollten Ihre Werte und Prioritäten erkennen, dann die Werte und Prioritäten Ihres Unternehmens und sich über deren Diskrepanz klar werden.

Wenn Sie einen Weg gefunden haben, sich selbst voll zu entfalten, und mit Ihren Fortschritten und Ihrer Leistung einigermaßen zufrieden sind, aber nicht das Gefühl haben, es in Ihrer gegenwärtigen Position sehr weit zu bringen, dann vielleicht deshalb, weil Sie zwar mit sich, nicht aber mit Ihrem Umfeld in Einklang sind – Ihrem Lebenspartner, Ihrer Firma oder Organisation.

Herb Alpert sagte: »Ich machte Schallplattenaufnahmen für eine große Firma. Und es gefiel mir nicht, wie man mich behandelte. Ich war für sie eine bloße Nummer. Mir schien es, daß sie auf dem Holzweg waren... Da hatte ich diesen tollen Einfall für Tijuana Brass, und zwar wollte ich die Trompete nachträglich einsynchronisieren – eine Technik, mit der ich in meinem eigenen kleinen Studio zu Hause experimentierte. Sie sagten, das sei unmöglich, das verstoße gegen Gewerkschaftsvorschriften, weil ich einige Musiker arbeitslos machen würde. Nun, das Wesentliche kapierten sie nicht. Wenn ich erst meine eigene Firma haben würde, so dachte ich mir, sollten die Künstler das Herzstück sein und ihre Bedürfnisse an erster Stelle stehen.«

Alpert und Jerry Moss gründeten daraufhin A&M Records, eine Firma, die für ihren feinfühligen Umgang mit Künstlern bekannt ist, auch wenn Gil Friesen, der gegenwärtige Präsident von A&M Records und A&M Films, sagte: »A&M ist bekannt dafür, künstlerorientiert zu sein und eine Art Familienatmosphäre zu besitzen, aber das machen wir nicht absichtlich. Das ist nicht kalkuliert... Eigentlich glaube ich, man macht's, indem man nichts macht, indem man viel Freiraum läßt.«

Alperts Entscheidung, seine eigene Firma zu gründen, um jenes Umfeld zu schaffen, in dem er arbeiten wollte, war ebenso vernünftig wie scheinbar radikal: Er und A&M sind zu wichtigen wirtschaftlichen Machtfaktoren geworden.

Mit der gleichen Einstellung hat Gloria Anderson ihre eigene Zeitung gegründet. Sie sagte: »Bei der *Miami Today* konnte ich zum erstenmal meine Arbeit auf meine Art erledigen, und darauf bin ich sehr stolz. Als ich jedoch einsah, daß mein Partner meine Vision nicht teilte und nie teilen würde, entschloß ich mich, dort aufzuhören und etwas Eigenes aufzubauen.«

Anne Bryant rät andererseits zu einem behutsameren Vorgehen. »Allzuoft treten wir voller Elan eine neue Stelle an und neigen dann ohne böse Absicht dazu, den ganzen Laden umzukrempeln. Das ist sehr hart für Mitarbeiter, die schon länger in dem Unternehmen tätig sind. Es ist besser, wenn man versucht, sich in ihre Position hineinzuversetzen und ihre guten Leistungen anzuerkennen und zu unterstützen, bevor man seine eigenen Pläne durchzieht. Wenn man dem vorhandenen Personal das Gefühl gibt, daß man hinter ihm steht und es in die neuen Pläne integriert, sind sie begeistert.«

Anders gesagt: Im Einklang mit seinem Unternehmen zu sein ist fast so wichtig, wie im Einklang mit sich selbst zu sein. Einige Führungskräfte zieht es unwiderstehlich dazu, ihre eigenen Unternehmen zu gründen, während andere, wie Bryant, den Weg der Anpassung vorziehen.

Test 4. Nachdem Sie die Diskrepanzen zwischen Ihren Wünschen und Ihrem Können, zwischen Ihren Antrieben und Ihren Befriedigungen, zwischen Ihren Werten und den Werten des Unternehmens herausgefunden haben, sollten Sie sich fragen, ob Sie fähig und bereit sind, diese Diskrepanzen zu überwinden.

Was den ersten Punkt anbelangt, so handelt es sich um ein ziemlich elementares Problem. Fast jeder von uns wollte in seinem Leben einmal Tennis- oder Filmstar oder Schlagersänger werden, aber es fehlte uns einfach das nötige Talent. Und obwohl ich gesagt habe – und davon überzeugt bin –, daß Sie alles lernen können, was Sie wollen, so verlangen doch gewisse Berufe Talente, die man nicht erwerben kann. Ich kenne einen sehr erfolgreichen Radiologen, der immer davon geträumt hat, Sänger zu werden, aber keine gute Stimme hat. Statt seinen Traum aufzugeben, schreibt er Songs. Ein Tennisliebhaber, der schlank und schnell ist, aber ein empfindliches Handgelenk hat, kann durchaus Trainer oder Manager werden. Oder er organisiert in seiner Freizeit Tennisturniere an seinem Wohnort.

Was immer Sie auch tun möchten, lassen Sie sich nicht durch Ängste davon abbringen. Ängste sind für die meisten Führungskräfte weniger lähmend als vielmehr motivierend. Wie Brooke Knapp sagte:»Ich begann mit dem Fliegen, weil ich Angst davor hatte. Wenn man nicht nur 99 oder 95 Prozent von sich gibt, sondern 100 Prozent, kann man alles erreichen. Die größte Chance zu wachsen liegt darin, das zu bezwingen, was einem Angst macht.« Sie gehört heute zu den führenden Piloten Amerikas.

Was den zweiten Punkt anbelangt, so ist die Sache etwas komplexer. Wir alle kennen Menschen, die um jeden Preis Erfolg haben wollen, egal in welchem Bereich und wie, die nie zufrieden und oft unglücklich sind. Es ist durchaus möglich, zugleich erfolgreich und zufrieden zu sein, aber nur, wenn Sie klug und ehrlich genug sind, sich Ihre Wünsche einzugestehen und Ihre Bedürfnisse zu erkennen.

Bei dem dritten Punkt beziehe ich mich wieder auf unseren hilflosen Freund Ed. Wenn er mehr über seine Wünsche und die Bedürfnisse seiner Firma nachgedacht hätte, hätte er sich nicht ausgebootet. Aber statt sich selbst zu finden, verfiel er in Aktionismus und Selbstbestätigung. Einige Unternehmenskulturen sind so starr, daß sie absoluten Gehorsam gegen die Unternehmenslinie verlangen. Andere sind flexibel und anpassungsfähig. Wenn Sie Ihre eigene Flexibilität und die Flexibilität Ihres Unternehmens kennen, wissen Sie, ob Sie dort hineinpassen.

Leistungsdrang

Knapp sagte:»Einige Leute haben das Glück, mit dem Wunsch und der Fähigkeit geboren zu werden, etwas auf die Beine zu stellen. Ich hatte immer den Wunsch, etwas zu leisten. Das ist nicht kalkuliert, sondern für mich so selbstverständlich wie Essen.«

Auch der Ex-Vorstandsvorsitzende von CalFed, Robert Dockson, hatte Glück. »Ich glaube, Leistungsbereitschaft, Zielstrebigkeit und visionäre Kraft kann man nicht lernen. Ich weiß nicht, wo das herkommt.«

Wenn Knapp recht hat und dieser Leistungsdrang so natürlich ist wie Essen, dann schlummert er in uns allen. Und mag Dockson auch recht haben, daß man ihn nicht lernen kann, so kann man ihn doch aktivieren. Praktisch jeder von uns wurde mit einem Hunger nach dem Leben selbst geboren, mit dem, was ich eine Leidenschaft für die Verheißungen des Lebens nenne, und diese Leidenschaft kann uns zu den Gipfeln führen. Leider wird aus dem Wunsch bei zu vielen ein Zwang. Der Unternehmer Larry Wilson definierte *den Unterschied zwischen Leistungsdrang und Leistungszwang als den Unterschied, sich selbst zu entfalten oder sich selbst zu beweisen.* In einer perfekten Welt würde man jeden dazu ermuntern, sich selbst zu entfalten, und niemand müßte sich selbst beweisen, aber weder die Welt noch wir sind perfekt. Um uns nicht selbst auszutricksen, müssen wir deshalb begreifen, daß ein Antrieb nur dann produktiv ist, wenn er mit einem Wunsch verknüpft ist.

Der Antrieb, der vom Wunsch geschieden ist, birgt stets gefährliche Risiken, manchmal tödliche, während der im Dienst eines Wunsches stehende Antrieb immer fruchtbar ist und sich normalerweise auch auszahlt – in jeder Hinsicht. Knapp besitzt wie die anderen Führungskräfte, mit denen ich sprach, diese Leidenschaft für die Verheißungen des Lebens und den Willen, ihre Leidenschaft zu verwirklichen. »Als Kind hatte ich acht Jungs als Spielkameraden, und ich war stärker als sie alle. Ich hatte die Energie, den Enthusiasmus, die Dynamik und Entschlossenheit, also wurde ich ihr Anführer.«

Auch wenn sie sich eine Zeitlang bändigte, kam doch ihr Wunsch einige Jahre später wieder unverändert zum Vorschein. »Ich bin eine eingefleischte Unternehmerin.

Ich brauche nur die geringste Chance zu wittern, schon stürze ich mich darauf. Die von mir gegründete Firma Jet Airways entstand beinah zufällig. Die Deregulierung hatte viele kleine Fluggesellschaften vernichtet, deshalb fiel es den Unternehmen schwer, ihre Angestellten in kleine Städte zu bringen, und ich wollte mir gerade einen Lear Jet kaufen.« Ihr Wunsch nach einem eigenen Flugzeug und das Bedürfnis nach einer kostengünstigen Transportmöglichkeit für Manager trafen glücklich zusammen. Knapp bleibt auch weiterhin aktiv und erfinderisch. Sie verwaltet nicht nur ein Wertpapierportefeuille, sondern ist auch an der Zitrusfrüchte-Produktion in Florida und an ertragreichen Immobilien in Ventura County beteiligt.

Barbara Corday schreibt ihren Erfolg teilweise ihrem Enthusiasmus zu. »Ein Unternehmen oder auch eine Fernsehshow ist nur so gut wie das Interesse und die Begeisterung, die alle Mitarbeiter täglich dafür aufbringen. Und ich glaube nicht, daß man als Führungskraft Interesse und Begeisterung von Mitarbeitern erwarten kann, die einem gleichgültig sind und die man nicht beachtet ... Ich glaube, daß meine Begeisterung ansteckend wirkt. Wenn ich ein Projekt anpacke, das mich fesselt, dann kann ich meine Faszination auf meine Mitarbeiter übertragen.«

Jamie Raskin ist ebenfalls der Meinung, daß Begeisterung ansteckend wirkt: »Wenn man seinen Standpunkt entschieden vertritt und aus seinen Ansichten keinen Hehl macht, dann zieht man die Leute auf seine Seite. Ich habe mich auf radikale Prinzipien festgelegt. Wie Oscar Wilde sagte: ›Ich stehe auf der linken Seite, der Seite des Herzens, die im Gegensatz steht zur rechten Seite, der Seite der Leber.‹«

Gloria Anderson brachte es auf den Punkt: »Man kann sich nicht vornehmen, Führungskraft zu werden, genausowenig wie man sich vornehmen kann, glücklich zu werden. In beiden Fällen muß es Ergebnis sein, nicht Ursache.«

Meisterschaft

Als ich Martin Kaplan darum bat, die Qualitäten einer guten Führungskraft zu beschreiben, sagte er: »Als erstes: Kompetenz. Die feste Überzeugung, die bevorstehende Aufgabe meistern zu können. Dann die Fähigkeit, sich zu artikulieren, denn wenn jemand zwar alles erforderliche Wissen besitzt, aber mir nicht klarmachen kann, warum ich mich engagieren oder ihm helfen sollte, wird er mich nicht dazu bringen, ihm zu helfen. Und weniger ausschlaggebend, aber trotzdem wichtig ist ein gewisses Maß an menschlicher Sensibilität, an Takt, Mitleid und diplomatischem Geschick. Ich habe Führungskräfte gekannt, denen das alles fehlte und die trotzdem in Spitzenpositionen waren, aber jene, die diese Eigenschaften besaßen, haben mich stärker beeindruckt und mehr inspiriert.«

Er hat recht. »Die feste Überzeugung, die bevorstehende Aufgabe meistern zu können.« Eine Führungskraft übt nicht nur einfach ihren Beruf aus, sie meistert ihn auch. Sie weiß alles, was man darüber wissen muß, und geht dann ganz ihn ihm auf. So ist beispielsweise der späte Fred Astaire, als er das choreographische Handwerk schon beherrschte, schließlich ganz in ihm aufgegangen. Er wurde eins damit, so daß es unmöglich wurde zu sagen, wo er aufhörte und die Routine begann. Er war die Routine selbst. Franklin Roosevelt meisterte das Präsidentenamt, Jimmy Carter ließ sich davon meistern.

Eine solche Meisterschaft erfordert absolute Konzentration und volle Entfaltung der eigenen Persönlichkeit. Astaire hatte beides. Das erregte unsere Aufmerksamkeit, noch bevor er den ersten Schritt machte. Martin Luther King jr. elektrisierte Amerika mit ein paar Worten. Er *hatte* nicht nur einen Traum, er *war* dieser Traum, genauso wie Lee Iacocca mit Chrysler identifiziert wird.

Die Chinesen praktizieren das sogenannte *wushu,* das, nach den Worten Mark Salzmans, eines jungen amerikanischen Schriftstellers, der in China gelebt hat, ein Mittel ist, »eine perfekte Form und Konzentration zu erreichen.

Die Körperbewegungen geschehen instinktiv und drücken eine Harmonie von Körper und Geist aus, die nach Meinung der Chinesen für die geistige und körperliche Gesundheit unabdingbar ist. Im klassischen *wushu*... widmet der *wushuja* den größten Teil seiner Ausbildungszeit den Übungen des *taolu,* das sind Schrittfolgen... choreographierte Bewegungsabläufe mit einer Länge von einer bis zwanzig Minuten, die nach strengen ästhetischen, technischen und spirituellen Richtlinien ausgeführt werden müssen... Eine homogene Zweckgerichtetheit muß die einzelnen Bewegungen des *taolu* so verbinden, wie der unsichtbare Faden, der sich durch die einzelnen Zeichen der chinesischen Kalligraphie zieht und sie verbindet.« (Salzman 1987)

Salzman zitiert seinen Lehrer, Pan Qingfui, einen Meister mit dem Spitznamen »Eiserne Faust«, der gesagt hat: »Die Augen sind am wichtigsten, weil man in ihnen das *vi* (Wille oder Absicht) eines Menschen sehen kann.« Salzman weiter: »Beim Boxen geht man in China von der Vorstellung aus, daß die Kraft aus dem *vi* kommt, deshalb muß man seine Augen trainieren... Man muß das *taolu* so ausführen, als sei man sich seiner Stärke völlig sicher, als könne man mit einem einzigen Handschlag seinen Gegner vernichten... Man muß ihn mit seinen Augen, seinem Herzen schlagen, die Hände folgen dann von selbst.«

George Leonhard schreibt über Meisterschaft: »Erfahrene Piloten können aus der Art und Weise, wie ein anderer Pilot sich in den Pilotensitz setzt und die Sicherheitsgurte anlegt, erkennen, wie gut dieser Pilot ist. Es gibt einige Leute, die offensichtlich so souverän sind, daß sie uns schon helfen, wenn sie das Zimmer betreten. Andere signalisieren ihre Souveränität einfach durch ihre Körperhaltung.«

Leonhard beschreibt einige andere Elemente der Souveränität: »Der Weg zur Meisterschaft ist gepflastert mit harten praktischen Erfahrungen, aber auch mit Abenteuern... Ob es sich um einen Sport, eine Kunst oder einen anderen Bereich handelt, jene, die wir als Meister titulieren, sind von ihrer Tätigkeit restlos begeistert... jene, die sich auf dem Weg zur Meisterschaft befinden, sind gewillt, Chancen wahrzunehmen und Risiken einzugehen... Spielerisches Lernen ist das effektivste Lernen. Das Wort *generös* hat die gleiche Wurzel wie *genial, generativ* und *Genie*... Das Genie hat die Fähigkeit, alles zu geben und nichts zurückzuhalten. Vielleicht läßt sich das Genie geradezu durch diese völlige Entäußerung definieren.« (Leonhard 1986)

Barbara Corday sprach über eine Art Meisterung des Selbst: »Wenn man in meinem Geschäft von einem Projekt gefesselt ist und es verwirklichen will, kann man seine Mitarbeiter dazu bringen, mitzuziehen. Ein persönlicher Stil, eine persönliche Überzeugung, der starke Wunsch, etwas auf die Beine zu stellen, Ausdauer, die Fähigkeit, nie aufzugeben, egal, wie viele Leute nein sagen, sind dabei ganz wesentlich. Ich arbeite in einer Branche, in der Ablehnung, tägliche Ablehnung ganz selbstverständlich ist. Man muß das wegstecken können, sich einfach taub stellen und weitermachen und in seinem Innern die Fähigkeit ausbilden, voll und ganz zu sich und seiner Überzeugung zu stehen. Eine gute Idee, die Ihnen gestern einfiel, ist auch morgen noch gut, und nur weil Sie heute niemanden davon überzeugt haben mitzumachen, heißt das nicht, daß Sie auch morgen niemanden überzeugen werden mitzumachen.«

Meisterschaft, absolute Kompetenz, ist für eine Führungskraft unerläßlich. Aber die Arbeit muß einem auch mehr Spaß machen als alles andere, was man tut. Jim Burke sagte: »Es sollte Spaß machen, die ganze Arbeit sollte aufregend und lustig sein. Wenn jemand überhaupt keinen Spaß hat, dann ist irgend etwas faul. Entweder es liegt an seinem Arbeitsumfeld, oder er ist mit sich selbst nicht im reinen.«

Roger Gould liebt seinen Beruf. »Ich hatte nie einen Psychiater kennengelernt und wußte eigentlich nichts über ihre Arbeit, aber es schien das Richtige für mich zu sein. Ich mag Menschen und liebe es, mit ihnen auf einer tiefen Ebene Gespräche zu führen. Ich bin sehr gern Psychoanalytiker. Ich besitze eine große Sensibilität für Menschen, und ich helfe ihnen gerne. Aber eigentlich bin ich besonders an der Erforschung von Denkvorgängen interessiert. Das ist meine wichtigste Motivation.«

Strategisches Denken

Es gibt einen alten Spruch, der sagt, daß nur der Anführer die sich wandelnde Landschaft sieht. Wenn man diesen Gedanken erweitert, kann man sagen, daß die Landschaft für Führungskräfte ständig wechselt. Alles ist neu. Weil jede Führungskraft per definitionem einzigartig ist, ist auch ihr jeweiliges Arbeitsumfeld einzigartig.

Als ich Sydney Pollack fragte, ob man jemandem Führungskompetenz beibringen könne, antwortete er: »Es ist schwer, jemandem etwas beizubringen, das nicht in wiederholbare und invariante Elemente zerlegt werden kann. Man kann solche Tätigkeiten wie Autofahren und Flugzeugfliegen auf eine Serie von Handgriffen reduzieren, die immer nach dem gleichen Schema ablaufen. Aber bei der Menschenführung kommt, wie bei der Kunst, jedesmal, wenn man das Prinzip anwendet, immer wieder etwas Neues heraus.«

Robert Dockson war auch dieser Meinung: »Führungskräfte sind keine Techniker.«

Kreativität ist also für den Bankier genauso erforderlich wie für den Filmregisseur. Der kreative Prozeß, der dem strategischen Denken zugrunde liegt, ist unendlich komplex und im Endeffekt so unerklärlich wie sein innerer Mechanismus, aber gewisse elementare Schritte innerhalb dieses Prozesses sind identifizierbar. Wenn man etwas auf seinen einfachsten Nenner bringt, seinen innersten Kern, kann man von dort aus generalisieren.

Erstens: Man muß wissen, welches Ziel man verfolgt, egal, ob man nun einen Roman oder die Reorganisation eines Unternehmens plant. Bergsteiger beginnen die Ersteigung eines Berges nicht blindlings vom Fuß aus. Sie betrachten sich ganz genau ihr Ziel und suchen von dort einen gangbaren Weg zu ihrem Ausgangspunkt. Wenn man erst einmal den Gipfel im Blick hat, muß man sich wie ein Bergsteiger alle möglichen Routen überlegen. Dann spielt man damit – verändert sie, verbindet sie, vergleicht sie, kehrt sie um und denkt sich neue aus –, und schließlich entscheidet man sich für eine oder zwei Routen.

Zweitens: Man arbeitet diese Routen im Detail aus und überprüft sie noch einmal, dann legt man eine Art Karte darüber an, die mögliche Fallen genauso enthält wie Belohnungen.

Drittens: Man überprüft die Karte noch einmal ganz objektiv, als ob sie nicht von einem selbst stammte, ermittelt alle Schwachstellen und behebt oder verändert sie.

Wenn man mit all dem fertig ist, beginnt man schließlich seinen Berg zu besteigen.

Die Familien von Frances Hesselbein und ihrem Ehemann haben über vier Generationen in Johnstown, Pennsylvania, gelebt. Ihre Eltern hatten ein Geschäft für Elektrogeräte, und sie arbeitete dort ehrenamtlich als Pfadfinderin, aber sie hielt auch im ganzen Land Führungskurse für leitende Mitglieder ihrer Organisation ab. Als man sie fragte, ob sie die Leitung des örtlichen Clubs übernehmen wolle, sagte sie ja. Sechs Jahre später wurde sie – ohne sich darum beworben zu haben – zur Generalsekretärin der Girl Scouts of America ernannt. Sie und ihr Mann zogen nach New York und machten sich daran, die Organisation umzugestalten, um alles einzubringen, was sie auf dem Weg nach oben gelernt hatten.

Hesselbein sagte: »Als erstes entwickelten wir ein System der Unternehmensplanung, in dem Planung gleichbedeutend war mit Management. Es handelte sich um ein allgemeines Planungssystem für 335 lokale Pfadfinderclubs und die nationale Organisation. Wir verfaßten eine Monographie über die Entwicklung der Organisation, um die Energie von 600 000 erwachsenen Freiwilligen zu mobilisieren und unseren Auftrag zu erfüllen, die Entwicklung junger Mädchen zu fördern und ihnen zu helfen, ihr Potential als Frau voll auszuschöpfen. Heute fühlen unsere Mitglieder, daß wir mehr Einheit und Zusammenhalt als je zuvor erreicht haben.

Ich war einfach der Meinung, daß es unbedingt notwendig war, ein klares Planungssystem einzuführen, das Aufgaben definierte, zwischen den Freiwilligen, dem Operationsstab und dem strategischen Stab unterschied und erlaubte, daß die kleinsten Regungen – Bedürfnisse, Trends etc. – von den kleinsten Einheiten bis zu den Strategie-Planern vordrangen, so daß diese genau wußten, was los war und was getan werden mußte. Wir haben drei Millionen Mitglieder, und wir sind wirklich an der Meinung der Mädchen und ihrer Eltern interessiert, und wir haben Mittel und Wege ersonnen, die Mädchen jederzeit zu erreichen. Wir sagen: ›Wir haben Euch etwas Wertvolles zu bieten, aber Ihr müßt dafür auch uns etwas bieten. Wir respektieren Eure Werte und Eure Kultur, und wenn Ihr unsere Handbücher aufschlagt, werdet Ihr sehen, daß Ihr auch dann, wenn Ihr zu einer Minderheit gehört, dort erwähnt seid.‹

Ich glaube, wir haben das beste Personal weit und breit. Sie sind einfach Spitze, und meine Aufgabe ist es, Systemzwänge abzubauen und ihre Freiheit und ihren Spielraum zu erhöhen. Ich mag es überhaupt nicht, jemanden anzutreiben. Jeder gehört zu einem Kreis, wie die Elektronen zu einer Bahn. Wenn ich in der Mitte bin, dann gibt es sieben Bahnen um mich herum, und die nächste Bahn sind die Bereichsleiter, auf die die Gruppenleiter folgen, usw. Es gibt keine vertikale, nur eine horizontale Bewegung, über die Bahnen hinweg. Alles ist so flüssig und flexibel, daß es den an hierarchische Strukturen gewöhnten Mitarbeitern etwas Mühe macht, sich darauf einzustellen, aber es klappt. Wir verkaufen das Modell auch an externe Gruppen.

Aber das Beste daran ist, daß jedes Mädchen in Amerika, das das Programm liest, sich darin wiederfindet.«

Man muß gewisse Risiken in Kauf nehmen, wenn man die aus dem strategischen Denken gezogenen Schlüsse verwirklichen will. Aber, wie Carlos Castaneda sagte: »Der Hauptunterschied zwischen einem Durchschnittsmenschen und einer Kämpfernatur besteht darin, daß eine Kämpfernatur alles als Herausforderung ansieht, während ein Durchschnittsmensch alles als Segen oder Fluch betrachtet.«

Wenn Sie nicht bereit sind, Risiken einzugehen, werden Sie unter dem Gefühl der Erstarrung leiden und Ihre Potentiale nie ausschöpfen. Fehler – Fehlentscheidungen – sind unvermeidlich, wenn Sie ihre Wunschvorstellungen verwirklichen wollen, und es sind notwendige Schritte auf dem Weg zum Erfolg.

Synthese

Schließlich kombiniert die gute Führungskraft alle Mittel der Selbstentfaltung, um erfolgreich zu handeln.

Sowohl kleine Kinder als auch ältere Menschen sind von Natur aus kreativ. Der Schriftsteller Carlos Fuentes schrieb in der französischen Zeitschrift *Elle:* »Ich bin der festen Meinung, daß Jugendlichkeit etwas ist, das man dem Alter abgewinnt. Man ist eher alt und dumm, wenn man jung ist. Der jugendlichste Mensch, den ich je kennengelernt habe, war Luis Buñuel, der seine bedeutendsten Filme im Alter zwischen 60 und 80 gedreht hat, und Arthur Rubinstein, der noch mit 80 zum Genie wurde und in der Lage war, eine Taste anzuschlagen, indem er seine Hand weit nach oben streckte und sie genauso fallen ließ, wie Beethoven und Chopin es verlangten. Pablo Picasso malte seine erotischsten und leidenschaftlichsten Bilder, als er schon in seinen Achtzigern war. Das waren Männer, die ihre Jugend verdienten. Sie brauchten 80 Jahre, um jung zu werden.«

Ich glaube, Fuentes wollte damit sagen, daß wir, solange wir jung sind und dem üblichen Zwang von Gleichaltrigen, Familie und Gesellschaft ausgesetzt sind, uns selbst aus dem Auge verlieren. Wir gehen in der Menge verloren, an die wir uns fester binden und auf die wir leichter ansprechen als auf uns selbst. Dadurch verlieren wir unsere schöpferische Kraft, weil immer nur das Individuum, nicht aber ein Komitee schöpferisch sein kann.

Aber Führungskräfte, die sich ihr Selbst erschlossen haben, verfügen auch über ihre schöpferischen Kräfte und wachsen ständig weiter. Wir neigen dazu, Wachstum in quantitativen Kategorien zu betrachten, d.h. in Größen und Gewichten. Wir denken, wenn unser Körper aufhört zu wachsen, dann hört auch unser Geist auf zu wachsen. Und Studien zeigen, daß wir intellektuell und emotional nicht mehr zu wachsen scheinen, wenn wir körperlich ausgereift sind. Aber wie die Führungskräfte, mit denen ich sprach, mit ihrem eigenen Leben bewiesen haben, muß das weder so sein, noch sollte es so sein. Führungskräfte unterscheiden sich von anderen Menschen dadurch, daß sie unaufhörlich nach Erkenntnis und Erfahrung streben, und in dem Maße, wie sich ihr Horizont erweitert und komplexer wird, erweitern und verfeinern sich auch ihre Erkenntnismittel.

Dialektisches Denken, eine Variante des sokratischen Dialogs, ist ein solches Mittel. Es setzt voraus, daß die Realität eher dynamisch als statisch ist, und sucht deshalb nach Beziehungen zwischen Ideen, um zu einer Synthese zu gelangen. Vielleicht hilft es Ihnen, wenn Sie sich Reflexion und Perspektive als zwei Pole vorstellen, zwischen denen die Synthese eine Balance herstellt.

Frances Hesselbein demonstriert die Fähigkeit zur Synthese, wenn sie ihren Arbeitsansatz beschreibt: »Zunächst muß man sich überlegen, wie man seine Arbeit organisiert, seine Zeit einteilt und welche Verantwortung man hat. Zweitens muß man lernen zu führen, und nicht zu beherrschen. Drittens muß man genau wissen, was für ein Mensch man ist, eine Art Sendungsbewußtsein haben und es verstehen und sicher sein, daß die eigenen Prinzipien mit den Prinzipien der Organisation übereinstimmen. Viertens muß man in seinem Verhalten die Werte zum Ausdruck bringen, die man für sich und seine Mitarbeiter für verbindlich hält. Fünftens muß man viel Wert auf Freiheit und Delegieren legen, um seinen Mitarbeitern zu ermöglichen, ihr Potential auszuschöpfen. Wenn man an Teamarbeit glaubt, muß man auch an Menschen und ihre Entwicklungsmöglichkeiten glauben. Und man muß hohe Anforderungen stellen, aber dabei konsequent bleiben.«

John Sculley sieht in der Fähigkeit zur Synthese den Unterschied zwischen bloßem Management und echter Führung. »Führung wird oft mit anderen Dingen verwechselt, vor allem mit Management. Aber Management erfordert völlig andere Fähigkeiten. Meiner Meinung nach geht es bei Führung um Visionen, Ideen und Leitung, und es dreht sich mehr darum, die Mitarbeiter für Anleitungen und Zielvorstellungen empfänglich zu machen, als ihnen täglich effektiv neue Anweisungen zu erteilen. Man kann nur dann führen, wenn man mehr zu bieten hat als seine eigenen Fähigkeiten... Man muß andere Menschen dazu inspirieren können, Arbeiten zu erledigen, ohne ihnen ständig mit einer Kontrolliste im Nacken zu sitzen – das wäre Management, nicht Führung.«

Robert Terry, leitender Angestellter des Hubert H. Humphrey Institute of Public Affairs, definiert Führung als »ein grundlegendes und tiefgehendes Interesse für die Welt und die menschlichen Daseinsbedingungen«.

Roger Gould bewies dieses Interesse, als er sagte: »Wenn man erst einmal über eine Vision verfügt, die man immer wieder getestet hat, dann hält man den Tiger beim Schwanz. Man kann eigentlich nicht aufhören zu führen, weil das bedeuten würde, seiner Vision von der Wirklichkeit untreu zu werden.«

Betty Friedan war der gleichen Meinung: »Wenn ich eine Notlage sehe, dann bringe ich meine Mitarbeiter dazu, etwas dagegen zu unternehmen. Mein persönliches Credo lautet: ›Du bist verantwortlich.‹«

Wegen all ihrer speziellen Begabungen sehen diese Führungskräfte sich weniger als Solisten denn als Teamspieler.

Robert Dockson sagte: »Eine Führungskraft leitet Menschen, aber sie zwingt sie zu nichts und behandelt sie immer fair ... Zu viele Leute behaupten, daß wir nur unseren Aktionären gegenüber verantwortlich sind. Sicher sind wir ihnen gegenüber verantwortlich, aber wir sind es auch gegenüber unseren Mitarbeitern, unseren Kunden und der Gesellschaft im allgemeinen. Mit dem System der freien Marktwirtschaft kann etwas nicht stimmen, wenn es die Verantwortung gegenüber der Gesellschaft nicht anerkennt.«

Auch Richard Schubert, der Generalsekretär des Roten Kreuzes, hält viel von einer positiven Beziehung zu anderen Menschen: »Wie man seine Mitarbeiter für sich gewinnt und motiviert, entscheidet darüber, wie erfolgreich man als Führungskraft sein wird. Vor allem gilt die Goldene Regel: Eine Führungskraft behandelt andere Menschen so, wie sie selbst behandelt werden möchte, egal, ob es um einen Mitarbeiter, einen Kunden oder ein Vorstandsmitglied geht. 96 Prozent unserer Mitarbeiter in Katastrophengebieten sind Freiwillige. Wenn wir nicht die richtigen Leute für uns gewinnen und sie positiv motivieren, dann können wir unsere Arbeit nicht machen.« Dieses Konzept ist so wichtig, daß ich es in Kapitel 8, »Menschen für sich gewinnen«, weiter ausarbeiten werde.

Führungskräften, die ihren Mitarbeitern vertrauen, wird im Gegenzug ebenfalls Vertrauen entgegengebracht. Vertrauen kann natürlich nicht erworben, sondern nur geschenkt werden. Führung ohne gegenseitiges Vertrauen ist ein Widerspruch in sich. Vertrauen liegt genau in der Mitte zwischen blindem Glauben und Zweifel. Eine Führungskraft glaubt immer an sich, ihre Fähigkeiten, ihre Mitarbeiter und ihre gemeinsamen Möglichkeiten. Aber sie hat auch genügend Zweifel, um Fragen zu stellen, Kritik zu üben, Dinge zu überprüfen und dadurch voranzukommen. In gleicher Weise müssen die Mitarbeiter ihrem Chef, sich selbst und ihrer gemeinsamen Stärke vertrauen und zugleich auch genügend Selbstbewußtsein besitzen, um ebenfalls Fragen zu stellen, Kritik zu üben und Dinge zu überprüfen. Dieses grundlegende Gleichgewicht zwischen blindem Glauben und Zweifel aufrechtzuerhalten und das wechselseitige Vertrauen zu bewahren sind die wichtigste Aufgabe für jede Führungskraft.

Visionäre Kraft, Inspiration, Einfühlungsvermögen und Vertrauenswürdigkeit sind Beweise für die Urteilskraft und die Charakterfestigkeit einer Führungskraft. Der Universitätsrektor Alfred Gottschalk sagte: »Charakterfestigkeit ist für eine Führungskraft unerläßlich, auf ihr basiert alles andere. Weitere Eigenschaften sind die Fähigkeit, Vertrauen zu stiften, unternehmerisches Talent, Ideenreichtum, Beharrlichkeit und Zielstrebigkeit... Charakterstärke, Beharrlichkeit und Ideenreichtum sind die unerläßlichen Bedingungen der Führungskompetenz.«

Ein irisches Sprichwort paßt hier: »Du mußt selbst dafür sorgen zu wachsen, egal wie groß dein Großvater ist.«

Alle diese Führungskräfte haben bewußt ihr eigenes Leben und das Umfeld, in dem sie leben und arbeiten, gestaltet. Jeder von ihnen ist nicht nur Schauspieler, sondern auch Dramatiker, Hammer *und* Amboß; und jeder verändert den Zusammenhang auf seine eigene Weise.

Die Mittel zur Selbstentfaltung sind die Schritte auf dem Weg zur Führungskompetenz:

1. Reflektieren führt zu Lösungen;
2. Lösungen führen zu Perspektiven;
3. Perspektiven führen zu Standpunkten;
4. Standpunkte führen zu Tests und Bewertungen;
5. Tests und Bewertungen führen zum Leistungswunsch;
6. der Leistungswunsch führt zu Meisterschaft;
7. Meisterschaft führt zu strategischem Denken;

8. strategisches Denken führt zu voller Selbstentfaltung;
9. die Synthese der vollen Selbstentfaltung = Führungsfähigkeit.

Führungsfähigkeit ist zunächst eine Frage des Seins, dann
erst des Tuns. Alles, was eine Führungskraft tut, zeigt,
was für ein Mensch sie ist. Das also ist die nächste
Wendung in unserer Geschichte – der Führungskraft
dabei zu folgen, wenn sie »sich einen Weg durch das
Chaos bahnt«.

Kapitel 7

Der Weg durchs Chaos

> Wenn du etwas wirklich verstehen willst, versuche es zu verändern.
>
> Kurt Lewin

Eine Führungskraft ist per definitionem ein Innovator. Sie tut Dinge, die andere Menschen noch nicht getan haben oder nicht tun. Sie ist anderen Menschen in ihren Taten voraus. Sie schafft Neues. Sie macht Altes neu. Sie hat aus der Vergangenheit gelernt, lebt in der Gegenwart und hat ein Auge auf die Zukunft. Und jede Führungskraft bringt das alles in unterschiedlicher Weise unter einen Hut. Dazu müssen Führungskräfte, wie ich schon früher sagte, sowohl rechtshemisphärisch als auch linkshemisphärisch denken. Sie müssen intuitiv, konzeptionell und synthetisch denken können und künstlerisch begabt sein. Sie müssen – wie Wallace Stevens – Sombreros tragen.

Robert Abboud wurde früher einmal aus der Vorstandsetage einer Bank in Chicago gefeuert. Er arbeitete dann für Armand Hammer und wurde wieder gefeuert. Dann ging er nach Texas und wurde Vorstandssprecher der First National Bankcorp. Als ich ihn fragte, wie er sich seinen Erfolg nach all diesen Fehlschlägen erkläre, zitierte er einen Dialogausschnitt aus der »Andy Griffith Show«, der es auf den Punkt brachte: Andys Stellvertreter Barney fragte Andy, wie man sich ein gutes Urteilsvermögen verschaffe. Andy sagte, er vermute, das beruhe auf Erfahrung. Barney fragte, wie man sich Erfahrung erwerbe. Andy sagte: »Man tritt ein bißchen auf dir herum.« Abboud zuckte mit den Achseln und sagte: »Man hat halt ein bißchen auf mir herumgetreten.«

Abboud lernte aus seinen Erfahrungen, statt sich von

ihnen unterkriegen zu lassen, weil er sie nicht einfach hinnahm. Er dachte über sie nach, verstand sie und profitierte von ihnen. Führungskräfte lernen, indem sie handeln – sie erkennen, wo sich Herausforderungen verbergen, wo die Aufgabe Improvisation verlangt und wo die Arbeit zum ersten Mal erledigt werden muß. Wie rettet man eine Bank? Man lernt es, indem man es tut. Man lernt aus sämtlichen Erfahrungen bei seiner Arbeit. Ein Großteil dieses Kapitels scheint sich um die Frage zu drehen, wie man aus Mißgeschicken lernt. Aber ich sehe das nicht so, ich sehe es vielmehr als Lernen aus Überraschungen.

Sydney Pollack erzählte mir, wie er aus seinen Erfahrungen lernte. »Als ich zum allerersten Mal Regie führte«, sagte er, »verhielt ich mich wie ein typischer Regisseur. Das war das einzige, woran ich mich halten konnte, weil ich über Regie an sich nichts wußte. Ich hatte durch die Zusammenarbeit mit Regisseuren ein gewisses Bild von ihnen, und ich versuchte sogar, ihre legere Freizeitkleidung nachzuahmen. Ich zog zwar keine Wickelgamaschen an oder etwas dergleichen. Aber wenn ein Megaphon in der Nähe gewesen wäre, hätte ich es sofort ergriffen.«

Jetzt schafft Pollack, jedesmal wenn er einen Film dreht, regelrecht Welten – eine Welt auf der Leinwand und eine Welt hinter der Kamera. »Bei einem Kinofilm zählt mein Team zwischen 100 und 200 Leuten. Einige davon sind Techniker, einige Künstler, einige Handwerker und einige einfache Hilfskräfte. Der Trick besteht nun zum Teil darin, daß man keine Situationen erzeugt, in denen jeder den anderen ausstechen will. Und seltsamerweise nimmt der Wunsch, Mitbestimmung zu erzwingen, in dem Maße ab, wie man bereit zu sein scheint, die Leute mitbestimmen zu lassen. Es ist die Angst, übersehen zu werden, die die Selbstwertprobleme verschärft und Konflikte verursacht.«

Eine der Lehren, die Pollack für wichtig hält, ist folgende: »Die Punkte, über die man in jedem Interview über Führungsfragen spricht, sind nicht die heikelsten oder interessantesten Punkte. Es sind die greifbareren Fakten. Wir wissen, daß man Verantwortung delegieren und seine Mitarbeiter dazu ermuntern muß, initiativ zu werden und Chancen zu ergreifen. Der künstlerische Teil der Menschenführung unterscheidet sich meiner Ansicht nach in gewisser Weise nicht von der Kunst selbst, und zwar insofern, als beides Innovation ist und wie alle kreativen Akte auf einer gewissen Art kontrollierter freier Assoziation basiert.«

Führen zu lernen heißt auf einer Ebene, den Wandel bewältigen zu lernen. Wie wir gesehen haben, zwingt ein Führender einer Organisation seine »Philosophie« auf (im positivsten Sinne des Wortes) und schafft oder erneuert deren Kultur. Die Organisation handelt dann nach dieser Philosophie, führt die Mission aus, und ihre Kultur gewinnt dadurch ein Eigenleben, wird mehr Ursache als Wirkung. Wenn sich die Führungskraft jedoch nicht weiterentwickelt und an den äußeren Wandel anpaßt, wird die Organisation früher oder später erstarren.

Mit anderen Worten, eines der wesentlichsten Talente einer Führungskraft ist die Fähigkeit, ihre Erfahrungen dazu zu verwenden, sich in einer Position weiterzuentwickeln. Teddy Roosevelt wurde als »Clown« bezeichnet, bevor er Präsident wurde. Sein Vetter, Franklin D. Roosevelt, wurde von Walter Lippman diskreditiert als »netter Gutsbesitzer, der Präsident werden möchte«. Die Roosevelts gelten heute als zwei der besten Präsidenten, die Amerika je hatte. Für Führungskräfte ist immer die Praxis der Prüfstein.

Jacob Bronowski schrieb in seinem Buch *The Ascent of Man*: »Wir müssen begreifen, daß wir die Welt nur durch Handeln, nicht durch bloßes Nachdenken verstehen können... Der Aufstieg des Menschen wurde am nachhaltigsten durch die Freude über seine eigenen Fähigkeiten gefördert. Der Mensch tut gerne das, was er gut macht, und wenn er etwas gut gemacht hat, dann möchte er es noch besser machen.«

Eine Führungskraft macht es besser und besser, aber zufrieden ist sie nie. Aischylos sagte, Weisheit erwerbe man durch Schmerz und Nachdenken. Die Führungskraft weiß besser als jeder andere, daß die grundlegenden Probleme des Lebens nicht lösbar sind, aber sie bleibt trotzdem am Ball und lernt immer weiter.

Führungskräfte lernen, indem sie führen, und sie lernen am besten dadurch, daß sie ihre Führungskompetenz in schwierigen Situationen zeigen. Wie Berge durch das Wetter geformt werden, so werden Führungskräfte durch Probleme geformt. Schwierige Vorgesetzte, Mangel an visionärer Kraft und Integrität in der Vorstandsetage, Umstände, die sich ihrer Kontrolle entziehen, und eigene Fehler sind die wichtigsten Lernerfahrungen einer Führungskraft.

Der Mitbegründer von Korn/Ferry, Dick Ferry, ist ein Anhänger der Schule, die der Maxime folgt ›Wirf sie ins kalte Wasser, und sie werden schwimmen lernen‹: »Man kann Führungskräfte eigentlich nicht ausbilden. Wie soll man beispielsweise jemandem beibringen, Entscheidungen zu treffen? Man kann lediglich die Talente von Menschen fördern. Ich halte viel vom Sprung ins kalte Wasser, von praktischen Erfahrungen. Man vertraut ihnen eine Fabrik an, überläßt sie dem Markt oder schickt sie nach Japan oder Europa. Sie lernen bei der Arbeit.«

Jim Burke und Horace Deets bringen es auf den Punkt. Burke sagte: »Je mehr Erfahrungen und Prüfungen man überlebt, um so mehr eignet man sich zur guten Führungskraft.« Deets sagte mit Bezug auf seine eigene Arbeit als Generalsekretär der American Association of Retired People: »Das ist harte Arbeit, und ich würde wetten, daß man sie nur durch Praxis lernen kann. Man lernt nichts, wenn man Bücher darüber liest, man muß die Arbeit einfach tun. Das einzig geeignete Versuchsfeld ist die Praxis der Menschenführung selbst.«

Als ich mit Barbara Corday sprach, war sie gerade dabei, eine schwere Lektion zu verkraften: »Als Tri-Star mit Columbia fusionierte, gab es am nächsten Tag plötzlich zwei Präsidenten für die beiden Geschäftsbereiche Fernsehen«, also mußte einer von uns gehen. Es traf mich. Das war vor drei Monaten – der längste Zeitraum, über den ich während 25 Jahren arbeitslos war. Das war wirklich eine lehrreiche Erfahrung, eine Zeit echten Wandels und Nachdenkens, und ich glaube, ich bin erst jetzt fähig, mich wieder hineinzustürzen... Ich denke, morgens aufzustehen ist aufregender, wenn man nervös ist. Wenn man nicht nervös ist, ist man tot... Es wird Zeit, sein Leben oder seine Arbeit zu ändern, wenn man keine Schmetterlinge mehr im Magen spürt. Ich hatte mindestens vier völlig verschiedene Berufe, und es ist durchaus möglich, daß noch ein fünfter dazukommt.« Frau Corday ist natürlich nicht mehr arbeitslos.

Auch der Universitätsrektor Alfred Gottschalk ist ein Verfechter des Lernens aus Mißerfolgen. »Als Jugendlicher verlor ich einige Jobs, und in einigen Schulfächern war ich ziemlich schlecht, aber ich lernte, daß die Welt davon nicht untergeht. Mißerfolge tragen wesentlich zur Weiterentwicklung von Führungskräften bei. Entweder man fliegt raus, oder man wird ein gefestigterer und besserer Mensch.«

Über die Risiken von Führungspositionen sagte Gottschalk: »Heute ist es riskant, an der Spitze zu stehen. Andere versuchen vielleicht, einem in den Rücken zu fallen oder ein Bein zu stellen. Es gibt Leute, die wünschen, daß man scheitert. Und früher oder später fällt jede Führungskraft von ihrem Sockel. Entweder man wirft sie herunter, schießt sie ab, oder sie tun irgendeine Dummheit oder verschleißen sich einfach.«

Nach einer Studie der Verhaltenswissenschaftler Michael Lombardo und Morgen McCall (Lombardo & McCall 1984) vom Center for Creative Leadership sind Mißerfolge genauso zufällig – und genauso verbreitet – wie Erfolge. Nachdem sie fast einhundert Topmanager befragt hatten, fanden sie heraus, daß Glück die Regel, nicht die Ausnahme war und daß der Aufstieg der Manager alles andere als geregelt verlief. Zu den Schlüsselereignissen zählten radikale Arbeitsplatzwechsel und ernsthafte Probleme ebenso wie glückliche Zufälle. Zu den angeführten Problemen gehörten Fehlentscheidungen, Zurückstufungen, verpaßte Beförderungen, Tätigkeiten im Ausland, der Neuaufbau einer Firma von ganz unten, Unternehmensfusionen, Übernahmen, Reorganisierungen und die Unternehmenspolitik.

Lombardo und McCall kamen zu dem Schluß, daß man aus Mißerfolgen lernt, daß erfolgreiche Manager nie aufhören, Fragen zu stellen, daß sie ihre weniger erfolgreichen Kollegen in erster Linie deshalb ausstechen, weil sie mehr aus all ihren Erfahrungen lernen, und daß sie in ihrem Beruf schon frühzeitig lernen, sich mit Ambiguität abzufinden.

Im Jahre 1817 schrieb der Dichter John Keats in einem Brief an seinen Bruder, die Grundlage echter Leistung sei »eine negative Fähigkeit... daß eine Person Ungewißheiten, Geheimnisse und Zweifel ertragen kann, ohne nervös nach Fakten und Wahrheiten zu suchen.« (Keats 1958) Es gibt wahrscheinlich keine bessere Definition für eine gute Führungskraft in unserer Zeit.

John Gardner, der Gründer von Common Cause, ehemaliger Gesundheits- und Erziehungsminister und später Leiter eines Studienprogramms zur Unternehmensführung, zählt schleichende Krisen, die Größe und Komplexität von Organisationen und Institutionen, Spezialisierung, das aktuelle führungsfeindliche Klima und die allgemeinen und speziellen Härten des öffentlichen Lebens zu den wesentlichen Hindernissen guter Unternehmensführung. (Gardner 1987)

Auch Norman Lear sieht die Überwindung von Hindernissen als integralen Bestandteil der Führungsaufgaben. »Um eine erfolgreiche Führungskraft zu sein, muß man die Gruppe seiner Mitarbeiter nicht nur auf den richtigen Weg bringen, sondern auch davon überzeugen, daß man, unabhängig von den Hindernissen, die sich ergeben – ob nun ein Baum oder ein Hochhaus die Sicht verstellt –, auf jeden Fall einen Weg findet, der daran vorbeiführt. Man läßt sich durch die scheinbaren Hindernisse auf dem Weg zum Ziel nicht aus dem Konzept bringen. Alle Wege haben ihre Schlaglöcher und Fallgruben, aber der einzige Weg, diesen zu entgehen, besteht darin, sich ihnen zu nähern und sie als das zu erkennen, was sie sind. Man muß sehen, daß es nur ein Baum ist oder etwas ähnliches und daß es nicht unüberwindlich ist. Jede neue Erfahrung ist ein Gewinn.«

Jede neue Erfahrung ist ein Gewinn. Man lernt aus unvorhergesehenen Ereignissen genauso wie aus Mißerfolgen. Praktisch jede Führungskraft, mit der ich sprach, würde dem zustimmen.

Einige von ihnen lernten wertvolle Lektionen von schwierigen Chefs – einige sogar von schlechten Chefs. Der Unterschied zwischen beiden besteht darin, daß schlechte Chefs einem zeigen, wie man es nicht machen sollte. Ein schwieriger Chef vermittelt komplexere Lektionen. Ein schwieriger Chef kann herausfordernd, nörglerisch, einschüchternd, arrogant, kurz angebunden und launenhaft sein. Aber zugleich kann er inspirieren, langfristige Perspektiven eröffnen und sogar wirklich an einem interessiert sein. Ein klassisches Beispiel für einen schwierigen Chef ist Robert Maxwell, ein Mann von Weitblick und Erfolg, der alle oben genannten Fehler während eines Interviews zugab. Er entließ einmal seinen eigenen Sohn, weil dieser vergessen hatte, ihn am Flughafen abzuholen, und stellte ihn dann ein halbes Jahr später wieder ein.

Anne Bryant erzählte mir von einem schwierigen Chef: »Ich arbeitete für eine Frau, die ich bewunderte und für eine fantastische Person hielt, aber sie suchte bei allen Menschen immer nach den Fehlern, deshalb verlor sie viele gute Kräfte. Sie ist aufregend, brillant, eine visionäre Gestalt und sie bringt wirklich Bewegung und neue Impulse in ihre Organisation, aber es ist schwer, für sie zu arbeiten. Ich lernte sehr viel von ihr, sowohl in positiver als in negativer Hinsicht. Wenn man stark ist, kann man von schlechten Chefs lernen, wenn nicht, ist es hart.«

Barbara Corday beschrieb sowohl einen schlechten als auch einen schwierigen Chef: »Ich glaube, einige wirklich wichtige Dinge von schlechten Vorgesetzten gelernt zu haben. Es ist, als ob man einen Vater hat, über den man sagt: ›So werde ich meine Kinder nie behandeln...‹ Ich arbeitete vor mehreren Jahren in New York für einen Mann, der seine Arbeitskräfte regelrecht körperlich und geistig mißhandelte. Er griff sich regelmäßig einen Jungen, warf ihn gegen eine Wand und schrie ihn an. Und anschließend packte er 50 Dollar zusätzlich in die Lohntüte. In dieser Atmosphäre konnte keine Loyalität oder gute Arbeit gedeihen. Und ich schlug genau den entgegengesetzten Weg ein... Meine Partnerin Barbara und ich arbeiteten einmal für einen sehr berühmten, begabten Produzenten, der unglücklich verheiratet war und keine große Lust hatte, abends nach Hause zu gehen. Das führte natürlich zu guter Letzt dazu, daß wir bis in die Nacht hinein und sogar an Wochenenden arbeiten mußten, weil unser Chef kein Privatleben hatte, das ihm am Herzen lag. Daraus habe ich für mich die Lehre gezogen, daß man seinen Mitarbeitern seinen eigenen Lebensstil und sein Privatleben nicht aufzwingen kann... Ich glaube, ich bin in dieser Branche dafür bekannt, daß meine ehemaligen Mitarbeiter jederzeit wieder für mich arbeiten würden.«

Der frühere Vorstandsvorsitzende von Lucky Stores, Don Ritchey, sagte, daß schwierige Chefs »die Überzeugungen, die man selbst hat, wirklich in Frage stellen und sie einem alles beibringen, was man nicht tun will und wovon man nichts hält. Ich war einmal in einer Situation, in der ich entweder ständig aufbegehren oder den Mund halten mußte. Ich kündigte, ging wieder zur Universiät, um dann eine neue Stelle als Verwaltungsleiter eines Colleges anzutreten. Einige Jahre später war mein alter Chef nicht mehr da, und ich wurde wieder eingestellt. Schließlich wurde ich Vorstandsvorsitzender.« Ritchey arbeitete für einige sehr gute Chefs, aber es war der schwierige Chef, der seine berufliche Laufbahn nachhaltig beeinflußt hatte.

Wenn eine Führungskraft, die sich in der Ausbildung befindet, einen schwachen Vorgesetzten hat, dann muß sie vielleicht »nach oben managen«.

Shirley Hufstedler sagte: »Einige Leute wollen eigentlich, daß man auf sie aufpaßt, statt umgekehrt. Sie erwarten, daß ihre Mitarbeiter sich um sie kümmern. Nur eine Krise – etwa eine ernsthafte Krankheit, eine lebensgefährliche Situation, ein großer persönlicher oder finanzieller Verlust – kann diese Menschen und/oder ihre Einstellung verändern.«

Der ideale Vorgesetzte für eine künftige Führungskraft ist wahrscheinlich ein guter Vorgesetzter mit größeren Fehlern, so daß sie gleichzeitig die komplexen Lektionen über richtiges und falsches Handeln lernen kann.

Ernest Hemingway sagte, daß die Welt uns alle zerbricht und daß wir an den Bruchstellen gestärkt hervorgehen. Das gilt gewiß für Führungskräfte. Ihre Unverwüstlichkeit befähigt sie, ihre Vision zu verwirklichen.

Robert Dockson erzählt mir über seinen Hinauswurf bei der Bank of America: »Das war eine meiner lehrreichsten Erfahrungen, denn wenn man rasch wieder auf die Beine kommt, kann man sehr viel daraus lernen.«

Mathilde Krim hatte nie das Gefühl, zu einer Gruppe zu gehören. »Ich spürte immer, daß ich ein wenig anders war«, sagte sie. Und doch leitete sie später eine große amerikanische Stiftung und wurde deren wichtigste Sprecherin.

Das bringt mich auf den von mir so genannten »Wallenda-Faktor« – ein Konzept, das ich ausführlich in meinem Buch *Führungskräfte* beschrieb und das ich deshalb hier nur kurz rekapitulieren will. Kurz nachdem der berühmte Luftakrobat Karl Wallenda 1978 während seiner gefährlichsten Nummer zu Tode gestützt war, sagte seine Frau, ebenfalls eine Luftakrobatin: »Karl dachte monatelang über nichts anderes nach als über einen möglichen Sturz. Es war das erste Mal, daß er darüber nachdachte, und es schien mir, als ob er alle seine Energien eher darauf verwandte, nicht abzustürzen, als über das Drahtseil zu gehen.« Wenn wir mehr über die möglichen Risiken unseres Handelns als über unser Handeln selbst nachdenken, werden wir keinen Erfolg haben.

Nur wenige Führungskräfte – und keine, mit der ich sprach – haben etwas der Tylenol-Krise Vergleichbares erlebt, mit der Jim Burke vor einigen Jahre fertigwerden mußte. Diese Katastrophe hätte Johnson & Johnson vernichten können, aber sowohl das Unternehmen als auch Burke gingen gestärkt und klüger daraus hervor. Burke sprach ausführlich über diese Krise, und es stand für mich außer Frage, daß er nie an seinem Erfolg gezweifelt hatte.

Wie Sie sich erinnern werden, starben mehrere Menschen an Gift, das in Tylenol-Kapseln injiziert worden war. Die Nachricht verbreitete sich wie ein Lauffeuer im ganzen Land und wurde noch durch die Tatsache dramatischer und erschreckender, daß niemand wußte, wer das Tylenol vergiftet hatte und warum, und wie viele Schachteln davon betroffen waren. Burke nahm die Sache sofort in die Hand. »Ich wußte, ich hatte keine andere Wahl, und ich wußte, ich konnte es«, sagte er. »Ich war mein ganzes Leben lang noch nicht im Fernsehen gewesen, aber ich wußte, worauf es ankommt, und ich kannte das Publikum. Ich hatte drei voneinander unabhängige Organisationen eingeschaltet, die Nachforschungen anstellten; eine betrachtete den Vorfall von einem übergeordneten Johnson & Johnson-Standpunkt aus, eine weitere untersuchte ihn in bezug auf die Konsequenzen für das Produkt, und dann gab es noch eine Gruppe von Mitarbeitern mit Videokameras, die Konsumenten befragten. Ich nahm jeden Abend einige aufgezeichnete Kassetten mit nach Hause und sorgte dafür, daß alle anderen Entscheidungsträger sich diese auch anschauten; auf diese Weise konnten wir die Leute hören und sehen und einen Eindruck von ihren Gefühlen und Reaktionen gewinnen.

Ich bin in Marktforschung und Marketing ausgebildet worden. Ich kenne die Medien. Ich war ein Nachrichten-Freak, und ich habe mehrmals mit den großen Fernsehanstalten verhandelt. Die führenden Leute in den Nachrichtenredaktionen waren mir bekannt; ich wußte, wen ich anrufen mußte und wie ich mit ihnen zu reden hatte. Nicht etwa, daß ich Angst gehabt hätte, selbst vor die Kameras zu treten, aber ich wollte, daß sie das Problem und die Notwendigkeit, verantwortungsvoll damit umzugehen, begreifen. Es gab für mich keinen Zweifel, daß auf lange Sicht gesehen die Öffentlichkeit nicht nur über die Zukunft von Tylenol und Johnson & Johnson entscheiden würde, sondern auch über die Vermarktungsstrategie rezeptfreier Medikamente im allgemeinen. Ich saß zwölf Stunden pro Tag in diesem Büro. Ich bat jeden um Ratschläge, weil niemand jemals mit dieser Art von Problem zu tun gehabt hatte. Es war brandneu.

Mein Sohn sagte etwas Interessantes. Er meinte, ich hätte eine Lebensphilosophie, an die ich fest glaubte und die jetzt urplötzlich durch einen Unfall auf den Prüfstein gestellt würde, und ich würde von meiner ganzen Erfahrung in einmaliger Weise profitieren. Einige sehr fähige Leute sagten mir, sie könnten nicht tun, was ich tue, und nur eine einzige Person hier unterstützte mich. Ich wußte, daß es nicht unsere Schuld war, und ich vertraute auf die dem System inhärente Gerechtigkeit und darauf, daß man uns fair behandeln würde. Als ich mich dann aber entschloß, in der Fernsehsendung ›60 Minutes‹ kritische Fragen zu beantworten, sagte mir der Leiter der Public Relations Abteilung, das sei die schlimmste Entscheidung, die jemals von einem Mitarbeiter dieses Unternehmens getroffen worden sei, und jeder, der den Fortbestand des Unternehmens auf diese Weise aufs Spiel setze, handle völlig verantwortungslos. Dann ging er raus und knallte die Tür hinter sich zu.

Ich hatte den Leiter der Sendung, Mike Wallace, Jahre zuvor kennengelernt, und ich traf mich mit ihm und seinem Produzenten, der der härteste Typ war, der mir je untergekommen ist. Er war Staatsanwalt gewesen und verhielt sich dementsprechend. Es lief schließlich darauf hinaus, daß es das Beste wäre, wenn wir die Karten offen auf den Tisch legen würden. Und das taten wir dann auch. Nach der Sendung machten wir eine Erhebung und stellten fest, daß diejenigen, die die Sendung gesehen hatten, fünfmal so motiviert waren, unsere Produkte zu kaufen, wie jene, die sie nicht gesehen hatten. Ich ging auch noch in eine andere Sendung. Mein Gesprächspartner dort war ebenfalls sehr entgegenkommend und hilfreich.

Ich glaube, das funktioniert alles deshalb, weil ich davon überzeugt war, daß wir als Firma über ungeheure Stärken verfügten, die wir noch nie zuvor eingesetzt hatten. Und es gab keinen Arzt im ganzen Land, den wir nicht angerufen hätten, um etwas über Tylenol zu erfahren. Intern hatten wir alles, was wir brauchten, einschließlich der moralischen Stärke. Wir entwarfen die neue Verpackung praktisch über Nacht, während das normalerweise zwei Jahre dauert. Aber am wichtigsten war die Tatsache, daß wir die Öffentlichkeit an erste Stelle setzten. Wir verheimlichten nie etwas, und wir waren so ehrlich, wie wir nur konnten. Das bestätigte bloß meine Überzeugung, daß es klappt, sofern man nur mit offenen Karten spielt.

Ich ernährte mich nur mit Schnellimbissen und schlief jede Nacht lediglich drei bis vier Stunden, aber das schien mir nichts auszumachen. Ich glaube, es stimmt, daß der Körper selbst die chemischen Stoffe erzeugt, die er braucht, um mit kritischen Situationen fertigzuwerden. Und es half mir wohl auch das Wissen, daß wir das Richtige taten. Ich war überzeugt davon, daß wir das Produkt retten würden, und wir schafften es auch.«

Burke erschien im Rahmen eines Berichts über Innovatoren im Juni 1988 auf der Titelseite der Zeitschrift *Fortune* – eine hoch verdiente Anerkennung.

Unsere Führungskräfte verwandeln Erfahrungen in Einsichten und gestalten dadurch die Kultur ihrer Organisation um. Auf diese Weise wird die Gesellschaft als ganzes umgeformt. Das ist weder ein geregelter noch notwendigerweise ein logischer Prozeß, aber der einzige, der existiert.

Lynn Harrel, eine unserer bedeutenden Cellistinnen und Dozentin an der Universität of Southern California, schrieb in der Zeitschrift *Ovation:* »Es ist leider fast unmöglich, jemandem Magie beizubringen. In meiner Klasse an der USC suchen zwölf begabte Schüler und ich ständig nach einem Weg, das Undefinierbare zu definieren... Aber zu guter Letzt müssen sie in ein Orchester gehen und es selbst versuchen. Es gibt keinen Ersatz für die Magie eines Orchesters. Deshalb werde ich bitterböse, wenn ich fühle, daß man ihnen diese Erfahrung vorenthält oder sie davon ausschließt... Ich erinnere mich noch daran, wie es ist, wenn man jung ist und auf diese Art für Erfahrungen offen wird, bevor der Charakter sich verfestigt und der Alltag uns einholt.«

In Erfahrungen steckt Magie und Klugheit. Und noch mehr Magie, noch mehr Klugheit in Streß, Herausforderungen und Mißerfolgen. Und sich an einem Arbeitsplatz zu bewähren ist dem Klugen sehr viel mehr wert als alle akademischen Abschlüsse und Doktortitel.

Kapitel 8

Menschen für sich gewinnen

»Noch einmal stürmt, noch einmal, liebe Freunde!
...
Folgt eurem Mute, und bei diesem Sturm
Ruft: ›Gott mit Heinrich! England! Sankt Georg!‹«

WILLIAM SHAKESPEARE, *Heinrich V*

Was veranlaßt uns dazu, vorwärts zu stürmen, wobei wir sogar solchen Führern folgen, denen kein William Shakespeare die Reden schreibt? Einige würden antworten, es liege am Charisma und entweder habe man es oder nicht. Ich glaube nicht, daß es so einfach ist. Im Verlauf meiner Studien begegnete ich vielen Führungskräften, die beim besten Willen nicht als charismatisch bezeichnet werden können, aber es gelang ihnen dennoch, ein beneidenswertes Vertrauen und Loyalität bei ihren Mitarbeitern zu gewinnen. Und durch ihre Fähigkeit, Menschen für sich zu gewinnen, konnten sie notwendige Veränderungen in der Kultur ihrer Organisation bewirken und ihre zukunftsweisenden Visionen verwirklichen.

Ed, unser alter Bekannter, der sich Systemzwängen auslieferte, gehörte nicht zu dieser Gruppe. Als ich ihn zum erstenmal traf, beklagte man lediglich seine mangelnde soziale Kompetenz. Im Grunde genommen lag Eds Problem natürlich viel tiefer, aber die soziale Kompetenz verdient mehr Aufmerksamkeit, als ihr in Diskussionen über Unternehmensführung häufig entgegengebracht wird. Einen Teil davon kann man lernen – ob alles, bezweifle ich. Einfühlungsvermögen beispielsweise könnte eine Eigenschaft sein, die man wie Charisma entweder hat oder nicht hat. Nicht alle Führungskräfte sind einfühlsam, aber doch viele und, wie Martin Kaplan sagte: »Ich habe Führungskräfte gekannt, die keine Spur davon hatten und trotzdem Führungskräfte waren, aber jene, die diese Eigenschaft besaßen, haben mich stärker beeindruckt und inspiriert.« Gloria Steinem fügte hinzu: »Es gibt viele hervorragende Personen, die sich nicht besonders gut in andere einfühlen können.«

Auch Barbara Corday setzt ihr Einfühlungsvermögen ein, was sie für spezifisch weiblich hält: »Ich glaube, daß Frauen allgemein zu Macht ein anderes Verhältnis haben als Männer. Ich bin überhaupt nicht auf persönliche Macht aus, vor allem nicht auf Macht über Menschen. Ich möchte über jene Art von Macht verfügen, die meiner Firma und meinen Mitarbeitern zugute kommt ... Als Mütter, Ehefrauen und Töchter waren wir für andere da, und viele der Personen, die uns Zuwendung gegeben haben, waren Frauen, und wir spielen diese Rolle der Fürsorgerin auch dann noch, wenn wir beruflich erfolgreich sind. Das ist für uns ganz natürlich. Ich war immer sehr froh, glücklich und stolz, daß ich nicht nur alle meine Mitarbeiter kannte, sondern auch die Namen ihrer Ehemänner, Ehefrauen und Kinder wußte, und wußte, wer krank gewesen war und welche Fragen ich stellen konnte. Das zeichnet für mich eine Arbeitsatmosphäre aus. Ich glaube, genau das schätzen die Mitarbeiter, und deshalb wollen sie hier arbeiten und sind loyal und interessieren sich für das, was sie tun. Ich glaube, das ist eine ausgesprochen weibliche Eigenschaft.«

Dennoch ist auch für die Männer, mit denen ich sprach, Einfühlungsvermögen wichtig. Herb Alpert sagte: »Wenn man mit Künstlern zu tun hat, ist es ganz wichtig, daß man für ihre Gefühle und Wünsche empfänglich ist und ihnen Gelegenheit gibt, ihre Klagen oder aber auch brillanten Ideen zur Sprache zu bringen.«

Einfühlungsvermögen ist nicht nur bei Künstlern wichtig. Don Ritchey sagte: »Ich glaube, es ist einer der größten Motivationsfaktoren, wenn man den Leuten zu verstehen gibt, daß ihre Arbeitskollegen und vor allem ihre

Vorgesetzten nicht nur wissen, daß es sie gibt, sondern ziemlich genau wissen, was sie tun, und sie fast täglich persönlich treffen, um ihnen das Gefühl zu geben, daß eine echte Partnerschaft da ist und daß man wirklich versucht, die Arbeit in konstruktiver Weise gemeinsam zu bewältigen und bei Fehlern nicht nach einem Sündenbock, sondern nach einer Lösung zu suchen.«

Und selbstverständlich ist Einfühlungsvermögen nicht der einzige Faktor, wenn man Menschen für sich gewinnen will. Roger Gould erklärte, wie er führte, ohne zu bestimmen: »Ich bin immer eine Art Einzelgänger gewesen; als ich jedoch Leiter der Polikliniken der UCLA (University of California at Los Angeles) war, entwarf ich eine Art Mitbestimmungsmodell, mit dem die Mitarbeiter dazu bewegt werden sollten, Probleme zu formulieren. Wenn es ein Problem oder eine Beschwerde gab, setzten wir uns offen und direkt damit auseinander. Daß ich der Chef war, bedeutete nicht, daß ich allein die Verantwortung tragen würde oder konnte. Jeder war mit der gleichen Komplexität konfrontiert, also mußten wir als Gruppe damit fertigwerden.«

Sydney Pollack beschreibt das Bedürfnis einer Führungskraft, Menschen auf ihrer Seite zu haben, auf folgende Weise: »Bis zu einem gewissen Punkt kann man, wie ich glaube, durch Angst und Einschüchterung führen, so furchtbar das auch klingen mag. Man kann seine Mitarbeiter disziplinieren, indem man sie einschüchtert oder indem man ihnen das Gefühl gibt, einem verpflichtet zu sein. Man kann auch führen, indem man Schuldgefühle erzeugt. Führung basiert häufig auf Angst, Abhängigkeit und Schuldgefühlen. Die Ausbildungslager der Marineinfanterie sind dafür bekannt. Aber das Problem ist, daß der so erzeugte Gehorsam einen gewissen Widerwillen enthält. Man kann das mit einem physikalischen Vorgang vergleichen, bei dem die Bewegung eines Körpers durch ein Medium einen starken Strömungswiderstand und heftige Rückströmungen auslöst. Es gibt zwei andere Faktoren, die ich für weitaus positivere Gründe halte, jemandem zu gehorchen. Zunächst einmal, aufrichtig an die Person zu glauben, der man gehorcht. Und dann ein egoistisches Motiv. Der Geführte muß glauben, daß Gehorsam im Augenblick die beste Verhaltensweise ist. Ich denke, es muß ihm klar sein, daß es ihm auf jeden Fall mehr bringt, zu gehorchen, als nicht zu gehorchen. Man möchte ja schließlich nicht, daß die Mitarbeiter sich nur deshalb fügen, weil sie dafür bezahlt werden. Manchmal kann man ihnen etwas beibringen. Man könnte ihnen etwa sagen: Ihr werdet von der Arbeit an diesem Film mehr profitieren als von der Arbeit an einem anderen Film. Man versucht jedem das Gefühl zu geben, daß die Arbeit ihm persönlich etwas bringt.«

Barbara Corday formulierte es ähnlich: »Menschen für sich zu gewinnen ist eine Frage der geistigen Einstellung, der Teamatmosphäre. Ich glaube, es hat sehr viel damit zu tun, daß man die Leute nicht in unmittelbaren Wettbewerb miteinander bringt. Das ist leider keine allgemein verbreitete Ansicht. Ich halte nichts von persönlicher Konkurrenz am Arbeitsplatz. Ich habe immer und überall alles darangesetzt, die Firma, die Fernsehshow oder die Mitarbeiter von internen Klüngeleien zu verschonen. Ich habe mit der Einschüchterungs-Theorie keine guten Erfahrungen gemacht.«

Don Ritchey stimmte dem zu. »Eine der wichtigsten Voraussetzungen für erfolgreiche Menschenführung ist das Wissen, daß man mit Zwang nicht weit kommt. Die Mitarbeiter müssen von sich aus wollen, und das ist ja meistens auch der Fall, wenn sie die Person respektieren, die an der Spitze steht, und wenn sie darauf vertrauen, daß diese langfristige Perspektiven für das Unternehmen eröffnet... Ich habe keine Patentrezepte, wie man jemandem beibringt, eine gute Führungskraft zu sein, aber ich weiß, man kann nur dann wirklich führen, wenn jemand auch bereit ist zu folgen.«

Gloria Steinem glaubt, daß nur der Führungsstil, der in sozialen Bewegungen praktiziert wird (im Gegensatz zur Unternehmensführung), eine echte Mitarbeitermotivation erlaubt, auch wenn sie zugibt, daß dies für die besseren Formen von Unternehmensführung, wie der Ritcheys, nicht zutreffen mag. »Das Führen einer Bewegung beruht auf Überzeugungen, nicht darauf, Befehle zu geben. Es gibt keine Position, von der aus man führt. Der Erfolg kommt dadurch zustande, daß man Dinge in einer Weise zur Sprache bringen kann, die inspirierend wirkt und Koalitionen ermöglicht. Die Bewegung muß von einer Vielzahl verschiedener Menschen, nicht von einer Gruppe allein getragen werden. So sprach man etwa von ›Geburtenkontrolle‹, bevor wir den Slogan von der ›reproduktiven Freiheit‹ populär machten. Und das stiftete Uneinigkeit, weil einige Arme und einige rassische Minderheiten das Gefühl hatten, es richte sich gegen sie. Das Problem war der Slogan ›Geburtenkontrolle‹, der besagte, daß ein anderer die Entscheidung trifft, und nicht man selbst. ›Reproduktive Freiheit‹ hingegen läßt anklingen, daß der einzelne die Autorität hat zu entscheiden. Und das ermöglichte Koalitionen... Es gibt keinen Menschen, der das macht, was ich ihm vorschreibe. Keinen. Nicht einmal meinen Assistenten, der viel zu intelligent dafür ist. Die einzige Macht, die ich habe, ist die Macht der Überzeugung bzw. der Inspiration.«

Auch Betty Friedan erörterte die Vorstellung, sich beim Führen eher auf seine Überzeugungskraft als auf seine Position zu verlassen. »Ich habe mich nie um formale Macht bemüht. Ich kann große Wirkungen allein durch meine Stimme erzielen, dazu muß ich nicht der Präsident sein. Neulich hielt ich eine Rede an einer Universität, an der nur zwei Prozent des Lehrkörpers Frauen sind. Es herrschte ein starker Andrang. Ich sagte: ›Ich befinde mich hier wohl an einem Ort, der aus einem gewissen Grunde ein Anachronismus ist.‹ Ich las ihnen die Zahlen vor und sagte: ›Es erstaunt mich, daß man Ihnen hier noch keine größere Gruppenklage angehängt hat.‹ Man konnte daraufhin die Spannung im Saal mit Händen greifen. Ich fuhr fort: ›Natürlich liegen acht Jahre Reagan hinter uns, und die Anti-Diskriminierungsgesetze wurden nicht verschärft, aber jetzt haben wir das Civil Rights Restoration Act (Gesetz zur Wiedereinsetzung der Bürgerrechte). Und Sie befinden sich in einer sehr verwundbaren Position, da über 50 % ihrer Finanzmittel Bundeszuschüsse sind. Das nur als warnender Hinweis. Passen Sie auf.‹ Dann fuhr ich mit meiner Rede fort. Ich spürte, daß in den Köpfen der Leute etwas ausgelöst worden war. Ich habe während der letzten zehn Jahre keine Organisation geleitet, aber das brauchte ich auch gar nicht.«

Die Grundlage einer Menschenführung, die auf Überzeugung setzt, ist Vertrauen –, und ich glaube in der Tat, daß Vertrauen nicht nur die Grundlage dafür ist, daß man Mitarbeiter für sich gewinnt, sondern auch dafür, daß man sie bei der Stange hält. Es gibt bei Führungskräften vier Eigenschaften, die Vertrauen erzeugen und erhalten:

1. *Beständigkeit:* Auch wenn eine Führungskraft selbst Überraschungen in Kauf nehmen muß, so sollte sie doch ihre Mitarbeiter davor bewahren. Führungskräfte sind aus einem Guß; sie halten den Kurs.
2. *Kongruenz:* Führungskräfte tun, was sie sagen. Die Theorien, die sie vertreten, und ihre praktischen Handlungsweisen klaffen nicht auseinander.
3. *Zuverlässigkeit:* Führungskräfte sind da, wenn man sie braucht; sie sind gewillt, ihre Mitarbeiter in den entscheidenden Momenten zu unterstützen.
4. *Integrität:* Führungskräfte erfüllen ihre Verpflichtungen und halten ihre Versprechungen.

Wenn Sie diese vier Eigenschaften besitzen, dann werden Ihre Mitarbeiter auf Ihrer Seite stehen. Noch einmal möchte ich betonen, daß es sich um solche Faktoren handelt, die nicht gelehrt werden können. Man kann sie nur lernen. So jemand wie Ed wird ihre Bedeutung nie verstehen.

Frances Hesselbein sagte über ihre Arbeit mit den Pfadfinderinnen: »Ich glaube, ich habe meine Versprechen gehalten. Ich konnte eine Vision vermitteln, eine zukunftsweisende Perspektive für die Organisation und Respekt vor Menschen. Die Integrität der eigenen Person und der Organisation sind Schlüsselfaktoren. Aber ich habe den Ehrgeiz, alles immer noch besser und besser zu machen, und ich strebe bei allem, was ich tue, nach Perfektion. Wir managen ja nicht, um große Manager zu sein, sondern um eine Aufgabe zu erfüllen. Ich halte nichts von einem System von lauter Stars. Ich möchte meinen Mitarbeitern helfen herauszufinden, für welche Arbeiten sie geeignet sind, und ihnen dann die Freiheit geben, diese zu tun. Unser ganzes Augenmerk gilt unseren Mitgliedern, deren Betreuung und der einmaligen Chance, die diese Organisation und ihre 60 000 freiwilligen Mitarbeiter darstellt. Das ist eine sehr spannende Aufgabe. Wir verlagern die ganze Ökologie des Lernens weg von einer bestimmten Klasse bzw. einem Ort auf Problemfelder und Sachfragen, so daß die sogenannten Probleme zu Chancen werden, sich auf neue Weise nützlich zu machen.«

Richard Schubert setzt seine Überzeugungskraft sogar dafür ein, eine alte Institution zu revolutionieren. »Es ist schwerer, das Rote Kreuz zu leiten als Bethlehem Steel, weil man hier erstens alles in einem Wasserglas macht, zweitens meistens mit Freiwilligen arbeitet und drittens die Natur der Organisation eine Vollzeit-Führungskraft erfordert. Man kann nicht bloß managen, man muß führen. Ich verbringe viel Zeit an der Front. Es ist mir wichtig, die Menschen zu verstehen, die wir betreuen, und ihre Meinung über uns zu erfahren. Und ich vergesse nie die weltweite Verbreitung unserer Organisation. Es gibt eigentlich nur zwei Einsatzfälle für jede Ortsgruppe des Roten Kreuzes: Katastrophen und Betreuung militärischer Einheiten im Krisenfall. Aber wir haben einen neuen Schwerpunkt gesetzt. Wir versuchen nicht, jedem alles zu geben. Wir sind dabei, eine Nothilfeorganisation zu werden, und wir lassen im wesentlichen unsere Lokalgruppen darüber entscheiden, welche Prioritäten sie in ihrem Bereich setzen. Deshalb gibt es in der Gesundheitspflege und der Sozialfürsorge nichts, was nicht irgendeine Ortsgruppe des Roten Kreuzes abdecken würde.«

Wie Steinem und Friedan müssen auch Hesselbein und Schubert durch Überzeugen führen. Sie sehen ein, daß sie ihre freiwilligen Mitarbeiter führen, aber nicht kontrollieren, inspirieren, aber nicht kommandieren müssen.

Führen durch Überzeugen ist eine notwendige Voraussetzung für die Leitung von Bewegungen bzw. für jede Situation, in der es eine Führungskraft mit freiwilligen Mitarbeitern zu tun hat. Aber die gleiche Fähigkeit, durch Einführung und Vertrauen zu inspirieren und zu überzeugen, sollte in jeder Organisation vorhanden sein. In seinem Buch *Leadership is an Art* behauptet Max De Pree, der Vorstandsvorsitzende von Herman Miller, daß der beste Weg, mit Menschen umzugehen, der folgende sei: »Die besten Arbeitskräfte eines Unternehmens sind wie freiwillige Mitarbeiter. Da sie wahrscheinlich zwischen vielen guten Stellen wählen können, entscheiden sie sich für einen bestimmten Arbeitsplatz aus Gründen, die weniger greifbar sind als Gehalt oder Rang. Freiwillige Mitarbeiter brauchen keine Verträge, sie brauchen Bündnisse... Bündnisse lassen Freiräume entstehen und verhindern Erstarrung. Sie beruhen auf der Bindung an gemeinsame Ideen, Prinzipien, Werte, Ziele und dem Interesse an Führungsaufgaben. Worte wie Zuneigung, Wärme, persönliche Chemie sind hier sicherlich angemessen. Beziehungen, die auf bindenden Versprechen gründen... stillen tiefe Bedürfnisse und machen die Arbeit sinnvoll und erfüllend.« (De Pree 1988)

Der Philosoph Isaiah Berlin sagte: »Der Fuchs kennt vieles; der Igel nur eines.« Führungskräfte sind zugleich Fuchs und Igel. Sie haben ihre Begabung oder ihren Beruf souverän gemeistert, sie machen ihre Arbeit so gut, wie sie nur gemacht werden kann, aber sie verfügen auch über eine grundlegendere soziale Kompetenz. Sie können positive Beziehungen zu ihren Mitarbeitern innerhalb der Organisation und ihren Kollegen außerhalb herstellen und aufrechterhalten. Sie sind nicht nur in der Lage, die Dimensionen und Ziele ihrer Organisation zu verstehen, sondern sie können ihre Einsicht auch artikulieren und vermitteln. Sie haben die Fähigkeit, Vertrauen zu erwecken, ohne es zu mißbrauchen. Don Ritchey sagte: »Sie (die Arbeitskollegen) müssen davon überzeugt sein, daß man weiß, was man tut. Und umgekehrt muß man auch selbst glauben, daß die Arbeitskollegen wissen, was sie tun, und ihnen zu verstehen geben, daß man ihnen vertraut. Ich habe mir immer etwas mehr Zeit genommen und meinen Mitarbeitern mehr erzählt, als sie eigentlich zu wissen brauchten ... Man muß zu seinen Mitarbeitern absolut ehrlich sein und nicht raffiniert oder gerissen, und man sollte nicht meinen, daß man sie manipulieren kann. Das heißt nicht, daß man sie alle für Stars halten muß oder daß man mit allem einverstanden sein muß, was sie tun, aber die Beziehung zu ihnen sollte authentisch sein.«

Im Grunde kann eine Führungskraft ihre Mitarbeiter nur dann in Schwung bringen, wenn sie sowohl sich selbst versteht als auch die Bedürfnisse und Wünsche ihrer Mitarbeiter und das, was Hesselbein ihre gemeinsame Mission genannt hat. Bei solchen Führungskräften sind Fachkompetenz, langfristige Perspektiven und Integrität in einem nahezu vollkommenen Gleichgewicht. Kompetenz bzw. Wissen ohne langfristige Perspektiven und Integrität bringt Technokraten hervor. Integrität ohne langfristige Perspektiven und Wissen erzeugt Ideologen. Langfristige Perspektiven ohne Integrität und Wissen erzeugen Demagogen.

Wie Peter Drucker dargelegt hat, ist es das vorrangige Ziel von Führung, eine menschliche Gemeinschaft zu schaffen, die mit der Arbeit für ein gemeinsames Ziel zusammengehalten wird. Organisationen und ihre Leiter müssen sich zwangsläufig mit der Natur des Menschen auseinandersetzen, d.h. sie sind mit der Frage konfrontiert, warum Werte, Bindungen, Überzeugungen, ja sogar Leidenschaften grundlegende Faktoren in jeder Organisation sind. Da Führungskräfte mit Menschen, nicht mit

Dingen umgehen, muß eine Führung ohne Werte, Bindungen und Überzeugungen zwangsläufig unmenschlich und schädlich sein.

Besonders heute, in diesem unbeständigen Klima, ist es ganz wichtig, daß Führungskräfte einen klaren, konsequenten Kurs steuern. Sie müssen Unsicherheiten einräumen, die Gegenwart erfolgreich meistern und zugleich Antennen für die Zukunft haben und auf sie reagieren. Das heißt, daß sie den Auftrag der Organisation immer wieder darstellen, erklären, erweitern, ausdehnen und, wenn notwendig, verbessern müssen. Ziele sind keine Endzwecke, sondern ideale Prozesse, durch die die Zukunft gestaltet werden kann.

Integrität ist die Grundlage von Vertrauen

Eine der größten Herausforderungen, der sich Führungskräfte heute stellen müssen, ist der sprunghafte Anstieg rechtswidriger Handlungsweisen bei Unternehmen, von denen wir fast täglich in den Zeitungen lesen können. Und wenn es irgend etwas gibt, was das Vertrauen untergräbt, dann das Gefühl, daß den Leuten an der Spitze Integrität und ein solides ethisches Verantwortungsgefühl fehlt. Die charakteristischen Merkmale von Einfühlung und Vertrauen spiegeln sich nicht nur in ethischen Regeln wider, sondern auch in Unternehmenskulturen, die verantwortungsvolles Verhalten fördern. Einige neuere Studien kritisieren das fehlende Berufsethos im gegenwärtigen Wirtschaftsklima, das Machtgier nicht nur verzeiht, sondern geradezu belohnt. Eine dieser Studien, die William Frederick von der Universität von Pittsburgh gemacht hat (Frederick & Weber 1988), deutet ironischerweise darauf hin, daß Unternehmen mit ethischem Kodex häufiger von Bundesbehörden verwarnt werden, weil ein solcher Kodex meist auf eine Verbesserung der Firmenbilanz abzielt. Marilyn Cash Mathews, die Verfasserin einer Studie der Washington State University, stellte fest, daß 75 Prozent all dieser Standards solche Dinge wie Umweltschutz und Produktsicherheit außer acht lassen. Sie folgert daraus: »Die aufgestellten Regeln beziehen sich eigentlich auf Verstöße gegen Unternehmensrichtlinien, statt auf Gesetzwidrigkeiten im Auftrag des Unternehmens.« (Mathews 1988)

Frederick, der die persönlichen Wertvorstellungen von über 200 Managern im Gebiet von Pittsburgh untersuchte, fand heraus, daß »deren persönliche Wertvorstellungen durch die Anforderungen der Firma blockiert werden«. Er erwähnte auch eine frühere Studie, die Interviews mit 6000 leitenden Angestellten enthielt und feststellte, daß 70 Prozent der Befragten sich unter Druck gesetzt fühlten, die Unternehmensstandards zu übernehmen, und daß sie häufig an ihren eigenen ethischen Grundsätzen ihrem Arbeitgeber zuliebe Abstriche machten.

Dieser Verfall der Unternehmensethik ist ein unmittelbares Resultat des Profitdenkens. Norman Lear verurteilt dieses Denken: »Während zu anderen Zeiten wohl Kirche, Erziehungswesen und Familie die Kultur am nachhaltigsten beeinflußt haben, ist heute die Wirtschaft an ihre Stelle getreten. Wo man auch hinschaut, sieht man meines Erachtens, daß das kurzfristige Denken der Unternehmen den stärksten Einfluß auf unsere Kultur hat. Kurzfristiges Denken ist die Krankheit der zeitgenössischen Gesellschaft.«

Andere Führungskräfte waren der gleichen Meinung wie Lear und sagten, daß die Unternehmen ihre Gewinne wahrscheinlich erhöhen würden, wenn sie die gleiche Zeit und Mühe, die sie für ihre Versuche, Gesetze zu umgehen und Beamte zu kaufen, aufwenden, für die Verbesserung der Produktqualität einsetzten.

Zwar sind die Untersuchungen über den Zusammenhang von Unternehmensethik und Unternehmensgewinn nicht schlüssig (die meisten zeigen, daß es keinen gibt), aber Jim Burke ist trotzdem der Meinung, daß ethisch handelnde Unternehmen durchweg profitabel sein können. Seine Firma, Johnson & Johnson, ist ein Beispiel dafür. Er sagte weiter: »Es ist möglich, eine Kultur zu schaffen, die solche Leute anzieht, die man sich als Mitarbeiter wünscht. Man kann das Führung nennen oder auch Schaffen und Vermitteln einer positiven Kultur.«

Don Ritchey pflichtete bei. »Ich gehe davon aus, daß die meisten Menschen ethisch handeln wollen. Das ist eine Art Philosophie des Kategorischen Imperativs. Wenn man deshalb ein Klima erzeugt, in dem man nicht nur großartig redet, sondern die Mitarbeiter auch sehen, daß man es so meint, wie man es sagt, und es funktioniert, dann muß niemand Zweckmäßigkeitsentscheidungen treffen, weil man ihn unter Druck gesetzt hat, indem man ihm einerseits sagte, ethisch zu handeln, und andererseits drängte, die Vorgabe zu erreichen, auch wenn dazu unlautere Mittel nötig sind. Es hilft, wenn man mit unnachgiebiger Strenge gegen unmoralisches Verhalten vorgeht. Wenn wir beispielsweise jemanden erwischen würden, der am Bruttogewinn herummanipulierte, würden wir ihn auffordern, seine Arbeit ordnungsgemäß zu machen, bzw. es wäre uns lieber, wenn er seine Versäumnisse zugeben würde. Und wenn das noch einmal vorkommt, fliegt er... Ethik ist nichts, was man auf die leichte Schulter nehmen sollte. Sie ist wichtig... Ich war besonders erfolgreich, als ich für diese Firma arbeitete. Ich mußte bei meinen täglichen Entscheidungen nie zwischen dem ethisch Richtigen und dem guten Geschäft wählen.«

Aber laut Dick Ferry sind Burke, Ritchey und andere, die über die kurzfristigen Gewinnaussichten hinausblicken, immer noch die Ausnahme. Er sagte: »Es gibt einige hervorragende Vorstandsvorsitzende an der Spitze amerikanischer Unternehmen, Manager, die genau wissen, worauf es ankommt, um in Zukunft wettbewerbsfähig zu sein, aber sie sitzen in der Klemme. Der einzige Schutz gegen feindliche Übernahmen besteht für sie darin, den Aktienkurs in die Höhe zu treiben. Jeder, der ernsthaft über die Zukunft nachdenkt, gefährdet die Firma und seine eigene Karriere, weil die Investitionen größerer Geldmengen in solche Bereiche wie Forschung und Entwicklung sowie Produktplanung sich nicht kurzfristig auszahlt... Mögen Firmen auch noch so fantasievolle Stellenbeschreibungen entwerfen, und mag man auch noch so intensiv über langfristige Strategien diskutieren, im Endeffekt will ein Unternehmen doch immer einen Manager, der schnelle Erträge erwirtschaftet.«

Burke jedenfalls ist fest entschlossen, diese gesellschaftliche Krankheit zu bekämpfen. Norman Lear beschreibt, was er tut: »Jim Burke hat einige Mittagessen arrangiert, zu denen er andere Vorstandsvorsitzende eingeladen hat, und zu Anfang möchten sie alle wissen, wie das Image der Unternehmen aufpoliert werden kann. Sie sind nicht bereit, ohne weiteres zuzugeben, daß die Unternehmen selbst gewaltig zu ihrem schlechten Image beitragen. Und wenn einige Zeit vergangen ist und sie sich entspannen, dann räumen sie auch durchaus ein, daß sie Hilfe brauchen. Daß die Unternehmen Hilfe brauchen. Sie sind ja keine Schurken, sie haben die fixe Idee kurzfristigen Denkens nicht eingeführt. Sie wissen, daß das die falsche Strategie ist, aber sie sitzen in einer Falle, aus der sie sich nicht selbst befreien können. Sie brauchen jemanden, der die Szene beleuchtet, so daß jeder sieht, was falsch ist. Sie können das im stillen unterstützen, aber sie können nicht sagen: ›Ich bin grundsätzlich gegen kurzfristiges Denken.‹ Sie sind den Aktionären verpflichtet, und die Aktionäre werden von der Wall Street vertreten; das ist eine Umklammerung, der sie sich nicht entwinden können. Wenn sie jedoch einen Weg finden, sich damit auseinanderzusetzen, kann sich das Klima wandeln, und dann können auch sie sich verändern.«

Sich für Veränderungen einsetzen

Führen durch Überzeugen, Inspirieren durch Vertrauen und Einfühlen bewirkt mehr, als bloß Sympathien zu wecken. Es kann das Klima so sehr verändern, daß es den Mitarbeitern genügend Freiraum gibt, das Richtige zu tun.

Wenn Führungskräfte wie Burke ihre Vorstandskollegen bei anderen Firmen überzeugen können, dann verbessern sie das allgemeine Klima und gestalten ihre Unternehmen so um, daß diese erfolgreichere geschäftliche Beziehungen aufbauen können.

Vielleicht entdeckt eine Führungskraft, daß die Kultur ihrer Organisation den von ihr angestrebten Veränderungen im Wege steht, weil diese in ihrem gegenwärtigen Zustand eher darauf abzielt, sich selbst zu erhalten, als sich neuen Herausforderungen zu stellen.

John Sculley sagte über die Notwendigkeit des Wandels von Organisationen: »Wenn man sich die Zeit nach dem Zweiten Weltkrieg anschaut, als wir im Mittelpunkt der Weltwirtschaft standen, dann sieht man, daß der Schwerpunkt bei Unternehmen aller Art auf Autarkie lag – ob im Bildungsbereich, in der Privatwirtschaft oder im Staat. Alle Organisationen waren sehr hierarchisch strukturiert. Dieses Modell ist nicht länger angemessen. Das neue Modell hat globale Dimensionen und besteht aus vielfachen Verflechtungen. Deshalb müssen sich die Führungskräfte neuen Bewährungsproben stellen, wie etwa der Frage, wie sie Arbeitskräfte führen sollen, die ihnen nicht unterstellt sind – Arbeitskräfte anderer Firmen, in Japan oder Europa, ja sogar von Konkurrenten. Wie führt man in einem Umfeld, in dem ständig neue Ideen entstehen und das aus vielfältigen Verflechtungen besteht? Das erfordert eine völlig andere Palette von Fähigkeiten, die auf Einfallsreichtum, sozialer Kompetenz und Wertvorstellungen basieren. Die Dinge, über die ich spreche, sind eigentlich nicht neu, aber sie stehen jetzt in einem neuen Kontext. Was früher von Außenseitern vertreten wurde, ist inzwischen Lehrmeinung. Gerade in den letzten zehn Jahren hat sich ein Paradigmenwechsel vollzogen. Traditionellen Führungskräften fällt es schwer, zu erklären, was in der Welt geschieht, weil sie dazu ihre Erfahrungen mit dem alten Paradigma heranziehen, und wenn sie die gleiche Reihe von Ereignissen oder Fakten in ein anderes Paradigma stellen, können sie sie nicht mehr erklären.

Mein früherer Chef bei Pepsico und der Vorstandsvorsitzende von IBM waren im Zweiten Weltkrieg beide Jagdflieger. Diese Kriegshelden können aber für uns nicht länger das gängige Vorbild für Führungskräfte sein. Die neue Generation von Führungskräften muß intellektuell aufgeschlossener sein. Was bedeutet der Übergang vom industriellen Zeitalter ins Informationszeitalter? Neben der Tatsache, daß wir uns als Führungskräfte und Manager im Rahmen unserer Unternehmen verändern müssen, wandelt sich die Welt selbst und wird ideen- und informationsintensiver, mit der Folge, daß die Personen, die zur Spitze aufsteigen, ein positives Verhältnis zu neuen Ideen und Informationen haben müssen.

Ich habe früher verschiedenen Aufsichtsräten angehört, um etwas zu lernen, aber seitdem ich bei Apple bin, habe ich mich davon zurückgezogen.«

Robert Dockson mußte ein negatives Klima verwandeln, als er bei CalFed anfing: »Als ich hierherkam, versuchte niemand, mir zu zeigen, wie das Unternehmen läuft. Es war aufgespalten und bestand aus lauter Fraktionen, die sich voneinander abkapselten. Sie weigerten sich, miteinander zu sprechen. Ich fragte mich schon, ob ich einen schwerwiegenden Fehler begangen hatte. Es gab elf Vorstandsmitglieder, und alle waren scharf auf den Chefsessel. Ich entschloß mich, alle auf meine Seite zu ziehen, statt den Laden zu säubern, und sie dazu zu kriegen, für mich und nicht gegen mich zu arbeiten. Und das gelang mir auch.

Wenn man sich vornimmt, eine Unternehmenskultur zu verändern, dann muß man als erstes die Mitarbeiter für sich gewinnen und ihnen zeigen, wohin man das Unternehmen führen will. Vertrauen ist entscheidend. Die Leute vertrauen einem, wenn man keine Spielchen mit ihnen treibt, alles auf den Tisch bringt und ehrlich mit ihnen redet. Auch wenn man nicht sehr eloquent ist, kommt doch die intellektuelle Redlichkeit rüber; die Mitarbeiter erkennen das und reagieren positiv darauf.

Ich glaube, man vertraut jemandem mit langfristigen

Perspektiven, der einen davon überzeugen kann, daß diese Perspektiven die richtigen sind. Ich bin davon überzeugt, daß dieses Unternehmen zu einem der größten Finanzinstitute im Pazifischen Raum werden kann, und ich möchte, daß mein Nachfolger – wer immer es auch sein mag – dieselbe Perspektive verfolgt. Ich will nicht, daß er managt; ich will, daß er führt.«

Jim Burke fand bei Johnson & Johnson viel Gutes, aber auch einige Lücken. »Ich hatte eine wirkliche Vision. Ich glaubte, die Zukunft vorausahnen zu können, und ich kannte die Bedingungen, die wir erfüllen mußten, um diese Zukunft zu verwirklichen. Ich begann zu erkennen, daß es im Unternehmen zwar ein solides Wertsystem gab, aber keine modernen Marketingmethoden. Da war eine Art Vakuum.

Das Arbeitsumfeld bei Johnson & Johnson fördert den Erwerb von Führungskompetenz, weil wir hier einen hohen Grad von Dezentralisierung haben. General Johnson setzte ein System von Produktmanagern ein, weil er einsah, daß es mit zunehmender Größe von Unternehmen immer wichtiger wurde, kleinere Einheiten zu finden, die kreative Energien freisetzen sollten, indem sie Entscheidungsprozesse erleichterten.

Ich habe mich immer von der Annahme leiten lassen, daß kreative Verwirrung und Konflikte gesund sind. Manchmal vertrete ich eine andere Meinung, nur um eine Kontroverse zu entfachen, weil ich so besser denken kann und das System so auch besser funktioniert.

Je freier eine Organisation und je heterogener ein System ist, um so mehr Führungskräfte werden daraus hervorgehen. Ein Problem amerikanischer Unternehmen besteht darin, daß sie dazu neigen, sich dem Stil einer bestimmten Führungskraft anzupassen, der sich dann in dem Unternehmen einnistet. Das führt zu vertikalen, hierarchischen Unternehmen, und ich glaube, das ist der falsche Weg, wenn man etwas erreichen will. Hier sind wir dezentralisiert und offen, und unsere Mitarbeiter haben viele verschiedene Methoden, ihre Arbeit zu erledigen.«

Alle Führungskräfte, mit denen ich sprach, befürworten Veränderungen – sowohl beim einzelnen als auch bei Organisationen. Für sie ist das gleichbedeutend mit – sichtbarer und unsichtbarer – Weiterentwicklung und mit Fortschritt. Man könnte in der Tat sagen, daß ihr eigentliches Lebenswerk der ständige Wandel gewesen ist. Aber global gesehen kann Wandel auch ein Hindernis sein. »Umstände, die sich unserem Einfluß entziehen« – dies bestimmte leider allzuoft die allgemeine Geschäftssituation in den achtziger Jahren.

Wandel ist natürlich nichts Neues. Als Adam und Eva das Paradies verließen, hat Adam vielleicht gesagt: »Vor uns liegt jetzt eine Zeit des Übergangs.« Ich habe sechzehn Bücher geschrieben, und in dem einen oder anderen Sinne hatte jedes von ihnen mit Wandel und seiner Bewältigung zu tun. Und doch war die Welt nie unbeständiger und turbulenter als heute. Ungewißheit greift um sich. Was noch schlimmer ist, in zu vielen Fällen können wir nicht einmal die Ursachen oder Quellen dieser Turbulenz ergründen. Bis heute gibt es fünf verschiedene plausible Erklärungen für den Börsenkrach am 19. Oktober 1987, und sie stimmen in keinem Punkt miteinander überein, außer darin, daß die Aktien überbewertet waren.

Führungskräfte müssen nicht nur als Manager, sondern auch in ihrem übrigen Leben mit Veränderungen zurechtkommen. Barbara Corday sagte, wie bereits zitiert: »Ich hatte mindestens vier völlig verschiedene Berufe, und es ist durchaus möglich, daß noch ein fünfter hinzukommt.«

Marty Kaplan verließ das Aspen Institute und ging nach Washington, bevor er in die Walt Disney Filmproduktion eintrat. Er sagte: »Eine der angenehmen Seiten in dieser Branche ist es, daß man recht verschiedene Fähigkeiten in sie einbringen kann. Ich bin nicht so wahnsinnig scharf darauf, eine rutschige Stange hochzuklettern, und ich habe mir fest vorgenommen, mich irgendwann im nächsten Jahr neuen beruflichen Herausforderungen zu stellen und in eine Sparte zu wechseln, in der ich umlernen muß. Mir schwebt Drehbuchautor und Produzent vor.«

Alfred Gottschalk bestand darauf, daß in seinen Vertrag mit dem Hebrew Union College eine Klausel aufgenommen wird, die sinngemäß besagt, daß »ich im Prinzip bis zu meiner Pensionierung dort bleiben kann. Das wollen sie auch. Ich bestand darauf, es sei denn, eine der beiden Seiten wird unzufrieden, in welchem Fall wir miteinander sprechen sollten. Ich habe vor, hier keinen Tag länger zu bleiben, als ich mit meiner Arbeit zufrieden bin, und sie müssen mich keinen Tag länger behalten, als sie mit meiner Arbeit zufrieden sind, und in den letzten 17 Jahren hat das funktioniert... Sie kennen meine Überzeugungen, und wenn es darüber zu einer Kraftprobe kommt, wissen sie, daß ich mein Rücktrittsschreiben in der Tasche habe.«

Auch Don Ritchey sagte: »Man sollte sich die Fähigkeit bewahren zu sagen: ›Macht euren Krempel allein.‹ Und die Konsequenzen daraus ziehen. Das macht einen wirklich frei.«

Diese Führungskräfte kamen und kommen mit dieser unbeständigen Welt deshalb zurecht, weil sie Antennen für Künftiges haben und nicht nur geradeaus, sondern auch um die Ecke schauen; weil sie im Wandel eher eine Chance als ein Hindernis sehen und weil sie ihn akzeptieren, statt sich ihm zu widersetzen. Eine der schwersten Lektionen, die jeder Anfänger beim Skilaufen lernen muß, ist die, daß er sich vom Hang weglehnen muß, und nicht zu ihm hin. Instinktiv will jeder so nahe am Hang wie möglich bleiben, weil das ein größeres Gefühl der Sicherheit gibt. Aber nur, wenn man sich hinauslehnt, kann man sich fortbewegen und seine Bewegungen selbst kontrollieren, statt vom Hang kontrolliert zu werden. Der Neuling in einem Unternehmen tut das gleiche: Er lehnt sich eng an das Unternehmen an und ordnet seine eigene Identität der des Unternehmens unter. Eine gute Führungskraft zeigt sich dagegen in voller Größe, lehnt sich hinaus, bestimmt ihren Kurs selbst und weiß genau, wo sie hin will – zumindest, solange es nicht zu schneien beginnt.

Sich dem Wandel widersetzen zu wollen ist so zwecklos, wie sich dem Wetter zu widersetzen, und der Wandel ist unser gegenwärtiges Wetter. Er ist genauso konstant und ebensowenig vorhersagbar. Führungskräfte sind ihm genauso ausgesetzt wie Organisationen. Und Organisationen können vieles tun, um diesen Vorgang zu erleichtern.

Kapitel 9

Unternehmen können helfen –
aber auch hemmen

> Ich neige zum Glauben, daß die Institutionen, die wir
> für notwendig halten, lediglich Institutionen sind, an
> die wir uns gewöhnt haben. In Fragen der ge-
> sellschaftlichen Verfassung ist das Feld der Möglich-
> keiten sehr viel breiter, als die Menschen, die in ihren
> verschiedenen Gesellschaften leben, sich vorstellen
> können.
>
> ALEXIS DE TOCQUEVILLE

Von den Gezeiten des Wandels bedroht, und zwar durch
Kräfte, die vor einer Generation noch nicht einmal exi-
stierten, und von allen Seiten belagert, sind viele Organisationen einfach in die Defensive gegangen. Sie glaubten sich vor einem Nuklearangriff zu schützen, indem sie
sich wie die amerikanischen Pioniere hinter einer Wa-
genburg verschanzen. Sie rühren sich nicht, und nichts
rührt sie. Unterdessen ist außerhalb der Burg alles in
Fluß geraten.

Die vorangehende Generation hat im Wandel einen
Feind gesehen. Organisationen ohne Erwerbscharakter
mußten erleben, daß ihre Kosten explodierten, ihre Ein-
nahmequellen versiegten und ihr Auftrag in Frage gestellt wurde. Die amerikanischen Unternehmen wurden
Zeuge, wie ausländische Konkurrenten in ihre angestammten Reviere einbrachen und die Führung übernahmen. Die Märkte tanzten nach noch nie dage-
wesenen Rhythmen, und das Wesen der Arbeit selbst
veränderte sich. J. Paul Getty sagte einmal, sein Erfolg
gründe auf drei Geheimnissen: Erstens früh aufstehen;

zweitens hart arbeiten; drittens Öl finden. Aus irgendeinem Grunde scheint das heute nicht mehr so einfach
zu sein.

Wir sollten den Wandel nicht als Feind, sondern als
Quelle des unternehmerischen Erfolgs betrachten. Nur
wenn Unternehmen sich selbst verändern, können sie
wieder am Spiel teilnehmen und zum Kern der Sache
kommen.

Es gibt fünf zentrale Kräfte, die heute auf die Weltwirtschaft einwirken:

* *Technologie*
  Die wichtigste Erfindung der letzten 50 Jahre ist der in-
  tegrierte Schaltkreis. Heute kann man mit 40 Arbeitskräften die gleiche Menge produzieren, für die man
  früher 1200 brauchte. Jemand hat behauptet, die Fabriken der Zukunft würden von einer einzigen Person und
  einem Hund geleitet. Der Mensch habe die Aufgabe,
  den Hund zu füttern. Der Hund sei dazu da, den Menschen davon abzuhalten, die Maschinen zu berühren.

  So erstaunlich die Auswirkungen des integrierten
  Schaltkreises gewesen sind, so werden sie vielleicht in
  naher Zukunft durch die Folgen der Entdeckung eines
  noch unbekannten Gens in den Schatten gestellt, das
  seinen Siegeszug aus einem obskuren biotechnischen
  Labor heraus antritt.

* *Globale Verachtung*
  Der kluge Geschäftsmann von heute überprüft jeden
  Tag als erstes den Wechselkurs von Yen und Dollar.
  50 Prozent der Innenstadt von Los Angeles wie auch
  ein Großteil des beliebten Riviera Country Clubs sind
  schon im Besitz der Japaner. Ausländische Investitionen in Amerika – in Immobilien, Geldvermögenswerte
  und Unternehmen – steigen unaufhörlich. Seit 1992 Europa ein gemeinsamer Markt wurde, bedient es 330 Millionen Konsumenten, im Vergleich zu 240 Millionen in
  Amerika.

- *Fusionen und Übernahmen*
Das Übernahmefieber hält an, und doch weiß niemand, ob Übernahmen ökonomisch nützlich sind. Eine Studie der Harvard Business School, die sich auf die Jahre zwischen 1950 und 1980 erstreckt, zeigt, daß in diesem Zeitraum 75 Prozent aller übernommenen Firmen anschließend wieder abgestoßen wurden. Von 116 Firmen, die an Fusionen beteiligt waren, haben nur 23 Prozent diesen Wechsel erfolgreich überstanden. Und dennoch wurden allein im Januar und Februar 1988 weitere 60 Milliarden Dollar in Fusionen und Übernahmen investiert.

- *Deregulierung und Regulierung*
Die wirtschaftliche Entwicklung solcher Branchen wie Versorgungsunternehmen, Transportfirmen und Versicherungen, die früher zu den solidesten der Welt zählten, ist heute kaum noch voraussagbar. Gebeutelt wie Blätter im Wind lassen sich die Fluggesellschaften auf Tarifkriege, Routenkämpfe und Auseinandersetzungen mit den Gewerkschaften ein, während der Service immer schlechter wird. Konkurse von Spar- und Kreditinstituten, die zu große Risiken eingingen, kosten den Steuerzahler wegen staatlicher Rettungsmaßnahmen Milliarden von Dollar.

- *Bevölkerungsstruktur und Wertvorstellungen*
Unsere Bevölkerung altert. Im Jahre 2010 werden in Amerika 20 Prozent über 65 Jahre alt sein, wodurch eine ganze Palette neuer Waren, Dienstleistungen und veränderter Konsumentenbedürfnisse entstehen wird.

Der Konsument wird immer anspruchsvoller und verlangt hochwertigere und sicherere Produkte, mehr und besseren Service und langlebigere Produkte.

Jede dieser Veränderungen hat schon für sich allein gewaltige Auswirkungen und Konsequenzen, wenn man sie aber zusammennimmt und ihre vielseitigen

Verflechtungen berücksichtigt, dann muß man von einer Revolution sprechen. Und eine Revolution löst immer zusätzliche Verschiebungen und Verwerfungen aus, je weiter sie vordringt.

Früher einmal konnte eine Firma ein neues Produkt einführen, vermarkten und verkaufen. Natürlich gab es Wettbewerb, aber in der Arena der Verbraucher war für jeden genug Platz. Heute ist das ganz anders. Tom Peters hat ein typisches Szenarium skizziert. Wenn eine Firma sich anschickt, ein Produkt auf den Markt zu bringen, dann findet sie dort folgende Situation vor.

- einen neuen Konkurrenten aus Korea;
- ein etabliertes japanisches Unternehmen, das seine Kosten drastisch gesenkt und die Qualität verbessert hat; ein neues amerikanisches Unternehmen (oder mehrere);
- ein altes amerikanisches Unternehmen mit einem neuen Ansatz;
- einen alten Konkurrenten, der eine Firma mit einer großen Vertriebsorganisation abgestoßen hat;
- ein Unternehmen, das jetzt über ein EDV-gestütztes Vertriebssystem verfügt, das es ihm ermöglicht, die Lieferzeit um 75 Prozent zu reduzieren.

Und außerdem muß es neue Aufgaben erfüllen:

- den Markt in Segmente einteilen;
- auf die schnell wechselnden Ansprüche und Wünsche neuer Konsumenten reagieren;
- Geschäfte in Währungen machen, die starken Kursschwankungen unterliegen;
- Versorgungsengpässe in Kauf nehmen, weil etwa die Mutterländer ausländischer Lieferanten ihre Schulden nicht zahlen.

Zu dieser Liste von Peters kommen noch einige andere Erscheinungen unseres Zeitalters:

- Kabelfernsehen, Riesensender und Satellitenübertragungen;
- alleinerziehende Mütter oder Väter, berufstätige Mütter, Ein-Personen-Haushalte;
- explodierende Kosten im Wohnungsbau, so daß es sich in vielen Teilen des Landes nur eine von fünf Familien leisten kann, ein Haus zu kaufen;
- Kostenexplosion im Gesundheitswesen;
- kleine Einkaufszentren;
- eine prozeßsüchtige, feindselige Mentalität in der Gesellschaft;
- heterogene und fragmentierte Konsumentengruppen;
- die Zunahme der nicht Englisch sprechenden Bevölkerung und die steigende Zahl von Analphabeten;
- die Zunahme der Obdachlosen;
- zunehmender Drogenmißbrauch.

Da die Organisation inzwischen die vorherrschende Institution in Gesellschaft, Wirtschaft und Politik darstellt und da die Privatwirtschaft bei uns ein bestimmter kultureller Faktor ist, müssen Organisationen im allgemeinen und Unternehmen im besonderen sich mit diesen umfassenden und tiefgreifenden Veränderungen in der Gesellschaft auseinandersetzen. Viele neue Organisationen und Unternehmen wurden mehr oder minder so konzipiert, daß sie in diesem unbeständigen Klima erfolgreich arbeiten können. Aber die letzte große allgemeine Umgestaltung unserer Wirtschaft fand zwischen 1890 und 1910 statt, als die moderne Aktiengesellschaft geboren wurde. Sie zeichnete sich durch zwei grundlegende Eigenschaften aus: gegliederter Aufbau und Führungshierarchien. Ohne Zweifel ist es jetzt Zeit für eine weitere Umgestaltung, und der Schlüssel zu einer solchen Umgestaltung ist die Einstellung einer Organisation zu ihren Mitarbeitern.

Da die Organisation des prägende Modell unserer Zeit ist, ist sie zugleich ein wichtiger gesellschaftlicher Gestaltungsfaktor. Organisationen sind Baumeister der Gesellschaft – oder sie sollten es zumindest sein –, aber das heißt, daß auch ihre Führungskräfte Baumeister sein müssen. Sie müssen ihre Organisationen umgestalten, um auch die Gesellschaft nach menschlicheren und funktionelleren Gesichtspunkten umzubauen. Kurz, sie müssen echte Führungskräfte und nicht bloße Manager sein.

Die großen amerikanischen Unternehmen waren zugleich Abbilder und Ziehkinder ihrer Gründer. Die Ford Automobilwerke waren Henry Ford. General Motors war Alfred Sloan, und RCA war Robert Sarnoff. Auch die Unternehmen von heute sind Abbilder ihrer Leiter, aber die Dinge liegen nicht mehr so einfach, und die Spiegelungen sind häufig gebrochen. Zudem waren die großen alten Unternehmen Wegbereiter des Fortschritts – Henry Ford beispielsweise zahlte seinen Fließbandarbeitern den unerhörten Lohn von 5 Dollar pro Tag! –, während die Großunternehmen von heute allzuoft dessen Opfer sind.

In unserem dienstleistungs- und informationsintensiven Zeitalter sind die Mitarbeiter das wesentliche Potential eines Unternehmens, und doch werden sie allzuoft nicht als Aktivposten, sondern als Last gesehen. Diese überholte Einstellung trübt nicht nur die Spiegelung, sondern verhindert auch, daß das Unternehmen in dem Bemühen, sich umzugestalten, seine wichtigsten Ressourcen voll ausschöpft. Wie ein Individuum, so muß auch ein Unternehmen aus seinen Erfahrungen lernen und sich selbst und alle seine Aktivposten voll zur Geltung bringen; und wie ein Individuum, muß auch ein Unternehmen wirklich führen und nicht nur managen, wenn es seine Versprechen halten will.

Henry Ford war eine Führungspersönlichkeit von außerordentlicher visionärer Kraft. Er verwirklichte seine Vision in seinen Automobilwerken. Aber Visionen sind, wie die Welt selbst, dynamisch, nicht statisch, und sie müssen erneuert und an veränderte Situationen angepaßt werden. Und wenn sie zu sehr verblaßt sind, dann muß man sie aufgeben und ersetzen.

So wie noch nie ein bedeutendes Gemälde von einem Ausschuß gemalt wurde, so ist auch noch keine große Vision von der Herde hervorgebracht worden. Die Ford Automobilwerke orientierten sich an der Vision ihres Gründers, bis es mit ihnen bergab ging. Und doch wird Ford heute von einer neuen Vision geleitet, die nicht ein einzelner, sondern ein Team gemeinsam konzipiert hat. Man könnte sagen, daß der Solist durch ein Streichquartett ersetzt wurde, also durch eine Gruppe von Führungskräften, die einträchtig eine gemeinsame Vision entwerfen.

Nur eine Handvoll Organisationen haben eben erst damit begonnen, aus ihrer wichtigsten Ressource zu schöpfen – ihren Mitarbeitern –, und sie sind noch weit davon entfernt, ihnen die Mittel zu geben, die sie brauchen, um ihre Potentiale zu verwirklichen. Ja, viele haben sogar den entgegengesetzten Weg eingeschlagen und drücken sich vor der Loyalität mit ihren Arbeitskräften. Sie setzen sie unter Druck, statt sie zu fördern und konzentrieren sich fast ausschließlich auf den Gewinn. Daraus resultiert dann das, was die *New York Times* als »eine Generation skrupelloser Manager« bezeichnete. Skrupellosen Managern mag es vielleicht gelingen, den Wandel eine Zeitlang einzudämmen, aber nur visionäre Führungskräfte werden auf lange Sicht Erfolg haben.

In seinem Buch *Thriving on Chaos* (1987) schreibt Tom Peters, daß Unternehmen, die langfristig Erfolg haben, bestimmte gemeinsame Merkmale aufweisen:

- eine flachere, weniger hierarchische Struktur;
- mehr autonome Einheiten;
- die Ausrichtung auf hochwertige Güter und Dienstleistungen;
- Qualitätskontrollen;
- Servicekontrollen;
- hohe Reaktionsbereitschaft;
- hohe Innovationsgeschwindigkeit;
- hohe Flexibilität;
- hochqualifizierte Facharbeiter, die ihren Kopf genauso einsetzen wie ihre Hände.

Die Führungskräfte werden sich in ihren Unternehmen neuen Aufgaben stellen, an die vor einer Generation noch niemand gedacht hat, die aber heute ganz entscheidend sind. Dazu gehören:

- den Auftrag des Unternehmens definieren, um das Feld der Aktivitäten abzustecken und die Mitarbeiter zu informieren;
- ein flexibles Arbeitsumfeld schaffen, in dem man den Mitarbeitern nicht nur das Gefühl gibt, gebraucht zu werden, sondern sie auch dazu ermutigt, ihr Potential voll zu entfalten und sie als Gleichrangige, statt als Untergebene behandelt;
- die Unternehmenskultur umgestalten, damit Kreativität, Unabhängigkeit und ständiges Lernen an die Stelle von Angepaßtheit, Gehorsam und Routine treten, wobei langfristiges Wachstum, nicht kurzfristiger Gewinn das Ziel ist;
- das Unternehmen aus einer starren Pyramide in einen flüssigen Zirkel bzw. ein sich ständig weiterentwickelndes Netzwerk autonomer Einheiten umwandeln;
- zu Innovation, Experimentierfreude und Risikobereitschaft ermuntern;
- die Zukunft durch die Analyse der Gegenwart vorhersagen;
- innerhalb der Unternehmen neue Kontakte knüpfen und unter den Mitarbeitern neue Beziehungen herstellen;
- externe Allianzen schließen;
- das Unternehmen ständig von außen und innen überprüfen;
- schwache Glieder in der Kette identifizieren und reparieren;
- global denken, nicht nur national oder lokal;
- neue Bedürfnisse bei den Mitarbeitern erkennen und auf sie reagieren;
- agieren, statt bloß zu reagieren, und mit Ambivalenz und Ungewißheiten leben können.

Kurz, Peters beschreibt eine Welt, in der die Führungskräfte führen und nicht nur managen.

Wenn Führungskräfte in diesen wechselhaften Zeiten Erfolg haben wollen, müssen sie kreativ und engagiert sein, und doch stehen weder Kreativität noch Engagement auf der Prioritätenliste von Unternehmen weit oben, zumindest nicht so weit oben wie etwa das Kostendenken. Echte Führungskräfte müssen globale Strategen, Innovatoren und technologische Experten sein, dazu aber brauchen sie neues Wissen und neue Einsichten, die viel zu wenig Unternehmen bereitstellen oder auch nur fördern. Albert Einstein sagte: »Die Welt, die wir geschaffen haben und die das Ergebnis unseres bis heute erreichten Denkniveaus ist, erzeugt Probleme, die wir nicht auf dem gleichen Niveau lösen können, auf dem wir sie erzeugt haben.« Oder wie ein Freund von mir es formulierte: »Manchmal kann man einen Getränkeautomaten nur dadurch wieder in Gang bringen, daß man ihm einen gezielten Tritt versetzt.«

Wir haben über Personen gesprochen, die Mißerfolge in Erfolge verwandelt haben, weil sie einen Tritt vors Schienbein erhielten. Ein solcher Tritt kann einem wirklich die Augen öffnen. Als ich am Massachusetts Institute of Technology studierte, mußte ich mir im Rahmen eines Seminars über Klinische Psychologie einen Patienten aus einer Bostoner Nervenklinik auswählen, mit dem ich einmal pro Woche unter Supervision sprechen sollte. Bei unserem ersten Zusammentreffen streckte ich ihm die Hand zum Gruß hin, doch der Patient versetzte mir einen Fußtritt. Ich mußte meine Ansichten über gesellschaftliche Umgangsformen gänzlich über den Haufen werfen. In gleicher Weise brauchen auch Unternehmen jetzt einen heilsamen Tritt, um sie wieder in Schwung zu bringen und ihre alten Ansichten über Bord werfen zu lassen.

Gandhi sagte: »Wir müssen der Wandel sein, den wir in der Welt zu sehen wünschen.« In dem Maße, in dem Unternehmen sich wandeln, wandelt sich auch die Gesellschaft. Bis heute haben Unternehmen sehr viel mehr getan, um Führungsqualitäten zu ersticken, als sie zu fördern.

Ich glaube, wir haben alle Methoden der Demotivierung und ihre Wirkungen behandelt. Wie können Unternehmen nun aber Führungsqualitäten fördern? Wie wir gesehen haben, beruht Führungskompetenz auf Lernen, und besonders auf Lernen aus Erfahrungen. In ihrem Buch *Lessons of Experience* berichten Morgan W. McCall jr., Michael M. Lombardo und Ann M. Morrison (1988), daß Topmanager auf die Frage, welchen Rat sie jüngeren Führungskräften geben würden, vor allem drei Punkte ansprachen:

1. Jede sich bietende Chance ergreifen;
2. Aktiv nach Sinngehalten suchen;
3. Sich selbst erkennen.

Das sind natürlich die Punkte, die auch die von mir befragten Führungskräfte zur Sprache brachten. Deshalb muß ein Unternehmen seinen Mitarbeitern jene Erfahrungen offerieren, die sie in die Lage versetzen, zu lernen und schließlich zu führen.

Führungskräfte werden weder in firmeninternen Fortbildungskursen noch in Universitätsseminaren geschaffen, sondern durch Erfahrungen. Deshalb bedarf es keiner »Karriereplanungs-« bzw. Fortbildungskurse, sondern der Verpflichtung des Unternehmens, seinem Führungskräftenachwuchs Gelegenheit zu geben, durch Erfahrungen in einem Umfeld zu lernen, das Wachstum und Veränderung ermöglicht. Unternehmen neigen in bezug auf die Führungskräfte-Entwicklung zu Lippenbekenntnissen, aber eine Studie von Lyman Porter und Lawrence McKibbon zeigt, daß nur zehn Prozent der befragten Unternehmen wirklich Zeit darauf verwenden. (Porter & McKibbon 1988)

Das muß sich ändern. Hier möchte ich Ihnen die Methoden präsentieren, durch die Unternehmen ihre Mitarbeiter zum Lernen ermuntern und anspornen können.

Befähigung durch Praxis

Managern sollte schon früh in ihrer Laufbahn Gelegenheit gegeben werden, Führungsverantwortung zu übernehmen, da dies ihre Motivation und ihr Kompetenzgefühl stärkt und Selbstvertrauen schafft. Dazu gehört etwa die Versetzung von Linienkräften in Stabsabteilungen, um strategische und konzeptionelle Fähigkeiten zu nutzen, zu testen und zu entwickeln; die Einsetzung von Arbeitsgruppen, um die alte Unternehmenspolitik zu überprüfen und zu verbessern bzw. eine neue Politik zu entwerfen; Aufgaben im Bereich der Suche nach Fehlern und Störungen sowie Arbeit im Ausland.

Auch spezielle Projekte sind ein ausgezeichnetes Versuchsfeld. So sandte beispielsweise Pacific Bell Teams zum Parteitag der Demokraten und zu den Olympischen Spielen 1984 in Los Angeles, um dort ein vorübergehendes Kommunikationssystem zu installieren. In beiden Fällen mußten die Teams unter erheblichem Zeitdruck Möglichkeiten finden und improvisieren, damit diese temporären Systeme effizient funktionierten. Vor allem mußten sie dafür sorgen, daß Pacific Bell etwas daran verdiente.

Das war für jeden Beteiligten eine lehrreiche Erfahrung. Ihre Aufgabe bestand praktisch darin, quasi aus dem Stand ein hochmodernes Telefonsystem zu konzipieren, zu installieren und zu bedienen, das ausreichte, um eine kleine Stadt binnen kürzester Zeit zu versorgen. Dann mußten sie es mit der gleichen Geschwindigkeit und Effizienz wieder abbauen. Nach dem erfolgreichen Abschluß des Projekts hatten sich die Teams in grundlegender Weise verändert. Man hatte sie einem außergewöhnlichen Test unterzogen, den sie mit Bravour bestanden hatten. PacBell zufolge hat diese Erfahrung aus den Teammitgliedern potentielle Führungskräfte gemacht.

Laut McCall et al. (1988) haben sich andere Unternehmen raffinierte Methoden ausgedacht, um ihre leitenden Angestellten zu testen und abzuhärten, wie etwa:

1. Wagniskapital-Pools einzurichten, um potentiellen Führungskräften den Aufbau neuer Unternehmen zu ermöglichen;
2. kleinere Unternehmen mit geringen Gewinnspannen an junge Manager zu übergeben;
3. an Unternehmen, die sich in Schwierigkeiten befinden, festzuhalten und sie potentiellen Führungskräften anzuvertrauen, um sie wieder flottzumachen.

Meistens bringt frisches Blut neue Methoden und Ideen mit, und das Auftauchen einer jungen Führungskraft, die die Befugnis hat, zu führen und nicht bloß zu managen, kann daher durchaus Schwachstellen und fehlende Arbeitsmotivation beseitigen.

Auch wenn ein neues, risikoreiches Unternehmen geplant wird – ob es sich um einen ganz neuen Geschäftsbereich, ein neues Produkt, eine neue Dienstleistung oder eine neue Marketing-Kampagne handelt –, sollten junge Manager zumindest in das Leitungsteam aufgenommen werden; besser ist es jedoch noch, wenn man ihnen allein die Leitung überträgt. Das risikoreiche Unternehmen wird von ihren neuen Perspektiven profitieren, und sie lernen aus dieser Erfahrung, wie man etwas von Beginn an auf die Beine stellt.

Robert Townsend, die revolutionäre Führungskraft, die Avis wieder auf Vordermann brachte, hielt es für unbedingt notwendig, daß die leitenden Angestellten das Unternehmen von Grund auf und auch vom Standpunkt des Kunden aus kannten. Jeder Avis-Manager mußte die rote Jacke von Avis tragen und regelmäßig in einem Vermietungsbüro arbeiten. In ähnlicher Weise verlangte Gustav Mahler von jedem Mitglied seines Symphonieorchesters, sich in regelmäßigen Abständen in das Auditorium zu setzen, um zu erleben, wie sich die Aufführung aus der Position des Publikums anhörte und wie sie wirkte. Clifton Wharton, der Vorstandsvorsitzende von TIAA-CREF, sagte: »Man kann fähige Leute daran erkennen, daß sie sich von der Pike auf hochgedient haben. Es ist wichtig, dieses Potential zu fördern. Diese Leute zeichnen sich zwar nicht durch bestimmte Persönlichkeitsmerkmale aus, aber doch durch gewisse Ähnlichkeiten, zu denen etwa ein sechster Sinn dafür gehört, wie man etwas zum Funktionieren bringt. Einige Leute scheinen einfach zu wissen, wie man es macht, und sie haben die Fähigkeit, eine Vision zu vermitteln. Sie besitzen das Engagement und den Enthusiasmus, die man braucht, um etwas auf die Beine zu stellen.«

Job-Rotation ist eine andere Methode, um jungen Managern die Chance zu geben, mehr über das Unternehmen zu erfahren und es von einem anderen Standpunkt aus zu betrachten. So wie es heute für Marketing-Experten schon selbstverständlich ist, eine Zeitlang in der Produktplanung zu arbeiten, so sollte es auch für Produktgestalter und Planungsfachleute selbstverständlich sein, im Marketing Erfahrungen zu sammeln. Andere Bereiche, in die junge Manager wechseln sollten, sind Langzeitplanung, Verhandlungen mit Kunden, Verkauf und – einmal mehr – Stellen im Ausland.

Je mehr auf dem Spiel steht, um so zahlreicher die Gelegenheiten, etwas dazuzulernen, aber um so wahrscheinlicher werden auch Mißerfolge und Fehler. Aber wie wir gesehen haben, sind Mißerfolge und Fehler die Hauptquellen wichtiger Erfahrungen. Und eigentlich war jede Führungskraft, mit der ich sprach, der Überzeugung, daß es ohne Risiko keine Weiterentwicklung und ohne Fehler keinen Fortschritt gebe. Ja, wenn man keine Fehler macht, dann setzt man sich auch nicht genug ein. Aber nicht nur Fehler sind notwendig, sondern auch eine gesunde Einstellung des Unternehmens zu ihnen. Erstens muß die Risikobereitschaft gefördert werden. Zweitens müssen Fehler als integraler Bestandteil des Arbeitsprozesses betrachtet werden, d.h. als normal, nicht als anormal. Drittens müssen die Fehler korrigiert werden, statt Tadel zu äußern.

Brooke Knapp sagte: »Es gibt zwei Arten von Menschen. Solche, die sich durch Angst lähmen lassen, und solche, die zwar Angst haben, aber trotzdem etwas tun. Das Leben besteht nicht aus Grenzen, sondern aus Chancen.« Eine gesunde Unternehmenskultur fördert den Glauben an Chancen.

Wie wir gesehen haben und wie Morgan McCall und seine Mitarbeiter bestätigen, gilt auch in diesem Zusammenhang, daß potentielle Führungskräfte von schwierigen Chefs genausoviel, wenn nicht noch mehr, wie von guten lernen. Aber Rückmeldungen sind immer produktiver als Konfrontationen, und Ehrlichkeit ist immer besser und lehrreicher als nichtssagende Höflichkeit.

Alle Unternehmen, vor allem jene, die sich weiterentwickeln, versuchen die Balance zwischen Stabilität und Veränderung, Tradition und Erneuerung zu halten. Deshalb müssen sie in der Lage sein, über ihre Erfahrungen nachzudenken und ihren Mitarbeitern Reflexionsmöglichkeiten anzubieten.

Sinn stiftet Engagement

Die von McCall und seinen Mitarbeitern befragten Manager meinten, die Idee von Mentoren sei zwar theoretisch reizvoll, funktioniere in der Praxis jedoch nicht sonderlich gut, weil sie nicht lange genug in einer Position blieben, um von einer solchen Beziehung zu profitieren bzw. weil sich die sogenannten Mentoren als relativ ineffektiv erwiesen. Aber das Unternehmen selbst solle als Mentor fungieren. Sein Verhalten, sein Ton und seine Gangart sind im Positiven wie im Negativen lehrreich, und seine menschlichen Werte und Führungsziele sind maßgebende Orientierungsgrößen. Wenn seine Strategie, seine Vision, seine Ziele und seine Existenzgrundlage nicht klar sind, wenn es seine Mitarbeiter nicht in materieller und symbolischer Weise für gute Arbeit belohnt, dann sind seine reflexiven Strukturen unzulänglich, und es fliegt folglich blind.

Die Vision eines Unternehmens wirkt sich auf drei Ebenen aus: einer strategischen Ebene, d.h. der übergeordneten Unternehmensphilosophie; einer taktischen Ebene, auf der es darum geht, diese Philosophie praktisch umzusetzen; und einer persönlichen Ebene, auf der sich diese Philosophie im Verhalten jedes Mitarbeiters manifestiert. Wenn man beispielsweise die Effektivität einer Einzelhandelskette messen will, muß man nur die Einstellung irgendeines Verkäufers in irgendeinem der Läden bewerten. Wenn der Verkäufer unfreundlich, inkompetent und hilflos ist, dann sind die Topmanager aller Wahrscheinlichkeit nach entweder unfähig, oder es fehlt ihnen eine klare Vision. Um eine früher erwähnte Behauptung Emersons zu erweitern: Ein Unternehmen ohne Vision ist wie eine Windmühle ohne Flügel.

Weil Reflexion auf jeder Ebene und in jedem Unternehmen so wichtig ist und weil in der Hektik von heute ernsthaft die Gefahr besteht, daß sich Manager völlig verausgaben, sollten alle die neue Formel »Rückzug, Erneuerung und Rückkehr« beherzigen. Apple-Chef John Sculley ließ sich für ein Jahr beurlauben. Ken Olson, der Vorstandsvorsitzende von Digital Equipment, nimmt sich jeden Sommer zwei Wochen Urlaub, in denen er Kanu fährt, weit weg von allen Telefonen und anderen Verbindungen mit seinem Büro. Der Staatsanwalt Jamie Raskin sagte: »Wenn ich mit meiner ganzen Arbeit fertig bin und ich mit allen Leuten gesprochen habe, dann kommen jene Augenblicke, in denen alles von mir abfällt, und ich spüre dann am intensivsten das, was mich ausmacht.« *Jene Augenblicke, in denen alles von einem abfällt:* Gerade in solchen Augenblicken stellen sich Sinnerfahrungen ein und neue Einsichten, Fragen und Herausforderungen.

John Sculley faßte es folgendermaßen zusammen: »Unternehmen können auf vielerlei Weise bewirken, daß sie keine guten Führungskräfte haben. Es gibt in einem Unternehmen Dinge – die Wurzeln seiner Kultur, die Bürokratisierung aller Abläufe –, die es sogar talentierten Leuten sehr schwer machen, aufzusteigen und starke Führungskräfte zu werden.« Aber Unternehmen können auch sehr viel tun, um den Aufstieg ihrer begabtesten Mitarbeiter zu gewährleisten. So wie das Denken dem Handeln vorausgehen sollte, so sollte es ihm auch folgen, und zwar bei Unternehmen genauso wie bei Individuen.

Lernen heißt Führen

Eine Organisation sollte, wie der Name schon sagt, organisch arbeiten, d.h. die Ziele sollten die Struktur bestimmen und nicht umgekehrt, und sie sollte als Gemeinschaft funktionieren, statt als Hierarchie, und ihren Mitarbeitern Unabhängigkeit, Tests, Chancen und Belohnungen verschaffen, weil eine Organisation ja im Grunde immer nur das Mittel und nicht der Zweck ist.

Da die eigentliche Aufgabe einer Organisation darin besteht, die Potentiale des einzelnen freizusetzen und voll zu nutzen, müssen alle Organisationen Wachstum und Entwicklung ihrer Mitglieder fördern und Wege finden, die entsprechenden Gelegenheiten zu schaffen.

Das ist die einzige echte Aufgabe aller Organisationen und die wichtigste Herausforderung, der sie sich heute stellen müssen.

Kapitel 10

Die Zukunft schmieden

> In einer Zeit dramatischer Veränderungen ist nur den Lernenden die Zukunft sicher. Die Wissenden sind gerüstet, in einer Welt zu leben, die nicht mehr existiert.
>
> ERIC HOFFER

Ich habe dieses Buch mit einem Kapitel über das Meistern der Gegebenheiten begonnen, und ich möchte es in der gleichen Weise beenden. Ich schilderte Ihnen zwei Personen – Ed, der sich den Gegebenheiten auslieferte, und Norman Lear, der diese meisterte. Sie werden sich daran erinnern, daß der Aufsichtsrat, der sich schließlich der Beförderung Eds widersetzte, von dem neuen Vorstandsvorsitzenden fünf Qualitäten erwartete: technische Kompetenz (über die Ed verfügte), soziale Kompetenz, Einfallsreichtum, Urteilskraft und Stil sowie Charakterstärke. Das alles sind wichtige Eigenschaften, und ich glaube, der Aufsichtsrat war auf dem richtigen Weg. Aber wir leben in einer komplizierten Zeit, und an die Führungskräfte von morgen wird man noch höhere Anforderungen stellen. Oder, wie Abigall Adams an ihren Brieffreund Thomas Jefferson schrieb: »Die schweren Zeiten, die wir durchmachen, müßten so recht nach dem Geschmack eines Genies sein... Große Notlagen bringen große Führerfiguren hervor.«

Um in diesem Zeitalter scharfen Wettbewerbs zu bestehen, muß eine Führungskraft zuerst die aktuellen Herausforderungen begreifen. Der Gründer von Common Cause, John Gardner, hat gesagt, daß Führungskräfte Menschen sind, die die herrschende Kultur verstehen, auch wenn ein Großteil dieser Kultur latent ist und nur im Kopf und in den Träumen der Menschen bzw. in ihrem Unbewußten existiert. Aber das Verstehen ist nur der erste Schritt. Die Führungskräfte von morgen müssen auch den nächsten Schritt tun, d.h., sie müssen die Kultur verändern. Oder, um noch einmal Kurt Lewin zu zitieren, erst wenn man etwas verändert, lernt man es auch wirklich verstehen.

Hier und heute brauchen wir solche Führungskräfte. Die Vereinigten Staaten haben ihren Wettbewerbsvorteil verloren. Reallohn und Produktivität sind seit 1972 ständig gesunken. Unsere schöpferische Fantasie bleibt unübertroffen, aber wir sind kaum mehr in der Lage, neue Produkte herzustellen und erfolgreich zu vermarkten. Was wir erfinden, wird von Japan und Korea produziert und verkauft – an uns.

Das öffentliche Bildungssystem, das Gesundheitswesen und die Regierung werden ständig von Krisen erschüttert. Wall Street und Washington erwecken bisweilen den Eindruck, sich in der Hand von Kriminellen zu befinden. Amerikas Domäne ist heute der Dienstleistungssektor, aber die Dienstleistungen waren noch nie so schlecht wie heute. Eine steigende Zahl von Obdachlosen bevölkert die Straßen dieses reichen Landes, und niemand scheint etwas dagegen tun zu können. Verbrecherbanden beherrschen unsere Innenstädte.

Wenn wir unsere alte Überlegenheit wiedergewinnen und uns unseren unzähligen Problemen stellen und sie lösen sollen, dann müssen uns Führungskräfte – und zwar echte Führungspersönlichkeiten und keine Nachahmer – den Weg weisen. Donald Altstadt, der Vorstandschef der Lord Corporation, hat gesagt, daß der Philosoph und nicht der Industriemagnat oder der politische Bonze die bedeutendste Rolle spielt, weil die Geschichte beweist, daß sich Ideen früher oder später immer durchsetzen. Laut Altstadt existiert Platos »Republik«, wenn auch nicht in der Form, die Plato im Sinn hatte. Ideen sind natürlich das Rüstzeug von Führungskräften – das Hilfsmittel, mit dem die Führungskraft dem Chaos eine Vision abringt.

Chaos umgibt uns überall, aber die gute Führungskraft weiß, daß Chaos der Anfang, nicht das Ende ist. Chaos ist die Quelle von Energie und Elan.

Rosabeth Moss Kanter beschrieb die gegenwärtige chaotische Situation in ihrem Buch *When Giants Learn to Dance* (1989). Sie entwickelte folgende Maximen:

- Denke strategisch und investiere in die Zukunft, aber sorge dabei für gute Bilanzen.
- Sei offensiv unternehmerisch und gehe Risiken ein, aber belaste das Unternehmen nicht durch Mißerfolge.
- Mache die Arbeit, die du jetzt tust, noch besser und verbringe mehr Zeit in Gesprächen mit Mitarbeitern, mit Teamarbeit und mit dem Lancieren neuer Projekte.
- Kenne deine Firma bis ins kleinste, aber delegiere mehr Verantwortung an andere.
- Bekenne dich leidenschaftlich zu »Visionen« und setze alles daran, sie zu verwirklichen, aber bleibe flexibel, aufgeschlossen und fähig zu plötzlichen Richtungsänderungen.
- Nimm kein Blatt vor den Mund, sei eine echte Führungskraft, bestimme die Richtung, aber sei partizipativ, höre gut zu und kooperiere.
- Stürze dich rückhaltlos in das unternehmerische Spiel und die vielen Stunden, die es erfordert – und halte dich fit.
- Habe Erfolg, Erfolg, Erfolg – und ziehe tolle Kinder groß.

Zehn Faktoren für die Zukunft

Wie lernt eine Führungskraft, das Chaos zu bändigen? Wie lernt sie Wandel und Ambivalenz nicht nur zu akzeptieren, sondern daraus Gewinn zu ziehen? Es gibt zehn Faktoren, zehn persönliche und unternehmerische Eigenschaften, die nötig sind, um den Wandel zu bewältigen, eine neue Zukunft zu schmieden und lernfreudige Unternehmen auf die Beine zu stellen.

1. *Führungskräfte folgen einer Vision.* Alle Führungskräfte sind fähig, eine verlockende Vision zu entwerfen, die neue Dimensionen erschließt, und diese dann in die Wirklichkeit umzusetzen. Nicht jede Führungskraft, mit der ich sprach, besitzt alle zehn Qualitäten, die ich gerade beschreibe, aber diese Fähigkeit besaßen alle. Peter Drucker sagte, eine Führungskraft müsse als erstes den gemeinsamen Auftrag definieren. Max De Pree schrieb in seinem Buch *Leadership Is an Art* (1988): »Die erste Pflicht einer Führungskraft besteht darin, den Mitarbeitern die Ausgangssituation klarzumachen; die letzte Pflicht darin, danke schön zu sagen. Dazwischen ist die Führungskraft ein Diener.«

Der Auftrag, eine Vision zu realisieren, kann in fünf Teilschnitte zerlegt werden. Als erstes muß die Vision vermittelt werden. C.G. Jung sagte: »Ein Traum, den man nicht begreift, bleibt bloßes Ereignis. Begriffen, wird er zu einer lebendigen Erfahrung.« Jim Burke verbringt 40 Prozent seiner Zeit damit, seinen Mitarbeitern das Johnson & Johnson-Credo zu vermitteln. Mehr als 800 Manager haben an J & J- »Herausforderungstreffen« teilgenommen, bei denen sie das Credo General Johnsons Zeile für Zeile durchgingen, um zu sehen, welche Veränderungen vorgenommen werden sollten. Im Laufe der Jahre ergab sich so ein grundlegender Wandel.

Die anderen elementaren Teilschritte bei der Verwirklichung der Vision sind sorgfältige Personalauswahl, Belohnung, Umschulung und Reorganisierung. Jan Carlzon, der Chef von SAS, illustriert auf beispielhafte Weise, wie die fünf Teilschritte in die Tat umgesetzt werden.

Carlzons Vision war es, SAS zu einer der fünf oder sechs im Jahre 1995 noch existierenden internationalen Fluggesellschaften zu machen. Er glaubte, daß dann nur noch fünf oder sechs Fluggesellschaften übrig sein würden. Um dies zu erreichen, formulierte er zwei Ziele. Erstens sollte SAS in hundert verschiedenen Bereichen um ein Prozent besser sein als seine Konkurrenten. Zweitens sollte eine Marktnische geschaffen werden. Carlzon entschied sich für die Geschäftsreisenden, weil er glaubte, dies sei die gewinnträchtigste Nische und nicht für Studenten, Reiseveranstalter oder die anderen Möglichkeiten. Um Geschäftsreisende für sich zu gewinnen, mußte Carlzon dafür sorgen, daß jede Begegnung zwischen einem Geschäftsreisenden und einem SAS-Mitarbeiter zu deren voller Zufriedenheit verlief. Er mußte jede einzelne Begegnung zu einer sinnvollen, harmonischen und angenehmen Erfahrung machen – und er schätzte, daß es täglich 63 000 solcher Begegnungen zwischen SAS-Mitarbeitern und gegenwärtigen oder potentiellen Kunden gebe. Er nannte diese Begegnungen »Augenblicke der Wahrheit«.

Carlzon schrieb ein fabelhaftes Cartoon-Buch, *The Little Red Book,* um den Mitarbeitern die neue SAS-Vision zu vermitteln. Und er gründete eine firmeneigene Akademie in Kopenhagen, um sie zu schulen. Darüber hinaus hat er die gesamte Organisation entbürokratisiert, so daß der Organisationsaufbau nicht länger einer Pyramide gleicht, sondern einer Unzahl von Kreisen, einer Galaxie. Tatsächlich heißt ja auch Carlzons Buch *Alles für den Kunden* in seiner schwedischen Originalversion »Die Pyramiden zerstören«.

Einer dieser Kreise, ein Organisationssegment, ist die Flugroute Kopenhagen-New York. Alle Piloten, Navigatoren, Ingenieure, Flugbegleiter, Gepäckabfertiger und Buchungskräfte, alle, die etwas mit der Route Kopenhagen-New York zu tun haben, sind in selbstverwaltete, autonome Arbeitsgruppen mit Gewinnbeteiligungsplänen integriert, so daß sie alle an dem jeweiligen Gewinnzuwachs ihrer speziellen Route beteiligt werden. Dasselbe Organisationssegment gibt es für die Route Kopenhagen-Frankfurt. Das gesamte Unternehmen ist in solche kleine, egalitäre Gruppen untergliedert.

Der Chef von General Electric, Jack Welch, hat einmal gesagt: »Die frühere Vorstellung, daß der Chef Chef wurde, weil er ein bißchen mehr wußte als seine Mitarbeiter, mag für den Manager von gestern gelten. Der Chef von morgen gründet seine Führungskompetenz auf eine

Vision, ein gemeinsames Wertsystem und ein gemeinsames Ziel.« Das einzige unerläßliche Merkmal einer Führungskraft ist ihre Fähigkeit, eine Vision zu entwerfen und zu verwirklichen. William Butler Yeats schrieb: »In Träumen beginnt die Verantwortung.« Eine Vision ist ein Wachtraum. Die Verantwortung einer Führungskraft besteht darin, die Vision Wirklichkeit werden zu lassen. Dabei verwandelt sie ihren Einflußbereich, ob es sich um die Film-, die Computerbranche, den Journalismus oder sogar das eigene Land handelt.

2. *Führungskräfte akzeptieren Mißerfolge.* Diese treffende Formulierung des Unternehmensberaters Donald Michael resümiert die Erfahrungen jener Führungskräfte, die, wie Barbara Corday, keine Angst davor haben, Fehler zu machen, und begangene Fehler eingestehen. Wie Jim Burke erzeugen sie eine Arbeitsatmosphäre, in der Risikobereitschaft gefördert wird. Wie Sydney Pollack erklären sie ihren Mitarbeitern, der einzige Fehler sei der, gar nichts zu tun. Wie Karl Wallenda zu seinen besten Zeiten balancieren sie über das Hochseil ohne die Furcht, abzustürzen. Ein Basketball-Trainer an der Universität von Kalifornien faßte es so zusammen: »Nicht Mißerfolge sind der Fehler, sondern zu niedrig angesetzte Ziele.«

3. *Führungkräfte ermuntern zu konstruktivem Feedback.* Norbert Wiener sagte mir einmal: »Erst wenn ich eine Antwort bekomme, weiß ich, was ich gesagt habe.« Jeder weiß, wie wichtig es im Leben ist, jemanden zu haben, der einem die Wahrheit sagt. Es war eine der faszinierendsten Entdeckungen, die ich in den Interviews für mein Buch *Führungskräfte* gemacht habe, daß fast alle Führungspersönlichkeiten noch mit ihrem ersten Ehepartner verheiratet waren. Ich glaube, der Grund dafür könnte sein, daß der Partner – sowohl für Frauen als auch für Männer – die einzige Person ist, der sie völlig vertrauen können. Das Feedback vom Ehepartner, der Vertrauensperson, ist deshalb konstruktiv, weil es der

Führungskraft ermöglicht, zu lernen und mehr über sich zu erfahren.

4. *Führungskräfte ermuntern zu abweichenden Meinungen.* Das ist das firmeninterne Gegenstück zum konstruktiven Feedback. Führungskräfte sollten von Menschen umgeben sein, die gegenteilige Ansichten vertreten, den Advocatus Diaboli spielen und als »Meßfühler« dienen, die den Unterschied zwischen Wunsch und Wirklichkeit erfassen.

Gegenwärtig gibt es vor allem zwei Typen von Führungskräften: einmal jene, die Gleichgesinnte einstellen, Doppelgänger, die ihre eigenen Ansichten und Wünsche widerspiegeln, und zum anderen jene, die kompensatorische Mitarbeiter einstellen, die komplementäre Ansichten über das Unternehmen und die Gesellschaft haben. Der Träumer John Sculley hat einen pragmatischen Manager zu seinem Stellvertreter ernannt. Aber auch wenn solche kompensatorischen Mitarbeiter verfügbar sind, bekommt man sie nur schwer dazu, klar Stellung zu beziehen. Sam Goldwyn versammelte seine Mitarbeiter, nachdem sich sechs Filme hintereinander als Flops erwiesen hatten, und sagte zu ihnen: »Ich möchte, daß Sie mir genau sagen, was mit mir und MGM nicht stimmt. Selbst wenn Sie dadurch Ihre Arbeit verlieren würden.« Die Mitarbeiter einer Führungskraft sind sich der vermeintlichen Gefahren unverblümter Offenheit nur allzusehr bewußt. Vor fast 30 Jahren gab Nikita Chruschtschow während seines Amerikaaufenthaltes im Washingtoner Presse-Club eine Pressekonferenz. Die erste Frage, die aus dem Saal an ihn gerichtet wurde und die ein Dolmetscher übersetzte, lautete: »Sie haben heute über die Schreckensherrschaft Ihres Vorgängers Stalin gesprochen. Sie waren in dieser Zeit einer seiner engsten Helfer und Mitarbeiter. Was haben *Sie* die ganze Zeit über getan?« Chruschtschows Gesicht lief rot an. »Wer hat das gefragt?«, brüllte er. Alle 500 Anwesenden senkten den Kopf. »Wer hat das gefragt?«, bohrte er weiter. Keine Reaktion.

»Genau das habe ich auch getan«, sagte er. Eine der Tragödien der meisten Unternehmen ist, daß die Mitarbeiter ihre Chefs Fehler machen lassen, auch wenn sie es selbst besser wissen.

Um dieser Tendenz entgegenzuwirken, müssen sich Führungskräfte verhalten wie der Chef von Herman Miller, Max de Pree, der sich von ausgefallenen Ideen seiner Mitarbeiter anregen läßt. Oder wie Barbara Corday, die Kritik dadurch fördert, daß sie sich unter ihre Mitarbeiter mischt. Wenn man sieht, wie sie mit ihnen in einem Raum zusammensitzt, würde man nicht erraten, daß sie die Chefin ist.

D. Verne Morland behauptet, der Entscheidungsträger an der Spitze von Unternehmen sollte bewußt jemanden zu seinem Gegenspieler bestimmen. In seinem Artikel mit dem Titel »Lear's Fool: Coping With Change Beyond Future Shock« (König Lears Narr: Wandel ohne Zukunftsangst bewältigen) umreißt er die Aufgaben eines »Narren«, der seinem Chef zuarbeitet. Der »Narr« hat folgende grundlegende Funktion: »Mit bestürzenden Wahrheiten dazwischenfunken, die sich der rationalen Formulierung entziehen. Das Eintreten globaler Umwälzungen ankündigen und deren Tragweite erfassen. Durch Spott und Scherz alles in Frage stellen, was heilig ist und was die Gelehrten für unumstößliche Wahrheiten halten.« Jede Führungskraft braucht wie König Lear wenigstens einen Narren.

5. *Führungskräfte besitzen den Nobel-Faktor:* Optimismus, Vertrauen und Hoffnung. Einer der leitenden Angestellten, den ich für mein Buch *Führungskräfte* interviewte, war sicher, daß er als Naturwissenschaftler den Nobelpreis errungen hätte, weil er das Gefühl hatte, alles erreichen zu können. Diesen Optimismus vermittelte er auch seinen Mitarbeitern. Ronald Reagan ist ein gutes Beispiel für diese grenzenlose Zuversicht. Richard Wirthlin, Reagans Demoskop, berichtete über die Situation, als er Reagan ein Jahr nach dem Attentat, als seine Beliebtheit Re-

kordhöhen erreicht hatte, mitteilen mußte, daß seine Popularitätskurve auf ein Rekordtief gefallen war. Normalerweise betrat Wirthlin Reagans Zimmer nicht allein. Diesmal jedoch begleitete ihn niemand. Reagan warf einen Blick auf den einsamen Wirthlin und sagte: »Sagen Sie mir schon die schlechte Neuigkeit.« Wirthlin sagte sie ihm. Nicht nur, daß seine Beliebtheit seit dem Attentat ständig zurückging, sie war auch auf dem niedrigsten Stand, die ein Präsident seit Beginn der Meinungsumfragen in seinem zweiten Amtsjahr je zu verzeichnen hatte. »Dick, mach dir bloß keine Sorgen«, sagte Reagan zu ihm. »Ich gehe jetzt einfach hier raus und versuche, ein zweitesmal erschossen zu werden.«

Zuversicht und Hoffnung eröffnen Handlungsspielräume. Das Gegenteil von Hoffnung ist Verzweiflung, und wenn wir verzweifeln, dann deshalb, weil wir das Gefühl haben, keine Wahl mehr zu haben. Präsident Carter ruinierte sich durch seine »Malaise«-Rede. Er wollte uns durch Ehrlichkeit imponieren, aber wir dachten, er lasse uns keine andere Wahl, als zu resignieren. Die Weltsicht einer Führungskraft wirkt immer ansteckend. Carter stimmte uns pessimistisch; Reagan gab uns Hoffnung, welche Fehler er sonst auch haben mochte.

Ein weiteres Beispiel für den grenzenlosen Optimismus derer, die den Nobel-Faktor besitzen, ist der Spaßvogel George Bush, der einmal gesagt hat: »Ich kann nicht sterben. Ich bin ausgebucht.«

Ein altes chinesisches Sprichwort sagt: »Daß die Vögel von Kummer und Sorge über deinem Kopf fliegen, daran kannst du nichts ändern; aber daß sie in deinen Haaren nisten, das kannst du verhindern.«

6. *Führungskräfte verstehen den Pygmalion-Effekt im Management.* In George Bernhard Shaws Werk Pygmalion heiratete Eliza Doolittle ihren Freddy, weil sie wußte, daß sie für Professor Henry Higgins immer die Blumenverkäuferin aus dem Londoner East End bleiben würde. Sie wußte, daß er niemals ihren inneren Wandel akzeptieren

und sie immer nur so sehen würde, wie sie gewesen war. Wie sie Freddy sagte: »Eine Dame unterscheidet sich von einem Blumenmädchen nicht in ihrem Verhalten, sondern in der Art und Weise, wie man sie behandelt. Ich werde für Professor Higgins immer ein Blumenmädchen sein, weil er mich immer als solches behandeln wird; aber ich weiß, daß ich für dich eine Dame sein kann, weil du mich immer als Dame behandeln wirst.«

J. Sterling Livingston bezog den Pygmalion-Effekt auf Fragen der Unternehmensführung (Livingston 1988):

- Was Manager von ihren Mitarbeitern erwarten und wie sie mit ihnen umgehen, bestimmt weitgehend deren Arbeitsleistung und beruflichen Aufstieg.
- Eine spezifische Eigenart überragender Führungskräfte ist die Fähigkeit, hohe Leistungsanforderungen zu stellen, die die Mitarbeiter erfüllen.
- Weniger effizienten Managern gelingt es nicht, solche Anforderungen aufzubauen, und folglich leidet die Produktivität ihrer Mitarbeiter.
- Mitarbeiter scheinen häufig das zu tun, von dem sie glauben, daß man es von ihnen erwartet.

Führungskräfte erwarten, daß ihre Mitarbeiter ihr Bestes geben. Sie wissen, daß ihre Mitarbeiter sich verändern und weiterentwickeln. Wenn man große Ansprüche an sie stellt, werden sie auch erfüllt.

Zugleich wissen Führungskräfte auch, was sie von sich erwarten können. Ihr Motto lautet: Dehne dich, aber überdehne dich nicht. Stell dir vor, du trainierst für die nächste Olympiade. Wenn du dir heute eine Muskelzerrung zuziehst, sitzt du morgen auf der Bank.

Don Ritchey sagte: »Ein Manager ist nicht zuletzt dafür verantwortlich, Leistungsnormen, Erwartungen für seine Leute zu formulieren. Das ist eine schwere Aufgabe, denn wenn man sie zu niedrig ansetzt, sind sie nicht nur für das Unternehmen, sondern auch für den einzelnen nutzlos, setzt man sie aber so hoch an, daß niemand sie erreichen kann, dann ruiniert man seine Mitarbeiter und das Unternehmen. Das heißt nicht, daß wir nicht alle einmal hinter Erwartungen zurückbleiben können, aber wenn man die Erwartungen so hoch steckt, daß der Betroffene immer scheitern wird, dann zersetzt das die Arbeitsmoral ... Ich glaube, ideal wäre es, seine Mitarbeiter ein bißchen zu fordern, ohne sie allzuoft Mißerfolgserlebnissen auszusetzen.«

7. *Führungskräfte müssen ein Gespür für zukünftige Entwicklungen haben.* Wayne Gretzky war der beste Eishockeyspieler seiner Generation. Er sagte, es sei nicht so wichtig zu wissen, wo sich der Puck gerade befinde, sondern wo er landen werde. Auch Führungskräfte müssen ein Gespür dafür haben, in welche Richtung sich die Gesellschaft verändert und in welche Richtung sich das Unternehmen bewegen muß, wenn es wachsen will. Wenn sie diese Antenne nicht von Anfang an besitzen, dann entwickeln sie sie im Laufe der Zeit.

Elizabeth Drew beschrieb ein ähnliches Phänomen in der Politik und bezog sich dabei vor allem auf den Präsidentschaftswahlkampf von 1988: »Sehr viele Leute fragten sich, warum Dukakis nicht seinen Kurs änderte und Bush frontal angriff, als dieser seinen Patriotismus in Frage stellte. Das hängt mit Dukakis' Instinkten zusammen. Es überrascht, daß ein erfahrener Politiker wie er solch einen Mangel an politischem Instinkt, an Spontaneität, taktischem Geschick und Gespür zeigt. Ein Präsident braucht Gespür, aber es ist nicht sicher, ob einer der beiden Kandidaten darüber verfügt.« (Drew 1988)

8. *Führungskräfte planen auf lange Sicht.* Sie haben Geduld. Armand Hammer sagt, daß er jetzt, mit 89, langfristige Pläne nur noch über einen Zeitraum von zehn Jahren macht, weil er ihre praktische Umsetzung noch erleben will. Barbara Corday wußte mit 43, daß sie noch genug Zeit hatte, eine neue Stelle oder sogar einen neuen Beruf zu finden. Die Japaner haben wirklich den lan-

gen Atem – ich weiß von einem Unternehmen, das einen 250-Jahresplan hat.

In einer Ausgabe des Magazins Fortune wird behauptet, daß sogar Wall Street mitunter eine langfristige Perspektive belohnt. Disney-Chef Michael Eisner sandte Robert Fitzpatrick nach Frankreich, um das neue EuroDisney-Projekt aus der Taufe zu heben, das die Errichtung des europäischen Binnenmarktes 1992 vorwegnehmen sollte. Eisner wurde dafür zweifellos durch den Kursanstieg der Disneyaktien belohnt. Auch CalFed bereitete sich auf den bislang größten Einzelmarkt der Welt vor. Es verfügte bereits über eine Filiale in England und plante langfristig neue Niederlassungen in Brüssel, Barcelona, Paris und Wien.

9. *Führungskräfte müssen einen Interessenausgleich erzielen.* Sie wissen, daß sie die konkurrierenden Forderungen aller an dem Unternehmen beteiligten Gruppen ausbalancieren müssen. Jim O'Toole bezeichnet in seinem Buch *Vanguard Management* (1985) den Interessenausgleich als das erste Prinzip, an dem sich die besten Unternehmen orientieren. Er zitiert Thornton Bradshaw, den früheren Präsidenten von Arco:

> »Jede Entscheidung, die ich an meinem Schreibtisch treffe, wird von einigen und manchmal von vielen der folgenden Faktoren beeinflußt: den möglichen Auswirkungen auf die öffentliche Meinung; der Reaktion von Umweltschützern; den möglichen Auswirkungen auf andere Schlüsselfaktoren – Konsumenten, Steuerreform, Anti-Atom-Bewegung und Arbeitszeitverkürzung etc.; den staatlichen Auflagen – vom Energieministerium, der Umweltbehörde, dem Amt für Sicherheit und Gesundheit am Arbeitsplatz, der Internationalen Handelskammer, dem Bundeskartellamt etc.; den Auflagen der Bundesländer und Kommunen; der Auswirkung auf die Geldentwertung und das Anti-Inflations-Programm der Regierung; der Haltung der Gewerkschaften, dem OPEC-Kartell. Ja, beinahe hätte ich vergessen: den voraussichtlichen Gewinn, das Erfolgsrisiko, die schwie-

rige Suche nach Finanzmitteln in einem Wettbewerbs-
markt, das Leistungspotential unseres Unternehmens
und – wenn noch Zeit bleibt – die Konkurrenz.«

Weil Führungskräfte sich der Notwendigkeit des Interes-
senausgleichs bewußt sind, hüten sie sich vor dem Dick
Ferris Syndrom. Ferris, an der Spitze von United Air
Lines, hatte eine bestimmte Vision – eine funkelnde Vision von einem umfassenden Dienstleistungsunterneh-
men, das nicht nur Fluggäste transportierte, sondern auch
die Limousinen besaß, die diese am Flughafen abholten,
und die Hotels, in denen sie abstiegen. Dazu änderte er
sogar den Namen des Unternehmens. Es sollte nicht länger UAL sein, die gute alte United Air Lines – die neue
Bezeichnung für das risikoreiche Unternehmen war Alle-
gis. Das bedeutete nichts, aber es klang gut. Ferris' Vision
ging jedoch nicht auf. Er hatte die Rechnung ohne seine
Mitspieler gemacht: die Pilotengewerkschaft und den Aufsichtsrat, um nur zwei zu nennen. Er sah nur die wun-
derbare Welt außerhalb des Unternehmens, aber er sah
nicht, was sich in seiner unmittelbaren Umgebung ab-
spielte. Die Piloten versuchten, die Fluggesellschaft zu
kaufen, der Aufsichtsrat widersetzte sich den Absichten
Ferris', und am Ende saß Ferris vor der Tür, und das Unternehmen hatte wieder seinen alten Namen UAL.
    Die Realitäten der Welt, die Komplexität des unmittel-
baren Umfeldes und die Notwendigkeit des Interessen-
ausgleichs dürfen nicht von dem bunten Glanz einer fun-
kelnden Vision überdeckt werden.

10. *Führungskräfte schließen strategische Bündnisse und
Partnerschaften.* Sie denken in globalen Kategorien, und
sie wissen, daß es nicht länger möglich ist, sich zu ver-
stecken. Die klugen Führungskräfte von morgen sind
dabei, einzusehen, wie wichtig es ist, Allianzen mit anderen Unternehmen einzugehen, deren Schicksal mit ihrem
eigenen eng verknüpft ist. SAS arbeitet deshalb mit einer
argentinischen Fluggesellschaft und auch mit Frank Lo-

renzo zusammen und bemüht sich um weitere Partnerschaften mit anderen Luftfahrtgesellschaften. Das norwegische Gegenstück zu Federal Express – mit 3500 Mitarbeitern eines der größten norwegischen Unternehmen – geht eine Partnerschaft mit Federal Express ein. Die First Boston Bank hat sich mit Credit Suisse zusammengetan und FBCS gegründet. General Electric hat einige Joint Ventures mit seinem englischen Gegenstück General Electric vereinbart und dabei vier Produktsparten zusammengeschlossen. Trotz ihrer gleichlautenden Namen hatten die Unternehmen bisher nichts miteinander zu tun. GE hatte in Erwägung gezogen, seinen britischen Namensvetter zu kaufen, aber schließlich die Allianz einer Übernahme vorgezogen.

Das sind die Erfolgsrezepte dieser Gruppe von Führungskräften. So gestalten sie die Zukunft. Was aber ist mit den Führungskräften von morgen? Sie werden gewisse gemeinsame Merkmale besitzen:

- eine breite Allgemeinbildung;
- grenzenlose Neugierde;
- grenzenlosen Enthusiasmus;
- Glaube an Menschen und Teamwork;
- Risikofreude;
- Engagement für langfristiges Wachstum, statt für kurzfristigen Profit;
- den Willen, Spitzenleistungen zu erzielen;
- Wendigkeit;
- Integrität;
- visionäre Kraft.

Und in dem Maße, wie sie sich selbst entfalten, werden sie neue Filme, neue Branchen und vielleicht eine neue Welt schaffen.

Wenn das in Ihren Ohren wie ein utopischer Traum klingt, dann bedenken Sie: Es ist viel leichter, sich selbst zu entfalten, als sich selbst zu verleugnen. Und auch viel lohnender.

Biographische Informationen

Herb Alpert und Gil Friesen
Zusammen mit Jerry Moss bilden Alpert und Friesen die bemerkenswerte Führungsriege von A&M. Alpert ist nicht nur ein begabter Musiker, der mehrere goldene Schallplatten und andere Schallplattenpreise erhalten hat, sondern auch ein einfallsreicher Geschäftsmann, Künstler und Präsident der Herb Alpert Foundation. Friesen, der als Generaldirektor begann, wurde 1977 Präsident von A&M. Nachdem Friesen das Musikrepertoire von A&M erweitert hatte, u.a. durch einen neuen Geschäftsbereich »Klassische Musik«, gründete er 1981 die Produktionsgesellschaft A&M Films. Diese produzierte Filme wie *Birdy, Breakfast Club* und *Bring on the Night.*

Gloria Anderson
Gloria Anderson war Reporterin für Associated Press, Redakteurin beim *Cincinnati Enquirer* und *Charlotte Observer,* Chefin vom Dienst bei der Nachrichtenagentur Knight-Ridder und bei den *Miami News.* Sie war Mitbegründerin des *Miami Today,* ein wöchentlich erscheinendes Wirtschaftsmagazin, und fungierte vier Jahre lang als deren Herausgeberin und Mitverlegerin. 1981 und 1982 war sie Mitglied der Pulitzer-Preis-Jury. Außerdem ist sie Gründerin des Gazette Verlags und Lehrbeauftragte des American Press Institute.

Anne L. Bryant
Anne Bryant hat einen Bachelor-Grad in Englisch und ist Doktor der Pädagogik. Sie war Prodekan, Direktorin der National Foundation of Bank Women und stellvertretende Leiterin der Abteilung »Berufliche Weiterbildung« der P.M. Haeger and Associates, Inc., wo sie mit dem Vor-

standsvorsitzenden an Problemen der Unternehmensplanung und der finanziellen und strategischen Entscheidungsfindung arbeitete.

James Burke

Burke erwarb sein betriebswirtschaftliches Diplom an der Harvard Business School. Er begann bei Johnson & Johnson 1953 als Produktmanager, wurde 1955 zum Direktor für neue Produkte ernannt, 1965 in den Vorstand berufen, dessen Vorsitzender er 1973 wurde.

Barbara Corday

Barbara Corday wuchs in einer Theaterfamilie auf. Ihre Karriere in der Unterhaltungsbranche begann in einer kleinen Theateragentur. Später arbeitete sie als Publizistin und dann, gemeinsam mit ihrer Partnerin Barbara Avedon, als Drehbuchautorin. In den acht Jahren ihrer Zusammenarbeit schrieben sie zahlreiche Drehbücher für Fernsehfilme und -serien und wurden immer wieder als leitende Beraterinnen in Drehbuchfragen konsultiert. Nachdem sie eine Zeitlang als leitende Angestellte bei ABC-TV gearbeitet hatte, wechselte sie als unabhängige Produzentin und Präsidentin ihrer eigenen Firma zu Columbia Pictures Television. 1984 wurde sie Präsidentin von Columbia Pictures Television und anschließend Vorstandsvorsitzende von Columbia/Embassy Television. Später wurde sie stellvertretende Programmdirektorin von CBS.

Horace B. Deets

Deets erklomm die Leiter der American Association of Retired People (AARP) und wurde mit 50 Jahren von deren Board zum Generalsekretär gewählt. Er wirkte mit an der Entwicklung des »Modern Maturity TV«, des wöchentlichen Femsehprogramms von AARP. Bevor er bei AARP begann, arbeitete Deets für die Equal Employment Opportunity Commission.

Robert R. Dockson

Nachdem er im Zweiten Weltkrieg vier Jahre in der Marine gedient hatte, unterrichtete er an der Rutgers University und arbeitete dann sechs Jahre als freiberuflicher Volkswirtschaftler. 1954 ernannte man ihn zum Professor und Vorstand des Instituts für Marketing an der University of Southern California (USC). 1960 gründete er die »Undergraduate School of Business« und die »Graduate School of Business Administration« an der USC, deren Dekan er zehn Jahre lang war. 1969 begann er bei CalFed, 1970 wurde er Vorstandsmitglied, 1973 Vorstandsvorsitzender und 1977 Vorsitzender des Aufsichtsrats. Vor einigen Jahren trat er in den Ruhestand.

Richard Ferry

Ferry ist Mitbegründer, Präsident und Direktor von Korn/Ferry International, der größten Personalberatungsgesellschaft der Welt mit 37 Niederlassungen in sämtlichen Erdteilen. Seit ihrer Gründung kann die Gesellschaft jährliche Wachstumsraten von über 30 Prozent verbuchen und hat neue Wege bei der geschäftlichen Spezialisierung und bei beruflichen Beratungspraktiken beschritten.

Betty Friedan

Die Autorin und feministische Vorkämpferin Betty Friedan war Gründerin und erste Präsidentin der Nationalen Frauenvereinigung; sie organisierte die Nationale Politische Frauenliga (»National Women's Political Caucus«), den Internationalen Feministinnen-Kongreß und die First Women's Bank, eine ökonomische Denkfabrik für Frauen. Gegenwärtig gehört sie mehreren Gremien und Kommissionen an. Sie war Lehrbeauftragte an mehreren Universitäten, Gastprofessorin an der Schule für Journalismus sowie Gastprofessorin für das Studium von Frauen und Männern in der Gesellschaft an der University of Southern California. Frau Friedan ist Autorin mehrerer Bestseller.

Alfred Gottschalk
Der in Deutschland geborene Gottschalk kam 1959 in die USA. Neben seiner Arbeit als Rabbi lehrte er am Hebrew Union College, dessen Rektor er 1971 wurde. Er ist Autor zahlreicher Bücher und Artikel und gehörte mehreren Ausschüssen, Kommissionen und Komitees an, u. a. der vom Präsidenten in den späten sechziger Jahren eingesetzten Kommission zum Abbau beruflicher Diskriminierungen.

Roger Gould
Gould ist außerordentlicher Professor für Psychiatrie an der University of California at Los Angeles und Präsident des Interactive Health Systems, einer Forschungs- und Entwicklungseinrichtung, die therapeutische Lernmethoden entwirft.

Frances Hesselbein
Sie war die erste Vorsitzende der Girl Scouts, die sich intern nach oben gearbeitet hat. Die Zeitschrift *Savvy* zählte sie zu einer der Spitzenführungskräfte von gemeinnützigen Organisationen in den USA; 1984 erzielte sie den ersten »Preis für mutige Unternehmerinnen« (»Entrepreneurial Woman Award«) wegen ausgezeichneter Leistungen in der Führung einer gemeinnützigen Organisation. Sie arbeitet in mehreren Gremien und Beratungskomitees und ist regelmäßig Gastdozentin am Peter F. Drucker Graduate Management Center der Claremont Graduate School.

Shirley Hufstedler
Sie wurde 1961 zur Richterin am Landgericht von Los Angeles berufen; 1966 zur beisitzenden Richterin am kalifornischen Berufungsgericht und 1968 zur Richterin am US. Berufungsgericht für den Neunten Bundesbezirk. Präsident Carter ernannte sie 1979 zur Bildungsministerin. Nach ihrem Ausscheiden hat sie als Anwältin und Dozentin gearbeitet. Sie ist Mitgesellschafterin von Hufsted-

ler, Miller, Carlson and Beardsley, Mitglied verschiedener Gremien und hat zahlreiche Auszeichnungen erhalten.

Edward C. Johnson

Johnson war Vermögensverwalter des Fidelity Trend Fund. Dann wurde er Vorstandsvorsitzender von Fidelity Investments, Präsident und Direktor der Fidelity Group of Funds und Vorsitzender von Fidelity International Ltd., Fidelity International Investment Management, Inc. und der Fidelity Group of International Funds.

Martin Kaplan

Kaplan hat als Redenschreiber und persönlicher Referent von Vizepräsident Mondale gearbeitet, als Kolumnist beim *Washington Star* und als Rundfunkjournalist für das National Public Radio. Außerdem war er Mondales stellvertretender Wahlkampfmanager und wichtigster Redenschreiber während dessen Präsidentschaftskandidatur von 1984. 1985 wurde Kaplan Vizepräsident der Filmproduktion von Walt Disney Pictures.

Brooke Knapp

Sie ist Präsidentin der Knapp Group, einer privaten Investmentgesellschaft, hat zwei Ehrendoktortitel erhalten und ist mit mehreren Preisen ausgezeichnet worden (»Federal Aviation Administration Award for Extraordinary Service«, der »Harmon Trophy«, dem »J.H. Doolittle Fellowship Award« und dem »F.A.I. Paul Tissandier Award«). Frau Knapp hat mehr als einhundert Geschwindigkeitsrekorde im Fliegen aufgestellt oder gebrochen, einschließlich der schnellsten Weltumrundung in einem Zivilflugzeug.

Mathilde Krim

M. Krim hat am Weizman Institut für Naturwissenschaften in Israel gearbeitet, an der Medizinischen Fakultät der Cornell University und am Sloan-Kettering Institut für Krebsforschung, wo sie Leiterin des Interferonlabors war.

Sie ist Gründungsmitglied und Direktorin der Amerikanischen Stiftung für AIDS-Forschung und gehört dessen wissenschaftlichem Beirat an. Sie erhielt einen Ruf als Forschungsbeauftragte am St. Lukes Roosevelt Klinikum und College of Physicians and Surgeons der Columbia University.

Norman Lear

Norman Lear ist Produzent, Drehbuchautor, Regisseur und Mitbegründer der Bewegung »People for the American Way«. Er begann 1945 beim Fernsehen als Drehbuchautor. Seitdem hat er zahlreiche Drehbücher geschrieben, Filme produziert und einige wegbereitende Fernsehserien aus der Taufe gehoben. Dann wurde er Vorstandsvorsitzender seines eigenen Mini-Konglomerats, der Act 3 Communications, das Theater- und Fernsehfilme produziert, sieben Zeitschriften herausgibt und vier Fernsehsender und zwei Theaterketten besitzt und betreibt.

Sydney Pollack

Seine Filme erhielten 43 »Oscar«-Nominierungen, einschließlich vier für den besten Film. Pollack selbst wurde dreimal nominiert. Sein Film *Jenseits von Afrika* gewann sieben Oscars, u.a. für den besten Film, die beste Regie und das beste Drehbuch. Er gewann den Preis der New Yorker Filmkritiker für seinen hochgelobten Film *Tootsie.* Außerdem gewann er den Golden Globe, den Preis der Nationalen Vereinigung der Filmkritiker, den NATO-Preis als Regisseur des Jahres und Preise bei den Filmfestivals von Moskau, Taormina, Brüssel, Belgrad und San Sebastian. Pollack besitzt seine eigene Produktionsfirma, Mirage.

Jamie Raskin

Ein Auslandsstipendium ermöglichte Raskin einen einjährigen Europaaufenthalt, bevor er sein Studium an der Harvard Law School aufnahm. Schon als Student schrieb er für verschiedene Zeitschriften, arbeitete als Referendar in den Büros zweier Kongreßabgeordneter und dann als Referent des Washingtoner Oberbürgermeisters. Später wurde er stellvertretender Bezirksanwalt in Boston.

S. Donley Ritchey

Der ehemalige Vorstandsvorsitzende von Lucky Stores arbeitete 32 Jahre in dieser Firma, zunächst als Teilzeitkraft, um die Wartezeit bis zum Anfang seines Studiums zu überbrücken. Später lehrte er Management und Marketing, war Gastprofessor an der University of California in Berkeley, verantwortlicher Leiter des Managementprogramms für die Nahrungsmittelindustrie der University of Southern California und Gastprofessor in Stanford. Ritchey war bereits Mitglied des Board of Directors mehrerer Unternehmen.

Richard Schubert

Schubert war zunächst Rechtsreferent, dann Staatssekretär im US-Arbeitsministerium. 1975 wechselte er zu Bethlehem Steel und wurde vier Jahre später Präsident der Firma, die er im Juni 1982 verließ. Im Januar 1983 übernahm er die Leitung des Amerikanischen Roten Kreuzes.

John Sculley

Sculley, der sich in der Marketing-Abteilung von Pepsico hochgearbeitet hatte, wurde 1974 Vorstandsvorsitzender der Firma. 1977 ernannte man ihn zum Vorstandsvorsitzenden von Apple, wo er später auch Vorsitzender des Aufsichtsrats wurde. Er ist in zahlreichen akademischen und staatlichen Gremien tätig, hat eine Autobiographie geschrieben und hält regelmäßig Vorträge über Möglichkeiten, die Welt auf das 21. Jahrhundert vorzubereiten.

Gloria Steinem

Nachdem sie im Rahmen eines Auslandsstipendiums zwei Jahre in Indien verbracht hatte, wurde sie Journalistin. Als Mitbegründerin der beiden Zeitschriften *New York* und *Ms*, Verfasserin dreier Bücher, eine der Organisatorinnen der Nationalen Frauenvereinigung, der Nationalen Politischen Frauenliga und anderer Frauenrechtsbewegungen zählte sie für mehr als ein Jahrzehnt zu den einflußreichsten Frauen der USA. Sie arbeitet immer noch als redaktionelle Beraterin und Mitarbeiterin von *Ms.* Außerdem hält sie Vorträge und ist häufig im Fernsehen und Radio zu Gast, wo sie über Fragen der Gleichberechtigung spricht.

Clifton R. Wharton Jr.
Als Student in Harvard war er einer der Gründer und Vorsitzenden der Amerikanischen Studentenvereinigung (»U.S. National Student Association«). Er erhielt 26 Ehrenauszeichnungen, war Präsident der Michigan State University, dann Rektor der State University of New York und Vorstandsvorsitzender der Teachers Insurance and Annuity Association of America und des College Retirement Equities Fund. Zu seinen vielen Leistungen zählt auch, daß er als erster Schwarzer eines der fünfhundert größten U.S.-Unternehmen leitete.

Larry Wilson
Nachdem Wilson ein Jahr als Lehrer gearbeitet hatte, wurde er Versicherungsvertreter und, mit 29 Jahren, das jüngste lebenslange Mitglied des Million Dollar Round Table der Branche. 1965 gründete er die Wilson Leaming Corporation, mittlerweile eine multinationale Firma zur unternehmerischen Weiterbildung und Forschung. Nach dem Verkauf seiner Firma an John Wiley & Sons gründete Wilson zusammen mit Wiley den Wilson Leaming Interactive Technology Konzern in Santa Fe, New Mexico. Er gründete auch die Alliance for Learning, ein Konsortium großer Unternehmen, mit dem Ziel, das Lernen von Erwachsenen zu fördern.

Renn Zaphiropoulos
Er wurde in Griechenland geboren, wuchs in Ägypten auf und war 1989 Inhaber von 29 Patenten. Er war stellver-

tretender Direktor für Forschung und Entwicklung bei den Chromatic Television Laboratories, wo seine Arbeit zur Entwicklung von TRINITRON führte und er Vorreiter bei der Entwicklung elektrostatischer Schreibtechniken für die Herstellung von Hartkopien war. 1969 gehörte er zu den Begründern von Versatec, dem weltweit führenden Hersteller elektrostatischer Drucker und Plotter, der 1979 mit Xerox fusionierte. Zaphiropoulos hält nicht nur häufig Vorträge an Universitäten und bei öffentlichen und beruflichen Diskussionsveranstaltungen, er ist auch Buchautor, Segler und Hobbykoch. Obwohl er aus Versatec und Xerox ausgeschieden ist, gehört er noch einigen Aufsichtsräten an und ist Berater vieler Firmen.

Literatur

Akin, Gib: – »Varieties of Managerial Learning«, in: *Organizational Dynamics,* New York

Bellah, Robert N., u.a.: *Habits of the Heart,* New York 1985

Bloom, Allan: *The Closing of the American Mind,* New York 1987 (dt. *Der Niedergang des amerikanischen Geistes,* Hamburg 1988)

Botkin, James W./Elmandjra, Mahdi/Malitza, Mircea: *No Limits to Learning,* Oxford 1979 (dt. *Zukunftschance Lernen,* München 1980)

Bradbury, Ray: »Management From Within«, in: *New Management,* Vol 1, No. 4, 1984

Bridges, William: »Getting Them Through the Wilderness: A Leader's Guide to Transition«, in: *New Management,* Herbst 1988

Bronowski, Jacob: *Ascent of Man,* Boston 1973

Business Week: »The Best B-Schools«, New York, 28. November 1988

Campbell, Joseph/Moyers, Bill: *Power of Myth,* New York 1988

Carlyle, Thomas: *Sartor Resartes, 1837*

Carlzon, Jan: *Alles für den Kunden,* Frankfurt/New York 1988

Cheney, Lynne: »My Turn«, in: *Newsweek,* 11. August 1986

Cleese, John: »No More Mistakes and You're Through«, in *Forbes,* New York, Mai 1988

Cleveland, Harlan: *The Knowledge Executive,* New York 1985

De Pree, Max: *Leadership is an Art,* University of Michigan Press 1988

Drew, Elizabeth: »Letter From Washington«, in: *The New Yorker,* 10. Oktober 1988

Emerson, Ralph Waldo: »The Poet«, in: *Essays: Second Series,* 1844

Erikson, Erik: *Life Cycle Completed,* New York 1982 (dt. *Der vollständige Lebenszyklus,* Frankfurt 1988)

Frederick, William/Weber, James: Studie, University of Pittsburgh 1988

Friedman, Sonya: »An Interview With Sonya Friedman«, in: *Q Magazine,* März 1987

Gardner, John: »Leadership Papers«, in: *Leadership Studios Program*, 1987

Goertzel, Victor/Goertzel, Mildred: *Cradles of Eminence*, Boston 1962

Hirsch, jr., E.D.: *Cultural Literacy: What Every American Needs to Know*, Boston 1987

James, Henry: *Notebooks of Henry James*, hrsg. von F. O. Matthiesen/ Kenneth B. Murdock, Oxford University Press 1961 (dt. *Tagebuch eines Schriftstellers*, Köln, Berlin 1965)

James, William: *Letters of William James*, Vol. 1, 1878
–: *Principles of Psychology*, 1890

Kanter, Rosabeth Moss: *When Giants Learn To Dance*, New York 1989

Keats, John: *The Letters of John Keats*, Cambridge 1958

Kissinger, Henry, Rundfunkinterview des Senders KCET, Los Angeles, 14. November 1988

Leonard, George: *Esquire*, März 1986

Livingston, J. Sterling: »Pygmalion in Management«, in: *Harvard Business Review*, Boston, Herbst 1988

Madison, James: *Federalist Nr. 10, 1787* (dt. *Der Föderalist*, hrsg. von Felix Ermacora, Wien 1958)

Mathews, Marilyn Cash: Studie, Washington State University 1988

McCall, Morgan/Lombardo, Michael: zitiert in: »Learning the Lessons of Successful Leadership«, in: *Success*, New York, April 1984

McCall, Morgan/Lombardo, Michael/Morrison, Ann: *The Lessons of Experience*, San Diego 1988

Morland, D. Verne: »Lear's Fool: Coping With Change Beyond Future Shock«, in: *New Management*, Vol. 2, No. 2, Berkshire, England

Oppenheimer, J. Robert: *Science and the Common Understanding*, New York 1957 *(dt. Wissenschaft und allgemeines Denken, Hamburg 1958)*

O'Toole, James: *Vanguard Management*, New York 1985

Pasternak, Boris: *Doktor Schiwago*, Frankfurt 1958

Porter, Lyman W./McKibbon, Lawrence E.: *Management Education and Development: Drift or Thrust into the 21st Century*, New York 1988

Peters, Tom: *Thriving on Chaos*, New York 1987

Ravitch, Diane/Finn, Jr., Chester E.: *What Do Our 17-Year-Olds Know?*, New York 1987

Riesman, David/Glazer, Nathan/Reuel, Denney: *The Lonely Crowd*, 1950

Sagan, Carl: *The Dragons of Eden*, New York 1977

Salzman, Mark: »Wushu: Meditation in Motion«, in: *New York Times Magazine*, März 1987

Smith, Roger: *Educating Managers*, San Francisco 1986

Stanton, Frank: *Chronicle of Higher Education*, September 1986

Stevens, Wallace: »Six Significant Landscapes«, in: *Collected Poems of Wallace Stevens*, New York 1978

–: *Necessary Angel*, New York 1942

Whitehead, Alfred North: *Dialogues*, 1954

Wilbur, Richard: *Ceremony and other Poems*, New York 1950

Zaleznik, Abraham: »Managers and Leaders: Are They Different?«, in: *Harvard Business Review*, Mai-Juni 1977

Praxiswissen Personal

Wichtige Bücher für alle, die Personalverantwortung tragen.

»Kleine Personalpraxis«

WERNER FRÖHLICH

Personal-führung

Führungsstil
Mitarbeiterbeurteilung
Motivation – Sozialleistungen
Vorschlagswesen
Organisation

Kompaktwissen

22/250

Weitere Titel zum Thema:

Raimund Berger
Stellenbeschreibungen
*Mitarbeiter motivieren, betriebliche
Transparenz verbessern, effizienter
organisieren*
22/231

Wilhelm Heyne Verlag
München

Grundwissen Management

Das grundlegende Fachwissen für alle Unternehmens-
bereiche in kompakter und verständlicher Form

Raimung Berger/
Wolfgang Borkel
**Grundwissen Betriebs-
organisation**
*Mit zahlreichen Beispielen und
Checklisten für die Praxis*
22/207

Peter Hohenemser
Grundwissen Wirtschaft
*Marktwirtschaft - Wirtschafts-
politik - Weltwirtschaft -
Umwelt und Wachstum*
22/318

Günther Krüger
**Grundwissen praktische
Betriebswirtschaft**
*Abläufe und Strukturen im
Unternehmen*
22/227

Hans-Georg Lettau
Grundwissen Marketing
*Marktforschung und -planung,
Produkt und Preis, Verkauf und
Vertrieb, Werbung und PR*
22/218

Ernst Obermaier
Grundwissen Werbung
*Marktchancen erkennen -
Zielgruppen optimal ansprechen-
Budgets bestimmen - Erfolge
kontrollieren*
22/203

Hans-Hermann Stück
Grundwissen Kalkulation
*Für Einzelhandel, Handwerk und
Industriebetrieb. Mit vielen Bei-
spielen zum Selbststudium*
22/117

Hans-Hermann Stück
Grundwissen Steuern
*Alles Wissenswerte für das Gespräch
mit dem Steuerberater bzw.
Finanzamt*
22/305

Wilhelm Heyne Verlag
München

Griffbereites Wirtschaftswissen

Unentbehrliche Nachschlagewerke für jedes Büro

22/1003

Außerdem erschienen:

Uwe Schreiber
Handlexikon Wirtschaft
22/319

Jakob Wolf
Lexikon Betriebswirtschaft
22/344

Wilhelm Heyne Verlag
München